SAVING FREUD

The Rescuers who Brought Him to Freedom

拯救弗洛伊德

［美］安德鲁·纳戈尔斯基 著 陈功 译

·北京·

Saving Freud: the Rescuers who Brought Him to Freedom Copyright © 2022 by Andrew Nagorski.All rights reserved, including the right to reproduce this book or portions thereof in any form whatsoever.First Simon&Schuster hardcover edition Agugust 2022.
Simplified Chinese Copyright©2024 by Cultural Development Press Co., Ltd.

图书在版编目（CIP）数据

拯救弗洛伊德/（美）安德鲁·纳戈尔斯基著；陈功译.— 北京：文化发展出版社，2024.1
ISBN 978-7-5142-3875-4

Ⅰ.①拯… Ⅱ.①安… ②陈… Ⅲ.①弗洛伊德(Freud, Sigmmund 1856-1939)-人物研究 Ⅳ.① K835.216.2

中国国家版本馆 CIP 数据核字 (2023) 第 133482 号

著作权合同登记号：01-2023-5867

拯救弗洛伊德

著　者：[美]安德鲁·纳戈尔斯基
译　者：陈　功

出 版 人：宋　娜
策划编辑：冯语嫣　　　　　责任编辑：冯语嫣
责任校对：岳智勇　　　　　封面设计：孙　靓
责任印制：杨　骏
出版发行：文化发展出版社（北京市翠微路 2 号 邮编：100036）
发行电话：010-88275993　010-88275711
网　　址：www.wenhuafazhan.com
经　　销：全国新华书店
印　　刷：嘉业印刷（天津）有限公司

开　本：880mm×1230mm　1/32
字　数：210 千字
印　张：11.5
版　次：2024 年 1 月第 1 版
印　次：2024 年 1 月第 1 次印刷

定　价：109.00 元
ＩＳＢＮ：978-7-5142-3875-4

◆ 如有印装质量问题，请与我社印制部联系　电话：010-88275720

献给伊莎贝尔,
当然,和以往一样,
献给克蕾西亚

那些即将被卷入决定时代走向的剧烈运动中的人,在早期往往无法意识到巨变的来临。这是历史的铁律。

——斯蒂芬·茨威格《昨日的世界》

目 录
CONTENTS

第一章　在自由中死去　　　　　　001
第二章　末日的实验室　　　　　　014
第三章　来自威尔士的凯尔特人　　049
第四章　漫长的极夜　　　　　　　084
第五章　维斯塔　　　　　　　　　114
第六章　通晓世故之人　　　　　　144
第七章　百无禁忌　　　　　　　　172
第八章　剧痛　　　　　　　　　　197
第九章　政治性失明　　　　　　　216
第十章　奥地利的囚牢　　　　　　244
第十一章　弗洛伊德行动　　　　　273
第十二章　此地英国　　　　　　　306

后记：各奔前程　　　　　　　　　333
致谢　　　　　　　　　　　　　　344
参考文献　　　　　　　　　　　　351

第一章　在自由中死去

1938年3月15日，也就是德军越过国境进入奥地利三天后，阿道夫·希特勒现身维也纳霍夫堡皇宫的阳台上。在25万民众的热烈欢迎下，他宣布彻底结束了奥地利的分离状态。"从今天起，德国最古老的东部省份，将成为德国最年轻的壁垒。"他这样说道。德奥合并（Anschluss），即把他出生的国家并入第三帝国，是他经常挂在嘴边的梦想。如今这个梦想终于成为现实，现场的民众也表现出一片狂喜。从希特勒的军队跨过边境的那一刻起，绝大部分奥地利人民都在欢呼雀跃。

但不是所有人都在为此高兴。德军进入奥地利后，立即展开大规模搜捕，被捕的都是被盖世太保认定为反纳粹分子的人。与此同时，他们还掀起了一波反犹太暴力运动。当地的犹太人惨遭殴打、杀害，他们的商店被洗劫一空，更有不少人选择了自杀。彼时正在维也纳的德国剧作家卡尔·楚克迈耶（Carl Zuckmayer）

拯救弗洛伊德

这样描述当时的情景:"整座城市变成了耶罗尼米斯·博斯[1]画笔下的梦魇……他们在维也纳释放出了汹涌的嫉妒、仇恨,以及盲目的、恶毒的复仇心……这是属于暴徒的女巫安息日。人类的所有尊严在此被统统埋葬。"

当时的西格蒙德·弗洛伊德正住在伯格街 19 号(Berggasse 19),那里既是他多年来的居所,也是他的办公场所。德军占领刚开始,弗洛伊德就在日记中写下一句话:"奥地利的末日(Finis Austriae)。"这位精神分析之父在四岁之后就一直生活在奥地利的首都。如今,眼看着 82 岁生日即将到来,弗洛伊德却发现自己身处一个逐渐展开的噩梦之中。身为一名犹太人,他自然面临着危险。精神分析被大部分纳粹官员诬蔑为犹太伪科学,而作为这一学科的代表人物,没人知道等待他的会是什么。

弗洛伊德第一时间成了被骚扰对象。就在希特勒在附近做演讲的同一天,纳粹暴徒同时闯进了弗洛伊德的公寓和国际精神分析出版社——这家出版社位于离弗洛伊德住所不远的伯格街 7 号,专门出版弗洛伊德及其同事的作品。在公寓里,面对这群不速之

---

[1] 耶罗尼米斯·博斯(Hieronymus Bosch,1450—1516),荷兰画家,以悲观绝望的幻想风格见长,尤其以对地狱的梦魇般的描绘而闻名。代表作为《人间乐园》。——译者注(后无备注均为译者注)

第一章 在自由中死去

客,弗洛伊德的妻子玛莎试图"以礼服人",她掏出手头仅有钞票递给他们说:"先生们,请自便吧。"随后,弗洛伊德夫妇最小的女儿安娜又把"客人们"领进另一个房间,取出了保险箱里全部的 6000 先令(约合 840 美元),并全数交给他们。

突然间,西格蒙德·弗洛伊德出现了。他一言不发,只是怒视着闯入者。暴徒们显然被他的威严镇住了,他们称呼他为"教授",然后带着他们的战利品撤出了公寓,临走时还不忘叫嚣他们会再次光顾。在他们离开后,弗洛伊德询问他们拿走了多少钱。得知答案后,弗洛伊德泰然自若,只是半开玩笑地说:"我出一次诊都拿不到这么多钱。"

但是这里发生的事情并非可以一笑了之,在附近的国际精神分析出版社也是一样。当时,弗洛伊德的大儿子马丁正在出版社销毁一切可能被纳粹当作迫害他父亲的罪证的文件。马丁后来回忆称,十几名"打扮寒酸"的暴徒突然闯进来,用步枪抵着他的肚子,把他囚禁了几个小时。其中一名男子还耀武扬威地掏出一把手枪大喊:"咱们干吗不毙了他?咱们应该当场毙了他!"

在混乱开始的第一天,这些闯入者似乎不太确定自己的任务是什么,也没人知道他们是在听从谁的命令。马丁以肚子痛为借口提出要上厕所,并趁机把好几份文件冲进了马桶,他们居然都没有发现。直至当天傍晚,所有的纳粹暴徒才全都撤走,还叫嚣着下次再来彻底搜查。

马丁回到公寓，和父母与妹妹团聚，一家人这才稍微松了一口气。安娜表现得尤其悲观。她问父亲："要是我们一起自杀会不会更好？"弗洛伊德一针见血地告诉大家，他完全没有这种想法。他说："为什么？那岂不是让他们得逞了？"

但是他面临的困境——以及极为不明朗的前景——让人不禁好奇：弗洛伊德为何心甘情愿留在这个水深火热的环境之中？他为什么没有在可以离开的时候及时离开维也纳？以及，为什么在3月15日，当这帮纳粹强盗离开他的住处并叫嚣着还会回来时，弗洛伊德依然不愿意采取行动？马丁在出版社被释放后，便立刻回家查看父母的情况。他写道："尽管遭遇严酷考验，但我不认为父亲有任何离开奥地利的念头。"相反，弗洛伊德希望能"挺过风暴"，期待"社会秩序能够恢复，本分之人能够远离恐惧，重回正常生活"。

讽刺的是，弗洛伊德应该最清楚邪恶势力正在把他的世界一步步推向屠杀与毁灭。在1930年的著名文章《文明及其不满》（*Civilization and Its Discontents*）中，弗洛伊德就探讨了人类的"主动式残忍"，这种残忍"会自发地表现出来，展现出人类其实是一种野兽，对于人类而言，怜悯同族才是异常的行为"。他特别提到犹太人经常为他人"提供服务"，扮演着这种原始欲望发泄对象的

第一章 在自由中死去

角色。

彼时，弗洛伊德的人生已经经历了奥匈帝国的灭亡、第一次世界大战，以及二战之前的肃杀，因此，他对于政治动荡和反犹太主义绝不陌生。对他来说，反犹太主义不是什么涌动的暗流，而是日常生活中的常态。一方面，他深知这种不稳定的状态随时可能爆发，威胁着他和他家人的安全；但是另一方面，他又拒绝接受现实。因为长年嗜抽雪茄，弗洛伊德患上了下颌癌症，令他苦不堪言。他很清楚自己时日无多，因此他迫切渴望能够在相对平静的生活中度过余生，而不想要四处辗转，颠沛流离。

但是，阻止他逃离的不只是衰老与疾病，还有弗洛伊德对维也纳怀有的深厚的感情。因为数百年来，维也纳一直是欧洲的文化生活中心，同时也是一个犹太人中心。在这个蓬勃发展的犹太群体中，出现了像古斯塔夫·马勒和阿诺尔德·勋伯格这样的作曲家，也有像斯蒂芬·茨威格、弗朗茨·韦尔弗和约瑟夫·罗特这样的作家，以及各式各样的物理学家、医生，当然，还有其他同时代的顶尖心理学家。这些人当中的绝大部分弗洛伊德都认识或者至少接触过。

弗洛伊德的世界中心就是伯格街19号。在这里，他和玛莎把六个孩子抚养成人。也是在这里，他接诊病人，写文章，写书，并且在每周三晚和维也纳精神分析协会的成员定期见面。他有许

拯救弗洛伊德

多数十年如一日的老习惯,比如晚上在环城大道散步,或是去市里最有名的咖啡馆抽雪茄、看报纸。简而言之,他既是一名革命性思想家,同时又恪守德国人所说的"Ordnung muss sein",翻译过来的大致意思就是"必须要有秩序"。放在第三帝国的语境下,这句话可能会有极其"邪恶"的含义,但是在战前的维也纳,它是可以和相对包容的社会环境,以及弗洛伊德对禁忌话题的不懈探索共存的。

也正是在维也纳,弗洛伊德从一个经常遭到医学界嘲笑的局外人,变成了这座城市闻名遐迩的精神分析从业者。他是自己王国里的国王,吸引了欧美各地的学徒与病人慕名而来。到了20世纪二三十年代,他已经是维也纳最负盛名的居民,不管他走到哪里,都能立刻吸引周围人的目光。

约翰·甘瑟(John Gunther)是《芝加哥每日新闻》的驻外记者,也是日后的《欧洲之内》(*Inside Europe*)及一系列热门历史书籍的作者。他曾经写过一本关于维也纳的小说,名叫《失落之城》(*The Lost City*)。这部小说改编自20世纪30年代初他在这座奥地利都城的经历。书中提到在波兰大使馆举办的一次外交宴会上弗洛伊德现身的场景,可见弗洛伊德在当时就已经被推上神坛。

一位客人认出了这位大名人,他感叹道:"啊,这才是稀客!欢迎弗洛伊德!"然后甘瑟继续写道:

第一章　在自由中死去

"来者正是西格蒙德·弗洛伊德博士本人,只见他目光炯炯,苍髯如戟,严肃中甚至带着些傲慢。他威严地向男主人和女主人走去。四周顿时安静下来,大家看着弗洛伊德前行,如小舟穿过芦苇丛。客人们纷纷涌上前来,但他缓慢而高贵的步伐仿佛有股无形的力量,让众人无法近身。人们窃窃私语:'是弗洛伊德!'所有人都在一片安静中惊叹不已。"

对于弗洛伊德来说,这份名声可能给他招致毁灭,也可能意味着救赎。德奥合并的大业完成后,纳粹高官们完全可以用实际行动表明:任何犹太人,不论身份有多高贵,都别想逃出他们的掌心。或者经过深思熟虑,他们应该意识到在希特勒胜利伊始,最好是放弗洛伊德一马——虽然他很大程度上是在作茧自缚。但实际上在接管奥地利之后,纳粹在如何处置弗洛伊德一事上并没有做出任何明确决定。弗洛伊德的命运依然悬在天平上,最后是靠一支临时救援队的通力合作,才让他成功逃离了维也纳。

这支营救队伍汇聚了一群来自不同国家、不同背景的各色人才。他们的共同之处就是对弗洛伊德及其理论的信仰,以及在最后的紧张时期,他们都下定决心要打消他坚持留在维也纳的执念。后来,当弗洛伊德终于向现实低头并同意离开时,他们又各显神通,动用一切力量说服纳粹官员放他出境。在那个犹太移民越来越难找到国家接收自己的时期,他们试图说服英国政府接收弗洛伊德和他的一大批亲朋好友——包括弗洛伊德的家人、玛莎的家人还有他的医生及其家人在内，总共 16 人。这是一次极其复杂的行动，没人能够保证成功——倘若这支营救小队没有及时出现，那便无成功可言。

营救小队的主要成员包括：

欧内斯特·琼斯（Ernest Jones）是一名威尔士医生。他是在 1908 年首次结识弗洛伊德，并为了研究他的著作而特地学习德语。琼斯成了弗洛伊德在英语世界最忠实的信徒。他担任过英国精神分析协会和国际精神分析协会的主席，这两个组织都在不遗余力地宣传弗洛伊德理论。在劝服弗洛伊德离开维也纳和劝说英国政府同意接纳弗洛伊德及其亲友的过程中，琼斯都扮演了关键角色。

安娜·弗洛伊德（Anna Freud）上面还有五个兄弟姐妹，但她和父亲的私人关系和工作关系都是最亲密的。安娜一直细心照顾父亲，直至父亲去世。在那段时期，安娜大部分时候都和美国人多萝西·蒂芙尼·伯林翰（Dorothy Tiffany Burlingham）维持着一种——安娜自己称之为——"珍贵的感情"。这位多萝西正是知名品牌蒂芙尼的创始人查尔斯·蒂芙尼的孙女。安娜还成了一名顶尖的儿童精神分析师，把父亲的理论应用在了治疗儿童病人上。

威廉·布利特（William Bullitt）是美国驻法国大使，早期还担任过驻苏联大使。他曾在 1926 年接受弗洛伊德的治疗，当时他的婚姻正陷入危机，并且出现自杀倾向。弗洛伊德的治疗并未挽救他的婚姻，但却帮助他走出了抑郁。两人甚至联手合作，为他们都很鄙视的一位政治家——美国总统伍德罗·威尔逊作传。

玛丽·波拿巴（Marie Bonaparte）代表着欧洲的上层阶级。她是拿破仑的曾侄孙女，并嫁给了希腊和丹麦的乔治王子。她曾与法国总理阿里斯蒂德·白里安长期保持不伦关系，但在1925年，她开始接受弗洛伊德的分析治疗，试图解决她的"性冷淡"问题。很快她自己也成了一位分析师。和琼斯还有布利特一样，波拿巴也不是犹太人。

马克斯·舒尔（Max Schur）的专业是内科，但早在学生时代，他就已经迷上了弗洛伊德，并开始从事精神分析工作。玛丽·波拿巴在维也纳期间就是由他负责治疗。很快，玛丽便被这位"具备精神分析能力的内科医生"所吸引，并把他引荐给弗洛伊德。1929年，舒尔成了弗洛伊德的私人医生。舒尔和弗洛伊德一样是犹太人，但是面对笼罩头顶的纳粹阴云，他远比弗洛伊德更加担忧。虽然他早已安排家人移居美国，但他自己却选择留在奥地利继续照顾弗洛伊德，直至弗洛伊德离开维也纳。弗洛伊德逃往伦敦后，舒尔依然从中安排，确保他能得到最好的照顾。

安东·绍尔沃德（Anton Sauerwald）是弗洛伊德营救小队中最格格不入的一名成员。没有人能料到一名负责监管没收弗洛伊德资产的纳粹官员，居然也在弗洛伊德在维也纳的人生最后篇章中扮演了一个关键性角色。但事实就是如此。

只有依靠上述这些人——以及协助他们的人——的帮助，这位在维也纳家喻户晓的老人家才能在伦敦平静地度过他人生的最后15个月，达成他"在自由中死去"的心愿。

在20世纪八九十年代，我曾陆续担任过《新闻周刊》杂志驻莫斯科、罗马、波恩、柏林和华沙的总编辑，但维也纳一直是我的最爱。我在十几岁时第一次拜访这座城市，随后便一次又一次故地重游。这是一块浸泡在历史、瑰丽艺术、建筑、音乐和文化之中的宝地，时至今日，它所呈现的景观和乐趣仍与弗洛伊德所在的时代并无二致。

你可以踏着他的足迹在环城大道散步——这是一条呈马蹄形的林荫大道，于19世纪下半叶由哈布斯堡国王弗朗茨·约瑟夫下令修建。你可以沿着环城大道绕行市中心一圈，欣赏沿途的维也纳国家歌剧院、国会大厦、市政厅、维也纳大学，以及其他形形色色的宏伟建筑与美丽花园。

你可以像弗洛伊德一样走进这里的任何一家咖啡馆，包括他最喜欢的那一家——毗邻维也纳布格剧院的蓝漫咖啡馆（Café Landtmann）。在这里，你可以靠在紫色的长沙发上，或者是坐在从帝国时代流传下来的索耐特椅子上，照一照20世纪20年代保

第一章　在自由中死去

留下来的镜子,欣赏木制墙壁上精美绝伦的镶嵌装饰。在我真正学会欣赏这种美好年代①氛围之前就已经发现,我在维也纳想见的每一个人,不论是政治科学家、社会学家,还是作家、艺术家,几乎都建议把这里作为碰面的地方。

但是对于任何在维也纳生活过一段时间的人,哪怕只是经常来这里拜访的人来说,这座城市都会唤起他们强烈的矛盾情绪。约翰·甘瑟形容维也纳是一座"令人神往,令人窒息,但又具备某种神秘魅力"的城市。

就连纳粹时代的一些受害者都注意到了这份魅力。在德国占领波兰早期,琴斯托霍瓦②有大批少女被迫与家人分离,并被强制遣送至维也纳做苦力,16岁的维罗妮卡·科瓦尔斯卡(Weronika Kowalska)就是其中之一。战争期间,这些女孩子大部分时候都在一座爱立信工厂为德军生产战地电话,下班后她们就住在附近的一座简陋的营房里。许多年后,科瓦尔斯卡成为我的岳母。她从来不吝啬向我讲述她和其他女孩所遭受的苦难,但是她也清晰地记得,每当她有机会看一眼这座城市时,都会被它的魅力彻底

---

① 美好年代(Belle Epoque),指从法兰西第三共和国建立的1871年至第一次世界大战爆发的1914年之间的这段和平发展时期,也泛指整个欧洲的美好年代。
② 琴斯托霍瓦(Czestochowa),波兰城市。

折服。

在我的维也纳之行中，我所报道的故事往往离不开那段充满罪恶的历史。我经常会去拜访大名鼎鼎的纳粹猎人西蒙·维森塔尔（Simon Wiesenthal），报道他将罪犯绳之以法的故事。维森塔尔长居这座奥地利首都。二战刚结束时，许多奥地利人成功地把自己塑造成为第三帝国首批受害者的无辜形象。而电影《音乐之声》大获成功，又进一步普及了这种观点。但实际上，奥地利人是希特勒最狂热的支持者之一。而且正如维森塔尔反复指出的，奥地利人在集中营里大量扮演了指挥官和其他官员的角色，但这一切都被严重忽略。

直到前联合国秘书长库尔特·瓦尔德海姆（Kurt Waldheim）在1986年的奥地利总统选举中成为主要候选人时，这个国家才终于开始了迟来的清算。在官方传记中，瓦尔德海姆承认在二战初期参与东线作战，但是却"忘记"提到他后来在巴尔干地区担任亚历山大·罗尔（Alexander Löhr）将军的下属，而这位罗尔将军在战后就被宣判为战犯，并在南斯拉夫被绞死。瓦尔德海姆的这段丑闻被曝光后，我的一些德国朋友表现出了明显的幸灾乐祸。他们开玩笑说："奥地利人让全世界都相信贝多芬是奥地利人，希特勒是德国人。"（希特勒生于奥地利上奥州，贝多芬生于德国波恩）。

第一章　在自由中死去

在我报道这起事件期间，我发现瓦尔德海姆面对针对他的战时角色的指控所做出的反应，就如同他在战争时期身为情报官员所做出的勾当一样令我作呕。在谴责他战争罪行的各方人士当中，世界犹太人大会站在了最前沿。瓦尔德海姆利用这一点，发表了近乎赤裸裸的反犹太言论，以此拉拢他的支持者。最后他如愿以偿，被支持者推上了总统席位。奥地利的名声再一次被玷污，但是新一代的奥地利教育工作者利用这起争议事件，努力为学校和公共论坛引进更加尊重史实的历史课程。

只要有机会，我就会重返维也纳。这座城市对我有着巨大的吸引力，我难以抗拒它的魅力，不论它曾有多么阴暗的一面。也许正是因为这个原因，我完全理解弗洛伊德对这座城市的依依不舍，虽然他的心情非常复杂。他一直抱持着这种矛盾心理，直至他在伦敦最后一次沉沉睡去。

第二章　末日的实验室

在奥匈帝国的末期，也就是19世纪下半叶至20世纪初一战爆发，共有约5500万人口生活在这个国家。在这些人口当中，至少有九大主要民族和大量的少数族裔。在每个人眼中，维也纳都是一个富丽堂皇的帝都，但是哈布斯堡王朝的统治者们给予了多元化的人民和地区虽有限但宽容的自治权，允许他们制定了许多自己的规则，并可以自由通商出行。总的来说，这就是政治和经济成功的秘方。

但是这个秘方也是建立在统治阶级和被统治阶级的自愿之上，他们都要在这样一个相对开明的多民族、多文化环境下，容忍固有的分歧、矛盾和冲突。对于自认为是奥地利人的杂乱群体——而不只是碰巧生活在维也纳或其他地方的德国人——来说尤其如此。

著名美国新闻记者多萝西·汤普森（Dorothy Thompson）于20

世纪二三十年代在维也纳、柏林和中欧等地报道新闻。她曾一针见血地指出其中的现实意义:"在这个古老的帝国,只要有一个人有民族意识,他就会把自己视作匈牙利人、波兰人、捷克人、意大利人、克罗地亚人或者德国人,"她这样写道,"但当他把自己视作奥地利人时,他想到的是截然不同的东西——忠于君主,某种特定的生活方式,一种由许多冲突又互补的元素构成的奇怪文化。"虽然西格蒙德·弗洛伊德很少从民族身份的角度看待自己,但是他几乎完全符合上述对奥地利人的描述。根据观察者的角度和想法的不同,弗洛伊德的犹太血统可能是"冲突"的,也可能是"互补"的。不论如何,这都不能改变一个事实,即弗洛伊德是这个帝国的产物,而这个帝国虽然正走向灭亡,却依然活力十足,直至第一次世界大战和后来的《凡尔赛和约》正式宣告它的死亡。弗洛伊德的个性、动力和矛盾之处都是在"黄金维也纳"时期形成的。正是这个维也纳塑造了他的"Weltanschauung"——也就是他的世界观,也正是这个维也纳令他难以割舍,直至几乎为时已晚。

毫不过分地说,有时候,维也纳的外观与给人的感觉都有点儿精神分裂——一方面,它展示出高雅的文化、艺术活力与科学成就;另一方面,它也暴露出阴暗的一面:流浪汉居住的肮脏旅馆、赤裸裸的贫穷、娼妓肆虐的乱象,以及这种环境下必然普遍存在的政治阴谋和动荡不安。维也纳有时给人感觉是大都市的终极形态，有时又让人感觉像是正在被古板官僚体系所扼杀的落后地区。这种区别大致就是弗洛伊德的维也纳和希特勒的维也纳的区别。

这位未来的第三帝国统治者只在奥地利的首都待了五年，但这五年在他的人生中构成了至关重要的篇章。毫不夸张地说，维也纳改变了弗洛伊德和希特勒两个人。世纪之交时的著名作家兼《火炬》(*Die Fackel*)报纸编辑卡尔·克劳斯(Karl Kraus)曾称"维也纳是末日的实验室"，这句话也绝无夸张成分。

维也纳亦可称作是弗洛伊德的实验室，他正是在这里发明了"精神分析"这个词，并发展出了流传至今的相关理论和方法。正如哥白尼和达尔文用他们的惊人发现震撼那个时代，弗洛伊德也用他的发现震撼了世界。传记作者彼得·盖伊(Peter Gay)称弗洛伊德的发现是"对人类的精准描绘，展示出人类不过是贪得无厌的动物，被不体面的、大多数时候处于潜意识的欲望与厌恶所拉扯"。弗洛伊德非常强调童年性欲、被压抑的记忆、梦境、幻想和自恋所扮演的角色，让我们得以一窥错综复杂的、前所未见的人类潜意识领域。

但是弗洛伊德大胆地断言："精神分析简化了生命。精神分析提供了一根细绳，引领人们走出迷宫。"弗洛伊德发明了几个全新的概念，并解释了这几者之间的相互关系：本我（id）受本能欲望驱使；自我（ego）试图控制本我，避免出现弗洛伊德所说的"不快乐"（unpleasure）；超我（superego）是在父母和其他因素对童年的影响下形成，这种影响会一直延续至成年之后。弗洛伊德认为，精神分析师的任务，就是发掘出深藏在病人的行为和神经症背后的原因。

弗洛伊德并不是出生在这个维也纳实验室。实际上，对于这个几乎成为他终身家园的城市，他频繁表达出不满。1856年5月6日，弗洛伊德出生于维也纳东北部175英里处的摩拉维亚省一座名叫弗莱堡的小镇（今捷克共和国境内普日博尔镇）。他的父亲雅各布·弗洛伊德（Jacob Freud）时年40岁，是一名羊毛商人。雅各布于1855年和弗洛伊德的母亲阿玛莉亚·纳萨森（Amalia Nathansohn）结婚。在此之前，雅各布已经有过两段婚姻，而阿玛莉亚的年纪仅有雅各布的一半。彼时雅各布和第一任妻子的两个儿子已经成年，甚至已经有了一个一岁的孙子。严格来说，西格蒙德·弗洛伊德是这个孩子的叔叔，但两人从小像兄弟一样在一起玩耍。

阿玛莉亚非常宠爱他们的第一个孩子，称他为"我的宝贝西格"。但是西格蒙德并没能享受这份溺爱太久，因为很快阿玛莉亚又生下了第二个儿子，但他出生七个月后便不幸夭折，随后她又生下五个女儿，最后又生下一个儿子。一家人的生活过得比较拮据，西格蒙德·弗洛伊德后来回忆说，他的父亲"总是满心期待情况会好转起来"。对于生活在奥匈帝国的犹太人来说，维也纳就是个大磁铁，吸引着他们前来掘金。西格蒙德快四岁的时候，父亲雅各布带着全家搬到维也纳，定居犹太人聚居区利奥波德城（Leopoldstadt）。但在一开始，雅各布的生意并没有什么起色，后来，雅各布的一个兄弟因为使用假币交易而入狱，弗洛伊德的家族声誉也因此受损。

不出所料，后来成了一名高产作家的西格蒙德并不愿意回忆他们一家人在维也纳经历的苦难。"在那之后好多年，日子都很苦，"他简单地写道，"我觉得这些时光没有什么值得怀念。"对于少年时期的西格蒙德来说，离开了那个人口不足五千、被树林和草原环绕、信奉天主教的小镇，来到这个多元文化帝国的宏伟都城，他从来不觉得和这个城市合得来。

这种格格不入的感觉，只是进一步加剧了西格蒙德对童年美好生活的怀念。16岁那年，西格蒙德首次重返故乡弗莱堡，这次旅行让他思乡之情更甚。他住在他父母的好友弗拉斯氏的家里，并且很快和他们的儿子埃米尔成为好友，甚至还一度和他们家的女儿——比西格蒙德小一岁的吉塞拉热恋。回到维也纳后，弗洛伊德在写给埃米尔的信中称这座城市"令我作呕"，抱怨圣斯蒂芬

第二章　末日的实验室

大教堂的"尖顶令人厌恶",并声称只有在外地旅游的时候他才感到精神振奋。

即便在收获了名誉和一定的财富后,弗洛伊德依然对故乡充满眷恋。1931年,普日博尔镇的镇长为一块标志着弗洛伊德75年前出生地的纪念铜碑举办揭牌仪式,弗洛伊德在寄去的感谢信中洋溢着诗意。他写道:"在我内心深处,无人所见之地,依然生活着一个来自弗莱堡的快乐少年,一个年轻母亲的长子。通过这里的空气、这一片土地,他第一次认识了这个世界。"这绝不是一封说场面话的信,它所传达的是他长久以来对于童年时光的怀恋。

虽然对维也纳抱怨不断,但弗洛伊德却是在这里走上成功之路的。这座城市吸引了许多犹太人,不同于生活在小镇和农村的犹太人,他们很快便被同化。1848年,弗朗茨·约瑟夫登基——那一年,风风火火的革命运动动摇了欧洲各地旧政权的根基。在这位新皇帝的统治下,奥地利免除了针对犹太人的特别征税,并解除了其他种种限制,包括对他们从事的职业的限制,以及禁止犹太家庭雇用非犹太人当仆人之类的禁令。到了1867年,犹太人终于获得了正式公民身份。虽然反犹太主义从来没有真正消失,但是维也纳的犹太人——到了1880年,犹太人已经占据全市总人口的10%——成了艺术、科学、医学、出版等领域的领头人。对于像弗洛伊德这样有才华的年轻犹太人来说,维也纳遍地是机会。

拯救弗洛伊德

弗洛伊德曾自豪地表示，上中学时，"七年来，我一直在班上名列前茅；我很享受优等生的特权，老师几乎不会在课堂上点我回答问题"。至于他要学什么专业，以及毕业后要从事什么工作，他的父亲都交给他自己决定。当时的弗洛伊德并没有兴趣当医生。受到一名后来从政的学长的影响，弗洛伊德决定要"像他一样学习法律，并参加社会活动"。正如弗洛伊德所说，在那个时代，这样的职业好像才是合理的志向，因为"每一位勤奋的犹太学生的书包里都装着一个部长文件夹"。但是他也很痴迷查尔斯·达尔文的理论，最后，在听完一位知名教授的自然科学讲座后，弗洛伊德还是决定学医。

1873年，弗洛伊德进入维也纳大学。突然间，他感到一种"强烈的失落"，这种失落源自无处不在的歧视。"首先，我发现我好像理应觉得自己低人一等，是个异类，因为我是犹太人。"他回忆说，还提到他"完全拒绝"这么做，"我从来无法理解为什么我应该对自己的血统，或者——用当时开始流行的词——'族裔'而感到羞耻。"

虽然弗洛伊德感受到了歧视，但这并不影响他能够成功地继续自己的研究，他认为是早期经历的反犹太主义给他上了宝贵的一课。"我熟悉了被压迫的命运……这在一定程度上为我形成独立判断能力打好了基础。"他在《自传研究》（*An Autobiographical*

Study）中写道。

这种独立包括拒绝否认自己的犹太背景。他写道："我的父母是犹太人，我也一直是犹太人。"但是他并不信教，也不恪守教规。据他妹妹安娜表示："他从小就不信上帝。他没有这个需要。"她记得他们的父亲雅各布的座右铭："思想守德，行为守德。"但是他并未对任何一个孩子进行宗教教育。尽管如此，雅各布还是有一本家族《圣经》，并在西格蒙德出生时在《圣经》上写下他的名字（他并未写下后来几个孩子的名字）。和阿玛莉亚一样，雅各布从不掩饰对这个聪明的长子的宠爱。

西格蒙德无法忍受那些在外表和言行上与他形成鲜明对比的极端正统派犹太人。在写给弗莱堡好友埃米尔·弗拉斯的一封信中，弗洛伊德提到了在回维也纳的火车上，他遇见的一家人让他多么"难以忍受"。那一家人的父亲是一位"德高望重的老犹太人，"他在信中阴阳怪气地写道，正在和他"前途无量的儿子"讨论宗教问题。他形容那个男孩"犹如一块原木，时候一到，命运便会从中雕刻出一个骗徒：老奸巨猾，在亲人的宠溺下自以为是，但实际上却毫无原则或人生观可言"。正如彼得·盖伊指出的那样，"就算是职业反犹人士也说不出这么狠的话"。

在维也纳，或者柏林，成功的世俗犹太人会厌恶那些高调信教、拒绝被同化的同族人——他们大部分来自东欧更加传统的犹太人聚集地——这种现象并不罕见。这些世俗犹太人把他们的精力都放在融入奥地利和德国社会之上，而19世纪下半叶给了他们前所未有的机会去更好地融入其中。当时的著名犹太裔奥地利剧作家、小说家阿图尔·施尼茨勒（Arthur Schnitzler）写道："在那些日子里，也就是迟来的自由主义时期，反犹太主义一如既往地存在，许多人的心中都存在这种想法，这种理念很有可能继续发展下去，但它在政治或社会层面上并未扮演什么重要角色。那时甚至还没发明反犹太主义这个词。"

即便年轻的弗洛伊德和许多世俗犹太人一样看不起来自更加"落后"地区的犹太人，但在面对其他人表现出的反犹太主义时，他的态度却一点儿都不含糊。在弗洛伊德12岁那年，他的父亲告诉了他一件令人不快的事情——一个非犹太人一把打落了他的毛皮帽，帽子掉进了泥水中，对方还叫嚣："犹太佬，滚一边去。"西格蒙德询问父亲作何反应。父亲说："我走到旁边的水沟，捡起了我的帽子。"年幼的弗洛伊德既震惊又失望，并且下定决心决不允许自己遭受这般羞辱。

随着不断成熟，年轻的弗洛伊德意识到：虽然反犹情绪肆虐，但他应该有更远大的目标。维也纳为他提供了追寻梦想的舞台，他的母亲也给了他实现梦想的自信。弗洛伊德后来写道："一个人如果能得到自己母亲毫无争议的爱，那他便能一直像一个征服者

第二章 末日的实验室

般生活下去,这种成功的自信往往催生出真正的成功。"

1875年夏,弗洛伊德去英格兰曼彻斯特拜访了他同父异母的哥哥。此时的弗洛伊德已经研究英国文学多年,他十分向往这片点燃他想象力的异国土地,迫不及待想要沐浴在这个国家的氛围之中。两年前,在写给好友爱德华·希尔博斯坦(Eduard Silberstein)的信中,弗洛伊德半开玩笑地写道,他可能得了"英国病"。弗洛伊德在他同父异母的哥哥埃曼纽尔家住了七个星期,在此期间,埃曼纽尔一家对他热情款待,而弗洛伊德也变得前所未有地迷恋英国。

西格蒙德被英国人"朴素的勤奋"所打动,他还很欣赏"他们强烈的正义感",以及比他在维也纳所感受到的大得多的包容,最好的证据就是彼时的英国首相本杰明·迪斯雷利(Benjamin Disraeli)就是犹太人。这种包容氛围肯定也感染了埃曼纽尔,因为谈及他们父亲被那个非犹太人羞辱一事,他劝说弗洛伊德不要对父亲的软弱反应太过苛责。

回到维也纳后,弗洛伊德在写给希尔博斯坦的信中写道:"纵使那里阴雨连绵,雾气浓重,酗酒和保守主义盛行,我也宁愿在英国生活,而不是维也纳。对其他欧洲人来说无法容忍的许多英国特色,反倒和我的性格特别合得来。"他又说道:"谁知道呢,亲爱的朋友,但是完成学业后,没准儿会有一股风把我吹到英格兰，让我能在那里工作。"弗洛伊德用了整整一生的时间才终于实现了这个预言，但是在他第一次前往英国时，就已经埋下了这粒种子。

一年后，弗洛伊德被他的一位教授相中，派他前往意大利的里亚斯特参加一个研究项目。这个项目是由维也纳大学在那里的实验海洋生物站的实验室负责。因为波兰科学家西蒙·德·西尔斯基（Simone de Syrski）宣称自己通过发现鳗鱼的性腺解开了鳗鱼的繁殖之谜，弗洛伊德的工作就是去验证这一发现是否属实。弗洛伊德解剖了超过400条鳗鱼，最终获得了他需要的证据：佐证西尔斯基的结论的鳗鱼精巢。弗洛伊德后来是凭借被压抑的性记忆相关理论而闻名，而他在学生时期的早期成就之一就是发现鳗鱼极为隐秘的生殖器官，似乎也是一种理所当然。

任何年轻人去的里雅斯特之类的亚得里亚海港口城市，都会注意到那里的其他"美景"——弗洛伊德自然也不例外。在给希尔博斯坦的另一封信中，他提到漫步城镇时遇到的"意大利女神"。但是他和她们保持距离，"因为我们不允许解剖人类，所以她们和我没有任何关系"。他在信中试图用幽默掩饰自己的羞涩。他在私底下的言行与他后来大胆的精神分析理论之间的差距，在这里已经可见一斑。

回到维也纳后，弗洛伊德进入生理学家恩斯特·布鲁克

(Ernst Brücke)的实验室工作。在那里，他通过研究神经系统"获得了安心与满足"。他承认自己在学业上"明显心不在焉"，其间还因为义务兵役中断学习一年，直到1881年才通过博士学位的医学考试。到了这时，弗洛伊德好像终于确定了一份事业，让他可以缓慢攀登学术的阶梯。但是，1882年4月的一个午后，弗洛伊德从实验室回到家，见到了玛莎·伯奈斯（Martha Bernays）——一位来自德国北部、身材苗条、相貌迷人的21岁女子。这次见面彻底改变了弗洛伊德的人生轨迹。

西格蒙德与玛莎当天的相遇，并不像表面看上去那么偶然。虽然玛莎和她守寡的母亲生活在汉堡附近的万茨贝克，但是在此之前，他们一家也曾在维也纳定居，而且玛莎的哥哥伊莱·伯奈斯（Eli Bernays）还和西格蒙德的妹妹安娜订了婚。玛莎和她的妹妹米娜（Minna）回到维也纳探亲时，就去了弗洛伊德家中拜访。因为当时西格蒙德还和父母生活在一起，所以他们会碰面完全在情理之中。根据西格蒙德本人的热情叙述，他第一眼看到玛莎就爱上了她，并且立刻对她展开追求。两个月后，两人就订婚了。在那之后，他们总共生下六个孩子，这段婚姻持续了53年，直至弗洛伊德离世。

从许多方面来看，两人都称不上门当户对。玛莎比西格蒙德小五岁，出生于一个名声显赫的正统犹太家庭。玛莎的爷爷艾萨克·伯奈斯（Isaac Bernays）曾经是汉堡的大拉比，并且强烈反对犹太改革运动。玛莎和西格蒙德的父亲都是商人，但是相比于西格蒙德，玛莎的成长环境有着更加浓厚的宗教氛围。1879年玛莎的父亲去世后，玛莎母女更加坚定信教的决心。西格蒙德称玛莎的宗教背景让她产生了"愚蠢的迷信"，他对此无法容忍。因为担心惹恼她虔诚的母亲和哥哥，玛莎在一开始对两人订婚一事守口如瓶。

然而，两人婚姻中最大的阻碍，其实是他们拮据的经济状况。玛莎的母亲是个寡妇，在钱的问题上帮不了多少忙，西格蒙德也还没有准备好肩负起一个丈夫和父亲的责任。在做研究期间，弗洛伊德就是靠父亲微薄的资助，以及他通过投稿赚取的少量稿费勉强度日。要不是有约瑟夫·布洛伊尔（Josef Breuer）——一名医生，他把弗洛伊德视作自己的爱徒，他后来也被视作精神分析领域的先驱——偶尔以"贷款"形式为他提供的资助，弗洛伊德的日子根本没法过。作为一个与父母同住的单身青年，弗洛伊德还能靠这些不定期的资助混混日子，但是成为一家之主后，情况就大不一样了。

虽然生理学家恩斯特·布鲁克很欣赏弗洛伊德在他的实验室的表现，但是他也早早预见了弗洛伊德的这一问题。据弗洛伊德回忆，就在他认识玛莎之前不久，布鲁克"反对我父亲的浅见，

第二章 末日的实验室

考虑到我糟糕的经济状况,他强烈建议我放弃理论研究工作"。起初他选择了无视。但是在认识玛莎之后,他重新考虑了这一建议。随后他离开了布鲁克实验室,并在维也纳医院找了一份初级医师的工作。他并没打算在医院干太久,但是他必须积累足够的临床经验才能开设私人诊所。这将让他过上富足的生活,而这样的生活才是他们能正式结婚的先决条件。

但这一天直到四年后才到来。在漫长的异地恋期间,玛莎住在波罗的海沿岸,西格蒙德住在多瑙河畔,除了极少数几次去彼此家中之外,两人几乎是靠每天写信交流。西格蒙德写了超过900封信,从中我们可以详细了解到两人快速发展的恋情,以及他多变的性格。在照片和画像中,弗洛伊德无一例外都是一副刻板严肃的形象,这个形象早已渗透到流行文化中。但是在这些信件中,他浪漫到无以复加,俨然是一个沉浸在人生第一段纯贞热恋中的年轻男子形象。他在信中称玛莎为"我可爱的公主""我亲爱的宝贝"和"美丽的情人我的爱",这还只是他对玛莎的爱称的冰山一角。

两人于1882年6月17日订婚,第二天玛莎就踏上了回老家万茨贝克的路。6月19日,西格蒙德在一封热情洋溢的信中倾吐他矛盾的心情:"直到你离开时,我才意识到我的幸福有多深,以及,唉,我的失落有多重……这一定是真的。玛莎确实是我的,那个人人赞不绝口的可爱女孩,那个在第一次见面时不管我如何极力抵抗依然将我俘获的女孩,那个让我不敢追求的女孩,那个带着高傲的自信向我走来的女孩,那个让我更加相信自己的女孩……"

西格蒙德想要找到一个像他母亲一样的人,不论他选择怎样的事业,都能坚定地支持他。这也是他在后来的信件中反复提到的一点,他写道:"是你让我成为一个自信勇敢的人。"而且他从一开始就毫不掩饰对玛莎的占有欲,"从现在起,你就是在你娘家做客。你就像我典当的一件珠宝,一旦我有钱了,就一定会把你赎回来。"

两人订婚伊始,弗洛伊德对彼此的背景差异,尤其是宗教信仰差异,表现得非常宽容。谈及他们父母和祖父母那一代,弗洛伊德写道:"即便老一辈犹太人崇尚的传统已无法为我们提供任何庇佑,但是意义高深、积极向上的犹太教的核心与精髓,是不会从我们的家中缺席的。"

但是,弗洛伊德有时也非常易怒,甚至到了蛮不讲理的地步。起初,玛莎不愿意在安息日给他写信——就算是写,她也要瞒着母亲和哥哥偷偷地写。弗洛伊德对于玛莎的这种软弱表现得非常愤怒,他声称:"如果你不愿意为了我而放弃你的家人,那你终将失去我,既毁了我的生活,也无法摆脱你家庭的束缚。"

第二章 末日的实验室

虽然偶有冲突，但是总的来说，这对新人的通信展现出了他们对彼此日益深厚的感情，以及他们如何焦急地等待着有一天能够结束异地、永不分离，尽管那一天还非常遥远。弗洛伊德还引用了莎士比亚《第十二夜》中的名句：

漂泊止于爱人的相会，
这是每个聪明人都明白的道理。

与此同时，弗洛伊德也毫不避讳自己的"封建思想"，尤其是他对玛莎在婚姻生活中扮演的角色的期待。他认为"让女性像男性一样去为生活打拼，是一种完全不切实际的想法"。他愿意不惜一切让玛莎远离这种生活，"安心于家里平静无忧的家务"。弗洛伊德虽然承认女性正在获得新的权利，但是他坚称"女性的定位不能改变：年轻时要甜美可人，成熟后就该当个贤妻良母"。

玛莎愿意接受这种观点，但是后来的她将一手操持着这个兼做住宅和办公室的家，全权负责了所有后勤工作，把一切打理得井井有条。而且在面临困难时，她很清楚要如何灵活应对，以获得她想要的结果。1886年春，当弗洛伊德终于有底气辞去医院的工作并开设自己的私人诊所时，两人总算可以开始筹办婚礼。婚礼这件事情很有可能引发一场激烈冲突：玛莎的母亲希望举办一个正统的犹太教婚礼,玛莎不想违逆她,但是她也知道西格蒙德绝对无法接受。

事实证明玛莎是一个非常有手段的人。她指出虽然德国不要求宗教式婚礼,但是奥地利有这个要求。因此,如果他们只在万茨贝克举办一个世俗婚礼,那么回到维也纳后,他们的婚姻依然无法获得法律认可。西格蒙德不得不选择妥协,但是玛莎也确保了1886年9月14日在她母亲家中举办的犹太教婚礼足够低调。婚礼是在白天举办,这就避免了穿正式晚礼服的要求,而且她还限制了到场亲友的人数。尽管一切从简,但这依然是玛莎家人想要看到的宗教式婚礼。

在他的信中,西格蒙德毫无顾忌地讨论了他的理想抱负。和往常一样,他经常会自相矛盾。订婚一年后,他对自己能否成名表现得满不在乎。他写道:"很多人无法接受在被死亡卷走之前没能在海浪中的石头上刻下自己的名字,但我从来不是这种人。"这是典型的口是心非。当他在信中说"所有这些工作,追名逐利,几乎让我没有时间给你写一句情话"时,他并不是真的想表达对追逐名利的厌恶。实际上,他表面是一个意思,背后又是另一个意思。有一次,他就直言不讳地写道:"一个人就该让自己成为谈论的焦点。"

随着婚期的临近,弗洛伊德在信中提到了他和布洛伊尔——

第二章 末日的实验室

那个如同他教父般的医生——的一次对话,字里行间洋溢着骄傲。"他告诉我,他发现在我怯懦的外表下隐藏着的是一个无比勇敢无畏的人。"他说,"我一直都是这么觉得,但从来没有告诉过任何人。"接着他又发表了一番豪言壮语:"我一直觉得我继承了祖先们守卫圣殿时的所有勇气与热情,并且可以为了历史中的某个伟大时刻欣然献出自己的生命。"

但是在很长一段时间里,弗洛伊德并不知道要去哪里以及如何寻得这样的时机。1884 年,也就是在两人结婚前两年,他在给玛莎的信中提起他的一位教授。这位教授向他详细讲述了在维也纳开创事业之艰难,并表示他能够帮助弗洛伊德在布宜诺斯艾利斯或者马德里联系熟人,在这些地方打拼会更容易些。弗洛伊德告诉这位教授他不反对迁居异地,但是他还是想先在维也纳闯一闯。他解释说:"我有工作的能力,而且我对这里的依恋不只局限于这些美丽的建筑。"

真正的问题在于弗洛伊德应该从事哪门专业,他要如何在医学领域脱颖而出。在维也纳医院工作期间,他依然在如饥似渴地读书。他发现印加神话中提到古柯叶具有治疗效果,这让他非常着迷,后来去南美的欧洲旅行者也证实了这一说法。比如,1801年,德国探险家亚历山大·冯·洪堡(Alexander von Humboldt)就提到了秘鲁的印第安人信使是如何靠咀嚼石灰和古柯叶活下

031

来,这些东西能够抑制他们的食欲,同时让他们获得体力和耐力。后来,弗洛伊德在实验室的一位同事恩斯特·冯·弗雷舍-马克斯沃(Ernst von Fleischl-Marxow)受病痛折磨,促使弗洛伊德直接用可卡因[1]进行试验。很快,他便确信不仅为这位朋友找到了治疗方法,也为自己找到了一条通往荣耀之路。

弗雷舍-马克斯沃在研究一具尸体时不慎割伤大拇指,看似不起眼的轻微伤,没想到变成了严重感染,最终导致他的大拇指被切除,而且还产生了吗啡成瘾。眼看弗雷舍-马克斯沃的肉体和精神逐渐被吗啡所摧毁,弗洛伊德决定用可卡因对他进行治疗。当时的弗雷舍-马克斯沃已经到了病急乱投医的地步,这个"可卡因疗法"一开始看上去效果拔群,但实际上,他只是从吗啡成瘾变成了可卡因成瘾。但在那时,弗洛伊德并未认识这种药物的危险性,甚至还在《论可卡因》("Über Coca")中称之为"神药"。《论可卡因》是弗洛伊德的第一篇重要科研论文,他希望能靠这篇论文开创他的事业。

在实验过程中,弗洛伊德还多次亲自尝试可卡因,并表示他很快就能从中获得"一种突如其来的愉悦和轻松感"。这些结果

---

[1] 可卡因是古柯叶中的提取物。

令他倍感兴奋，他甚至还寄了小剂量的可卡因给玛莎，催促她赶紧试一试。但是弗雷舍-马克斯沃的情况迅速恶化，不仅没有摆脱吗啡，还染上了可卡因。一天晚上，弗洛伊德赶到他家公寓，发现他在这两种强力药物的共同作用下出现了"震颤性谵妄，他的皮肤上像是有无数白蛇在蠕动"。经受多年痛苦折磨后，弗雷舍-马克斯沃于1891年去世，享年45岁。他至死都没能摆脱药物成瘾。

在弗洛伊德对可卡因这一神药寄予厚望期间，他也探索了其他治疗途径。从1885年10月至1886年2月，弗洛伊德带着一笔微薄的差旅补助来到巴黎，跟随知名神经学家、病理学家让-马丁·沙可（Jean-Martin Charcot）学习和工作。这位法国人在索邦大学萨尔佩特里埃尔教学医院开课，而且会在接诊病人时给随行助手指教，这些给弗洛伊德留下了极为深刻的印象。11月24日，他写信给玛莎说："沙可是最伟大的内科医生之一，也是一个知识水平逼近天才之人，他颠覆了我所有的目标与观点。有时听完他的课走出来，就好像走出了巴黎圣母院，让我对完美有了全新的认识。"

最让弗洛伊德印象深刻的是沙可对癔症的解释和他用催眠治疗这类病人的方法。和他早期研究可卡因一样，弗洛伊德依然在寻找革命性的治疗方法。当沙可说他希望弗洛伊德能帮忙把他的一些文章翻译成德语时,弗洛伊德喜出望外。很快,他便受邀去沙可家赴晚宴。他骄傲地告诉玛莎:"现在我是沙可家唯一的外国客人。"不过他也坦言,对于自己在这种场合下的法语水平,他有点儿信心不足。为了稳住自己,他选择服用他的"神药"。在另外一封信中,他还抱怨自己服用的"那点儿可卡因"让他变得喋喋不休。

不知道是可卡因的作用还是受周围环境的刺激,在许多从巴黎写给玛莎的信中,弗洛伊德的文字都异常浮夸和戏谑。有一次,弗洛伊德在沙可的晚宴上见到了沙可的女儿,随后他在信中称:"她个头不高,但是非常丰满,和她伟大的父亲简直像是一个模子里刻出来的,以至于你懒得去思考她是否漂亮这个问题。她年约二十,非常大方友善。"然后他又带着近乎调侃的语调接着说,"假设我现在并没有和你在一起,而且喜欢寻求刺激,我一定会忍不住追求她,因为没有什么比追求一个长得像你崇拜的男人的女孩更刺激的了。"

虽然弗洛伊德对于打入沙可的朋友圈非常兴奋,但是他对巴黎的感情却异常复杂。和在维也纳一样,他对巴黎的评价经常自相矛盾。描绘起他在法兰西喜剧院和其他巴黎剧院看到的戏剧和莎拉·伯恩哈特(Sarah Bernhardt)的精彩表演时,他赞叹道:"巴黎真是个神奇的城市!"他也对卢浮宫的藏品惊叹不已,尤其是

第二章 末日的实验室

古希腊和古罗马的雕像。在写给玛莎的妹妹米娜——他们两人也经常通信——的信中,他称自己在巴黎受到"巨大冲击"。但是他又表示这座城市就像"一只装扮浮华的斯芬克斯,将每一个无法解开她的谜语的外国人逐个生吞"。至于巴黎人,弗洛伊德认为他们是"不同于我们的另一种物种。我觉得他们好像被数千只恶魔附身……我感觉他们不知道何谓羞耻,何谓恐惧"。他总结称:"巴黎只是一个漫长的迷梦,我恨不得赶紧醒过来。"

旅居法国首都的经历让他比以往更加欣赏维也纳。另外,虽然他曾开玩笑说可能会移情别恋,但是他也急于向玛莎保证,在他憧憬的未来里只有玛莎一人。在从巴黎写给玛莎的信中,弗洛伊德再次提起他献给玛莎的第一句赞美:"玫瑰与珍珠从你的唇间落下,你宛如童话故事中的公主。"他还说,这也是为什么他一直称她为他的"小公主"。弗洛伊德和玛莎都迫不及待想要结束分居状态,开始共同的生活。

在许多方面,维也纳都符合这对年轻夫妇的期待。在1887年至1895年之间,玛莎生下了全部六个孩子。1891年,他们定居伯格街19号。这里将成为他们的住处和弗洛伊德的办公室,一直到1938年一家人逃往伦敦。长子马丁回忆说:"我的母亲掌管一切家务,她善良慈爱,也无比坚强。她凡事都强调准点守时,这在当时以慢节奏著称的维也纳是闻所未闻的。"1896年,米娜也搬进了他们家，并和他们一直生活在一起。米娜的未婚夫——梵语学者伊格纳兹·勋伯格（Ignaz Schönberg）早在十年前就因为肺结核去世了。米娜的到来，让这个家庭变得更加庞大。

但是在自己的工作上，弗洛伊德经常倍感失意。从巴黎回来后，他根据从沙可那里学到的治疗精神病人的方法，开始四处发表文章、举办讲座。他提到早期在医学协会举办的一次讲座"惨淡收场"。当他谈到男性癔症的话题时，一位上了年纪的外科医生指责他满嘴"胡言乱语"，他表示癔症显然是一种女性疾病，并质问："一个男人怎么可能会得癔症？"虽然弗洛伊德在其他场合也赢得了不少称赞，但是他写道："权威界依然立场坚定地拒绝认可我的创新理论。"

弗洛伊德的"创新"，比如早期使用可卡因、尝试电击疗法等，其实效果也没有达到他自己的预期。和沙可一样，弗洛伊德还对催眠疗法充满期待，并越来越频繁地对病人使用"催眠暗示"。1889年夏，他来到法国南锡市，希望能够向那里的医生取经，提升自己的催眠技术。但是很快，他也开始怀疑催眠的真正效果。"所以我放弃了催眠疗法，只保留了其中一项做法，即要求病人躺在沙发上，而我坐在他的身后，我能看见他，但他看不见我。"他回忆道。

在19世纪的最后十年和20世纪的头几年，弗洛伊德有了更加明确的目标。他逐渐发现或者提出了许多概念,这些概念后来都成了弗洛伊德式分析的标志。多年来,他一直和约瑟夫·布洛伊尔讨论癔症病例,尤其是布洛伊尔的一位病人,他们称她为"安娜O"(Anna O)。

1895年,两人一起出版了《癔症研究》(*Studies on Hysteria*)。虽然布洛伊尔也曾对病人安娜O使用催眠术,但在治疗她的精神重疾的过程中,真正让他获得突破的是"谈话疗法"。直到1896年,弗洛伊德才给这种疗法想出了一个更好的名字——精神分析。一年后,弗洛伊德越来越相信被压抑的性记忆是大部分神经症的根源,同时他也首次提出了恋母情结的概念,认为男孩都依恋自己的母亲,并把父亲视作情敌。

现在看来,真正把弗洛伊德推上神坛的是于1899年11月上架的《梦的解析》(但是出版商标注的出版时间是1900年,让它看上去像是出版于新世纪的黎明)。但是在一开始,这本书并没有像弗洛伊德所期待的那样大火。《梦的解析》在问世的头六年只卖出了351本。弗洛伊德也抱怨这本书"在专业期刊中鲜有被提及"。

弗洛伊德特别强调被压抑的性记忆和性幻想,这很难讨得每一个人的喜欢,而且也导致了他和布洛伊尔在合著《癔症研究》后出现分歧。十几年后的1907年,布洛伊尔在给一位瑞士同事的信中，提到弗洛伊德"在理论与实践上对于性欲的沉迷不合我的胃口"。他还委婉地表示两人已经渐行渐远。"弗洛伊德是一个偏好绝对性和排他性表述的人，"布洛伊尔写道，"这是一种心理上的需求，在我看来，这会导致过度泛化。"

这段时期，弗洛伊德最亲密的朋友——虽然两人大部分时候相隔两地——是柏林耳鼻喉专家威尔海姆·弗里斯（Wilhelm Fliess）。弗里斯是在1887年与弗洛伊德相识，当时他参加了弗洛伊德在维也纳的一次神经学讲座。在那时，弗洛伊德才刚开始探索他的经典理论。虽然这些理论后来让他蜚声国际，但在一开始，他的一些理论被视为旁门左道。与此同时，弗里斯也在宣传他自己的理论。他的理论主要和性欲有关。这些理论让他被视作更大的异类，并最终在后世沦为笑柄。弗里斯认为鼻子是影响人类健康与行为的主要器官，而且男性和女性分别有23天和28天的性周期。两人在维也纳相识后，弗里斯对弗洛伊德的研究非常感兴趣，这让弗洛伊德喜出望外。弗里斯回到柏林后，弗洛伊德便给他写信，表示希望和他成为朋友，因为弗里斯给他留下了"深刻的印象"。

在他们频繁的通信中，弗洛伊德毫不掩饰自己渴望一个支持他的听众，能够为他的努力喝彩和打气。弗里斯乐意至极，并为他提供了源源不断的鼓励。弗洛伊德在1894年对他说："你是唯

第二章　末日的实验室

一的他者（the other）。"他和弗里斯分享了很多的私事，包括他对心脏问题的担忧，以及他和玛莎的关系。1893年弗洛伊德的第五个孩子出生后，他告诉弗里斯，玛莎可以休息一年了，因为"我们现在过上了禁欲生活"。他们的第六个——也是最后一个——孩子安娜诞生于两年后。

两人毫无顾忌地谈论各种涌上心头的想法。1896年，弗洛伊德告诉弗里斯："你让我明白每一种流行的疯狂背后都潜藏着某种真理。"但是渐渐地，弗洛伊德意识到这位"他者"只是一味追求古怪理论，与他研究的更重视逻辑的理论并不相通，于是两人渐行渐远。弗洛伊德不再把弗里斯视作是其研究及理论的宝贵评论者。1901年，他直言不讳地告诉弗里斯："你的眼界已经到头了。"

这一切都让弗洛伊德更加觉得孤独和迷茫。在描述他与布洛伊尔分道扬镳后的那段时期时，弗洛伊德写道："我没有追随者，完全孤身一人。在维也纳我遭到排挤，在国外我就是个无名小卒。"虽然这么说有点儿夸张，但和实际情况并无太大出入。

弗洛伊德清楚地认识到自己的犹太人身份。而且和许多同时代的人一样，他也认为自己被世俗化和同化了。"对于一个犹太人来说，无视自己的犹太人身份——尤其是在公共场合下——是不可能的。"知名作家阿图尔·施尼茨勒指出，"没有人能做到，非

039

犹太人都做不到，更别说犹太人自己。"但是，比弗洛伊德小六岁的施尼茨勒记得自己在上学期间"几乎感受不到"任何反犹太情绪。但是在他进入维也纳大学就读后，情况立刻发生了变化。虽然施尼茨勒后来在文学领域大获成功，但是他"随时随地都能感觉到非犹太人和犹太人在一定程度上被区分开来"。

这是经典的维也纳式矛盾，也是这座城市在那个时期的诸多矛盾之一。以色列记者兼作家阿莫斯·艾隆（Amos Elon）出生于维也纳，他在19世纪晚期形容这座奥地利都城是"文化多样性催生丰富创造性的典型案例"。至于反犹太主义的问题，他解释说："至少在19世纪90年代初期之前，也就是反犹太主义尚未以某种疯狂形式出现在维也纳的街头和高校的时候，犹太人的地位是在逐步提高的。"

当弗洛伊德亲身遭遇反犹太主义时，他表现得毫不示弱。1883年下半年，弗洛伊德在德国搭乘火车时，他打开车厢的一扇车窗，想要呼吸新鲜空气，不料却遭到周围人呵斥，要求他把车窗关上。其中一名乘客突然大喊："他是个肮脏的犹太人！"另一个人则直接对他说："我们基督徒都会为他人考虑，你可别太把自己当回事儿。"然后是一连串的辱骂。那个乘客还叫嚣要翻过座位来给他点儿教训。聊起此事，弗洛伊德在给玛莎的信中这样写道："放在一年前，我只会气得说不出话来，但是现在不一

第二章 末日的实验室

样了。我一点儿都不害怕那群暴徒。"他喊那个气焰尤其嚣张的乘客出来和他单挑。"我已经准备好要杀了他。"弗洛伊德说,"但是他尿了。"

1900年的一个暑假,在维也纳的郊外,弗洛伊德的两个儿子——马丁和奥利弗正乘坐小船在湖中钓鱼。这时一群男子路过,并不停地对他们谩骂和恐吓。他们骂两个少年是"以色列佬",指责他们在这里偷鱼。但马丁指出这纯属污蔑,因为这里是一处有名的垂钓点。他们把事情经过告诉父亲,当天下午,父子三人一同回到同一片湖中划船。此时已经有大批民众聚集,其中不乏女性。当他们停船靠岸时,人群发出更具反犹色彩的辱骂。在一群女性的怂恿下,约莫十名男子握着手杖和雨伞,好像随时要开战。

弗洛伊德从小船上跳上岸,迈着大步径直向人群走去。当马丁准备跟上时,弗洛伊德厉声呵斥他退后。马丁后来回忆说,在那之前,"温柔的父亲和我说话时一向非常和善"。这也是为什么他严厉的语气令马丁比那群迎接他们的民众更加吃惊,"与此同时,"马丁接着说道,"父亲挥舞着他的手杖,向那群气势汹汹的人冲去。没等他冲到跟前,他们就作鸟兽散,给他让出了一条路。"父亲的勇气深深地打动了马丁,但更令他惊讶的是"父亲好像完全没有受到这件事的影响"。就他所知,他的父亲从来没有向任何人提起当天发生的事情。

弗洛伊德对这件事情能够泰然处之，部分原因可能是因为受早年成长环境的影响：当时反犹太主义尚未盛行，自然也没有像后来那样造成毒害。尤其是在维也纳，这里生活着大量的犹太人，虽然看到苗头不对劲，但他们中的许多人依旧不以为然。根据一位比弗洛伊德年长七岁的犹太作家阿道夫·德索尔（Adolf Dessauer）的说法，维也纳的反犹太主义只不过是"一种过时的风尚，一些情绪，一个笑话"。

但是随着19世纪80年代的风向转变和90年代的形势恶化，事情就没那么容易一笑而过了。

在诸多从奥匈帝国其他地区慕名来到维也纳的犹太人当中，有一个名叫西奥多·赫茨尔（Theodor Herzl）的人。他和弗洛伊德是同代人，出生于布达佩斯，1878年来到首都，并进入维也纳大学就读，主修法律。赫茨尔是个典型的被同化的犹太人，他努力想要打响自己的名声，首先是当律师，然后成了一名记者和剧作家。他在语言方面颇有天赋，能够看懂德语、法语、意大利语和英语，但他尤其崇尚德国文化。他指出，每一个"维也纳学生在还没听到瓦格纳的音乐之前，就已经是瓦格纳崇拜者"。在那时，没有任何迹象表明赫茨尔将会成为现代犹太复国主义的创始人。赫茨尔于1904年去世，享年44岁。但在他去世许多年后，这一

第二章 末日的实验室

政治思潮推动了以色列的成立。

赫茨尔在学生时代加入了阿尔比亚（Albia），这是一个宣扬德国民族主义观点、推崇决斗等传统习俗的兄弟会组织。和一小部分外表很像德国人的犹太人一样，他为自己能被阿尔比亚接纳倍感自豪。阿图尔·施尼茨勒记得曾看见赫茨尔"戴着蓝色的学生帽，握着刻有'F.V.C.'（繁荣、生长、兴旺的拉丁语缩写）字样的象牙柄手杖，和他的兄弟会成员们骄傲地并肩行走"。

但也正是在这段时期，这些学校里的兄弟会组织变得越来越反犹，若兄弟会中仍然残存犹太成员，便会使兄弟会蒙羞。尤其丢人的是，其中一些犹太人在决斗场上比那些非犹太人更厉害。赫茨尔就曾参加过一次短暂的决斗，并且表现不俗，因为决斗双方的脸上都留下了被视作男子汉标记的刀伤。1882年，兄弟会找到了摆脱这一窘境的方法，那就是通过了所谓的《魏德霍芬宣言》。这份宣言的措辞和它的内容同样露骨：

每一个犹太母亲的儿子，每一个身体里流着犹太血液的人，从出生那天起便没有任何荣誉感，亦没有任何高级情感。他无法区分肮脏与洁净。他在伦理上较之人类卑贱。因此与犹太人交友是一种耻辱，应避免任何与犹太人的联系。你无法侮辱一个犹人，因此犹太人不得因遭受任何侮辱而提出赔偿。

换句话说，兄弟会成员不仅要彻底排挤犹太人，而且不能也不该接受来自犹太人的决斗挑战。

1883年2月13日，理查德·瓦格纳去世。在他的一次追悼会上，一名来自阿尔比亚的发言者卖力赞颂"雅利安"泛日耳曼主义和"瓦格纳式反犹太主义"，而这也正是这位已故作曲家对待犹太人的态度。虽然这位发言者被学校开除，但赫茨尔还是给兄弟会写信宣称："我不愿保留我的会员身份。"他的"兄弟们"并未接受他的退出信，而是正式将他除名，借此表明把他赶出兄弟会是他们的决定。

但是在维也纳的这些亲身经历并没有让赫茨尔灰心，他依然相信接受同化是犹太人改变命运的最佳途径。直到他为维也纳的《新自由报》担任驻巴黎记者时，他的想法才出现转变。这一改变源自1894年，犹太裔法国陆军上尉阿尔弗雷德·德雷福斯（Alfred Dreyfus）因莫须有的叛国罪名被捕并判刑。随后法国掀起的反犹太主义浪潮，让赫茨尔确信犹太人必须在一个犹太国家才能获得救赎，并促使他发起了犹太复国主义运动。

重返维也纳后，赫茨尔和弗洛伊德在同一条街上生活了两年。赫茨尔住在伯格街6号，两人基本算是邻居。但是两人从未碰面，

第二章 末日的实验室

虽然弗洛伊德肯定对赫茨尔的活动有所了解。1897年,弗洛伊德观看了赫茨尔的话剧《新犹太区》。这出话剧激发了弗洛伊德的一个梦想,之后两人便开始互相写信。但是不同于赫茨尔,弗洛伊德通常避谈政治。

但是政治和反犹太言论可不是那么容易回避的。《火炬》报编辑卡尔·克劳斯——原为犹太人,后转信天主教,最后也放弃了天主教——就声称:"精神分析是最新型的犹太病……他们把手伸进我们的梦境,好像它们是我们的口袋。"后来纳粹频繁攻击弗洛伊德发明了一门"犹太科学",克劳斯的这番言论就是这一指控的一次预演。

可是进入19世纪90年代,维也纳的犹太人面临着一个更加严峻的威胁,即卡尔·吕格尔(Karl Lueger)的迅速崛起。吕格尔是一名非常优秀的政治家,人称"美男卡尔"。他于19世纪70年代踏入政坛,先是一名自由党,后来成了民主党。很快他便发现反犹太言论的魅力,并于1891年创建基督社会党。他把自己塑造成一副草根翻身的形象,扮演着一个奥地利天主教的坚定捍卫者,并宣称:"这些犹太人,他们夺走了我们神圣不可侵犯的一切!我们的祖国!我们的民族!现在他们还想觊觎我们的财产!"

1895年,吕格尔的党派在市政选举中获胜,吕格尔被选为市长。但弗朗茨·约瑟夫国王拒绝承认这位新任市长，因为他认为这是个喜欢煽风点火的危险人物。就连很少过问政治的弗洛伊德也关注了此事，为了庆祝弗朗茨·约瑟夫对吕格尔行使否决权，弗洛伊德"当天多奖励了自己几根雪茄"。

然而到了1897年，当市议会第四次选举出吕格尔时，国王也不得不做出让步。从此吕格尔一直担任市长，直至1910年去世。身为市长，他通过兴建新的公共建筑、推进市内基础设施现代化——比如引入高效的电车系统——而获取民心。乔治·克莱尔（1920年出生于维也纳的一个犹太家庭，1938年逃往英国）在他的《维也纳最后的华尔兹》(*Last Waltz in Vienna*)一书中也不情愿地承认吕格尔"成了维也纳有史以来最受欢迎，也是最有效率的市长"。

在吕格尔执政下的维也纳长大的犹太人存在一种倾向，即淡化吕格尔的反犹太主义。小说家斯蒂芬·茨威格写道："他领导的市政府公平公正，堪称民主楷模，犹太人虽然对这支反犹太党派的成功感到恐惧，但依然享受到了尊重与平等权利。"吕格尔依然和犹太人打交道，并且说过一句很有名的话："谁是犹太人由我来决定。"许多奥地利犹太人对公开场合的反犹太主义置若罔闻，其中的一个典型就是奥地利社会民主工党的创始人——犹太人维克多·阿德勒（Victor Adler）。1899年，阿德勒在国际社会主义政

第二章　末日的实验室

党大会上坚称：虽然奥地利经常存在不公问题，但是这个国家"没有进行压迫的能力……这个国家的专制制度已经因为安乐而变得软弱"。

"奥地利永远不会采取苛政"这样的想法，在弗洛伊德那一代犹太人心中根深蒂固。弗洛伊德的儿子马丁对一件事情记忆犹新，这件事情本该引起他们警惕，但他们却并没有重视：当时马丁和他的姑姑"多尔菲"（Dolfi）——也就是西格蒙德最小的妹妹阿道芬（Adolfine）——一起走路，他们经过"一个相貌普通的男人，也许是个非犹太人，在我看来，他完全没有注意到我们"。但是多尔菲却"惊恐地"抓紧了马丁的手臂，并小声说："你听到那个人刚才说了什么吗？他说我是个肮脏的臭犹太女人，还说是时候该把我们全都杀光了。"

马丁把她的担忧视作"一种病态的恐惧症，或是多尔菲犯傻的产物"，并表示他和朋友们在维也纳的非犹太人环境中感到"无比快乐和安全"。"说来奇怪，我们这些人——有教授，有律师，还有各种受过教育的人——都没料到惨剧将至，并将毁掉犹太民族的孩子。而真正预测到——或者看似预测到——这幅图景的，竟是一个可爱却傻兮兮的老姑娘。"

后来，多尔菲也成了这起惨剧中数百万受害者中的一员，她被送去了特莱西恩施塔特，并于 1942 年 9 月 29 日在那里被活活饿死。大屠杀期间，许多身份显赫的犹太人都在这个位于布拉格附近的"犹太营"里死去，或者被送往其他的集中营，比如特雷布林卡，或是奥斯维辛。

第三章　来自威尔士的凯尔特人

在新世纪的头十年，弗洛伊德发现他的孤立状态终于结束。1897年，他的医学院同事提名他担任全职教授，或者叫"特聘教授"（Professor Extraordinarius）。正如弗洛伊德所说，这个头衔对于他的学术地位意义非凡，对于他行医也很重要，因为它"把病人眼中的内科医生提升到一个半神的地位"。1902年，在皇帝正式签字认可下，弗洛伊德总算得偿所愿，成为一名正式教授。

也就是在这一年，弗洛伊德开始在伯格街19号定期举办周三夜间研讨会。这项活动吸引了为数不多但人数稳步增长的一群内科医生，起初参加活动者几乎都是犹太人。1908年，他们给自己改名为"维也纳精神分析协会"。弗洛伊德也注意到自己地位提升的各种迹象，并乐在其中。他在写给弗里斯的最后几封信中写道："显然我又出名了。走在街上，即便是最腼腆的崇拜者看到我，也会大老远就向我问好。"维也纳以外的地方也开始对精神分析学很感兴趣,让弗洛伊德获得全新的机会去传播他的新理念。他正一步步成为人们"谈论的焦点",就像订婚期间他在给玛莎的信中所憧憬的一样。

当弗洛伊德的道路越走越顺畅时,一个来自上奥州首府林茨的年轻人也来到维也纳寻找他的成功之路。但是这个名叫阿道夫·希特勒的年轻人一无所获,而他的失意所带来的后果之可怕,说得再夸张都不为过。

在《我的奋斗》一书中,希特勒满不在乎地声称学校的功课"简单得可笑",但实际上他在学校的成绩非常差劲,并最终在1905年辍学——那年他16岁。希特勒的父亲严厉专横,他希望阿道夫能继续学习,将来找一份和他一样的公务员工作。但是他在两年前就已经去世了。阿道夫的母亲对他非常溺爱。她总共生了六个孩子,但只有阿道夫和他的妹妹宝拉活下来了。阿道夫的母亲不愿意也没有能力强迫儿子做他不喜欢做的事情。而希特勒在和当地的邮局局长聊天时告诉对方,他的计划是"成为一名伟大的艺术家"。

根据希特勒一贯的幻想,他将在维也纳实现自己的艺术梦。1906年,17岁的阿道夫第一次来到这座城市,这里的所见所闻令他流连忘返。"我可以在歌剧院门前驻足数个小时,我可以目不转睛看着国会大厦好几个钟头。整个环城大道简直像是《一千零一夜》中的仙境。"他在自传《我的奋斗》中回忆道。1923 年 11 月，希特勒领导羽翼未丰的纳粹党发起慕尼黑啤酒馆政变。政变失败后希特勒被捕入狱服刑，《我的奋斗》就是在监狱服刑期间完成的。坚信自己的画作与绘画才华都已经有了"惊人的进步"，希特勒对建筑的兴趣与日俱增。他还去歌剧院欣赏了古斯塔夫·马勒指挥演奏理查德·瓦格纳的《特里斯坦与伊索尔德》和《飞翔的荷兰人》。虽然马勒也是犹太人，但希特勒的热情并未因此而冷却半分。

回到林茨后，他向母亲与好友奥都斯特·库比席克（August Kubizek）宣布：他决定要去维也纳美术学院上学。后来库比席克在回忆录中谈及他与年轻的希特勒的友情时写道："维也纳在召唤。对于像阿道夫这样踌躇满志的年轻人来说，这座城市有着上千种可能，可以通往最伟大的巅峰，也可能引向最黑暗的深渊。这座城市集美好与残忍于一身，既许诺一切，又否定一切——这就是维也纳。"

1907 年 9 月，希特勒再次前往维也纳参加入学考试，他满怀希望能够轻松通过考试，然后立刻进入大学。首先，他提交了一些自己的画作，并获得了参加正式考试的资格。

10 月 1 日和 2 日，共有 113 名考生参加了两轮时长三小时的考核，根据要求创作特定主题的画作，展示自己的艺术能力。希特勒的画被认定为"不合格"，这就意味着他没能成为 28 名被录取的学生之一。在此之前,他根本没想过会落榜。他写道:"我非常自信能够获得成功,所以得知自己落榜时,感觉像一道晴天霹雳。"很多人后来猜测他把落榜怪罪于犹太教授,但事实是:考官中没有一个人是犹太人。

希特勒铩羽而归,加上 1907 年 12 月 21 日他的母亲因乳腺癌去世,这一切彻底改变了他的人生观。1908 年年初,希特勒重返维也纳,这一次,他依然期待能够成为一名艺术大师,但他也自知希望渺茫。与此同时,他对这座大都市的不满与日俱增,并连带厌恶它所代表的一切。希特勒写道,接下来在维也纳的五年是"我人生中最悲伤的时期"。用他的好友库比席克的话来说,他探索了这座城市"最黑暗的深渊",而不是抓住它提供的诸多机遇。

希特勒抱怨自己囊中羞涩——大概是指他在林茨继承的那点儿微薄的遗产——并称饥饿是他"忠实的保镖"。但是,除了绘制明信片大小的维也纳风景画向他的朋友兜售和打一些零工之外,他并没有努力去改善自己的境遇。他住在男性旅馆或是出租屋里。1909 年秋天情况艰苦的时候,他甚至几度露宿街头。

在这段时期,已经在维也纳学习音乐的库比席克曾一度和希特勒成为室友。虽然他的记述并不完全可靠,但是当他讲到希特勒在重返维也纳之初陷入"严重抑郁"时,他的表述可能是很精准的。"我感觉阿道夫已经有点儿不正常了,"库比席克写道,"他

第三章　来自威尔士的凯尔特人

会因为一些鸡毛蒜皮的事情大发雷霆。"

早期令希特勒看不惯的诸多问题之一就是这座城市的红灯区。他曾经要求库比席克和他一道穿过这片"污秽之地",对于站在橱窗里搔首弄姿的妓女,他感到怒火中烧。库比席克回忆说:"对我来说,阿道夫会对这些景象以及这座大都市的其他色情行为感到厌恶和抵触,且没有染上年轻人所沉溺的手淫恶习,是很正常的事情。"他接着说到,不管是因为害怕染病还是单纯的反感,希特勒在维也纳期间始终保持着"僧侣般的严格禁欲作风"。

用希特勒自己的话来说,在这座都城的落魄岁月,深深影响了他对种族、民族、民族主义和政治的看法。他称这段时期是"我人生最艰难的一课",说维也纳让他清醒地认识到"此前我闻所未闻的两大威胁,以及它们对于德国人民的存在的可怕意义,那就是马克思主义和犹太人"。

用希特勒的话来说,维也纳是研究"这一社会问题"的完美实验室。他批评"这个民族大熔炉的魔法有待商榷",抱怨维也纳正在沦为"一座非德国的城市"和一个"语言混杂之地"。作为一个来自奥地利内地、既没有学过外语又没有什么赚钱手艺的人,希特勒满心怨恨。"我对在这座都城看到的种族混杂感到厌恶,我厌恶混杂在一块的捷克人、波兰人、匈牙利人、卢森尼亚人、塞尔维亚人、克罗地亚人,以及无处不在的永恒的人类毒瘤——数

053

不清的犹太人。"他写道,"对我来说,这座巨大都市就是种族亵渎的化身。"

希特勒在强烈反对"奥地利斯拉夫化"的同时,也崇拜那些攻击犹太人是万恶之源的人。他记得汉斯·戈齐尔(Hans Goldzier)发放的宣传手册给他留下了深刻印象,后来他也应和了戈齐尔的反犹言论。戈齐尔称犹太人是"一种令人厌恶的、堕落的、邪恶的、有害的人种"。但他只是个无名小卒,很快便消失在了公众视野之中,希特勒在《我的奋斗》中提起此事时,更是难掩悲伤之情。另外,这位未来的"大独裁者"也受到了维也纳最受欢迎的政治家——卡尔·吕格尔的启发。希特勒写道:"今天,我比以往任何时候都更深信——这位先生是有史以来最伟大的德国人。"

在年轻的希特勒眼中,吕格尔是教会他理解反犹太主义意义的人之一,但对于这位市长只会嘴上煽动、从不付诸行动的毛病,希特勒却似乎选择性失明。在希特勒看来,这些言论本来就应该停留在文字层面——但他把这一切都牢记在心。谈及在维也纳的经历对自己的影响,他解释说:"我不再是那个软弱的浪子,而是成了一个反犹太主义者。"在他心中,这就是他已经成熟的证据。他写道:"踏足这座城市时,我还是个半大小子;离开它时,我已经是一个沉默而稳重的男人。"

第三章　来自威尔士的凯尔特人

希特勒一边无视吕格尔嘴上疯狂反犹、实际却采取安抚措施的行为，一边看不起那些努力在奥地利和德国之间两头示忠的人。在他心中，在这个问题上是不存在所谓维也纳式矛盾的。在奥匈帝国日渐衰亡之日，希特勒尤其崇拜乔治·冯·休纳勒（Georg von Schönerer），此人是泛日耳曼运动的激进领导者，也是一个狂热的奥地利反犹分子。

在《我的奋斗》的开篇，希特勒就指明了他为故乡发起这项运动的主要目标："日耳曼奥地利必须回归伟大的德国母亲的怀抱……同样的血脉需要同一个帝国。"早在希特勒获得权力之前，他就已经有了德奥合并的野心。

虽然弗洛伊德凭借新奇的治疗方法、丰富的文章和讲座以及每周三晚定期举办的研讨会获得越来越多的认可，但他的日常生活依旧安排得井井有条。早上七点钟起床，为八点钟接诊病人而细心打扮。他的儿子马丁表示父亲绝非爱慕虚荣，"只是严格遵守'医生应该打扮得体'这项根深蒂固的医学传统，从未怀疑过它的正确性，所以他的头上或者下巴上从来不会有一丝杂乱的头发或胡须"。为了确保形象，他每天都要见一次理发师。马丁还说："他的穿着非常传统保守，用的是上等布料裁剪和高端定制，堪称完美。"

他每天的大部分时间都安排得满满当当：一点钟吃午餐，下午的活动视情况而定，有时接诊病人，有时接待访客，他的晚饭吃得比较晚，晚餐前后可能会写东西，也可能会出门散步，在那之后可能会打打牌，然后继续阅读、写作或者编辑，最后在凌晨一点上床就寝。每周六下午五点至七点，他都会在大学讲课，讲完课后，通常又会和一群朋友打一轮牌。

到了周日，他就会去看望母亲阿玛莉亚。自从父亲雅各布1896年去世之后，他的母亲就一直守寡。在父母的共同教育下，弗洛伊德和他的六个弟弟妹妹从小就有强烈的家庭观念。排行老二的安娜记得弗洛伊德在很小的时候，曾经拿着《圣经》走到他们父亲跟前。因为弗洛伊德是长子，亚历山大是老幺，中间有五个妹妹，所以他说："我们一家就像这本书：坚硬的封面和封底是男孩，中间的书页是五个妹妹。"

西格蒙德坚持每周看望自己的母亲，直到1930年母亲去世，享年95岁。正如妹妹安娜指出，母亲有"7个孩子，18个孙子和14个曾孙为她哀悼"。

弗洛伊德很喜欢这些固定的日常安排，他还会为漫长的暑假仔细做规划，要么去阿尔卑斯山度假——比如贝希特斯加登（这片度假区位于巴伐利亚，后来成了希特勒臭名昭著的鹰巢），要么去奥地利温泉小镇——比如巴特奥赛和巴德加斯坦。和在维也纳时一样,这些旅行的安排都由玛莎全权负责。马丁写道:"她从来不会遗漏任何细节,从一个勤劳能干的普通家庭主妇,摇身一变成为一个媲美普鲁士总参谋部高级军官的天才组织者。"

这些假期里的固定项目少不了摘蘑菇(据马丁回忆,没有人会担心摘到毒蘑菇,"因为父亲教会了我们许多关于菌菇的知识")、远足和游泳。弗洛伊德会参加所有这些活动。他在游泳时还坚持蛙泳,避免精心梳理过的胡须进水。而当这位一家之长忙于写作时,孩子们便自己玩自己的。

独自出行时,弗洛伊德喜欢看古董文物。他曾在1904年和弟弟亚历山大一同拜访雅典,并频繁前往意大利旅行。1896年在意大利托斯卡纳区旅行时,当地的艺术瑰宝令他惊叹不已,但也承认自己有时会像普通游客一样疲惫不堪。"我们一到佛罗伦萨,就感觉被这座城市压得喘不过气来,"他写道,"各种古建筑沿街林立,汹涌的历史记忆扑面而来,令人应接不暇,佛罗伦萨人更是聒噪不休,吆喝声、抽鞭子声、喇叭声喧闹街头。总而言之,就是难以忍受。"

弗洛伊德有许多不喜欢的东西,也从来不掩饰对它们的反感。在几个妹妹小的时候,母亲租来一架钢琴给她们上课,但是据弗洛伊德最大的妹妹安娜回忆:"西格蒙德无法忍受我们练习音阶和指法,并且威胁要是我们再弹下去,他就离家出走。"因此这架钢琴很快便从家中消失。即便是在西格蒙德与玛莎结婚并有了孩子之后，钢琴这种许多维也纳家庭中的必备乐器依然是弗洛伊德家里的违禁品，没有一个孩子学过钢琴。弗洛伊德还不喜欢自行车、打电话，以及鸡肉和花椰菜等食物。"

据马丁回忆，他的父亲经常抱怨维也纳。1900年，弗洛伊德写信给弗里斯说："我对维也纳怀有一种强烈的私怨……每当我的双脚离开我所居住的这座城市的土壤，我就能获得全新的力量。"但是根据马丁推测，父亲的这种情绪既非"根深蒂固，也不是真心厌恶"。虽然弗洛伊德宣称自己只喜欢去山林或者郊野，但实际上，他对这座都城有着很深的情感。马丁写道："在我看来，父亲有时讨厌维也纳，有时又热爱这座古老的城市，总体而言，他对维也纳还是有感情的。"他指出，许多生活在伦敦或者纽约等大城市的居民都会对周围的环境又爱又恨，他的父亲也不例外。

1906年5月6日，弗洛伊德迈入50岁。他完全有理由对自己的人生充满期待与满足，但是和往常一样，他喜欢把生老病死挂在嘴上，时常以老人自称，担心自己离世后无人继承他的衣钵。随着信徒的数量与日俱增，弗洛伊德每周三晚都要用咖啡、蛋糕、雪茄和香烟招待与会人员，而且每次讨论结束后都要做例行总结陈词，他越来越担心能否找到一个合适的继承人。他和他的导师及同事们——比如布洛伊尔、弗里斯等——的私人关系也往往从惺惺相惜转变为形同陌路。虽然对于自己身为精神分析这一全新学科的奠基者,弗洛伊德越来越自信,但是对于这门学科的未来,他依然感到迷茫。

在这些日子里,弗洛伊德把自己视作一名"钓鱼人",他一直在寻找合适的人选,这个人不仅要能接受精神分析,而且要能进一步传播他的理论。对于每周三出席他家中研讨会的信徒,弗洛伊德深感满意。但他也想要把鱼线放远一些。很快他便把注意力和希望都放在了苏黎世——起初是出于巧合,后来则是有意为之。因为这片池塘挤满了排队咬钩的鱼。

彼时,心理学研究的前沿阵地之一是苏黎世大学的精神病医院——布尔格茨利医院。这家医院的院长是尤金·布鲁勒(Eugen Bleuler),这位著名的精神病学家后来也成了"精神分裂症"和"自闭症"等术语的发明人。布鲁勒和他年轻的首席助理卡尔·古斯塔夫·荣格(Carl Gustav Jung)很早就对弗洛伊德的理论和方法产生兴趣。荣格是一位瑞士新教牧师的儿子,从小就被各种奇怪的梦境所困扰,所以他非常乐于接受弗洛伊德的《梦的解析》。在布鲁勒的要求下,荣格向其他同事介绍了这本书以及弗洛伊德关于癔症的研究,并很快把他的一些理论融进了自己关于痴呆及其他问题的文章中。

在 1906 年 7 月的研究报告《早发性痴呆心理学》(*The*

Psychology of Dementia Praecox）中，荣格在前言部分充分肯定了弗洛伊德对自己的影响。他写道："只需稍微瞄一眼我的作品，就能看出弗洛伊德的伟大发现对我影响有多深。"虽然对弗洛伊德的作品难掩敬佩之情，但他也强调，这并不表示他"盲从教条"或者无法保持"独立判断"。他还特别指出，他的赞美"并不意味着我认同弗洛伊德把一切都归结于幼年性创伤的做法"。但是荣格认为所有这些保留意见"和弗洛伊德最伟大的发现——心理学原理相比，根本不值一提"。

荣格在写给弗洛伊德的信中也表达了对其作品的热情崇拜，同时也暗示他并不完全同意对方的所有观点，比如早期性发育所扮演的角色，以及精神分析"放松人心"的疗效。但是他明确表示，面对诸多急于下定论的批评者，他坚定地和弗洛伊德站在一起。

对于荣格的支持，弗洛伊德深表感激，并且表示自己并非一味追求赞誉。他写道："我一直都明白自己的不足。"还说他并不想当"被膜拜的偶像"。从早期的交流中，可以看出两人对于彼此之间迅速升温的关系都非常兴奋。弗洛伊德对那些被他讽刺为旧派精神病学"领头羊"的人不屑一顾，宣称："未来属于我们和我们的观点，年轻人——很可能是各地的年轻人——都积极地与我们站在一起。"由此可见，他已经把荣格当作自己的伙伴。

1907 年初，在苏黎世的一位年轻同事的陪同下，荣格和妻子

第三章　来自威尔士的凯尔特人

艾玛来到维也纳首次会见弗洛伊德。3月3日，荣格来到伯格街19号，与弗洛伊德畅谈13个小时。即便是在和玛莎及其子女共进晚餐期间，对话也不曾中断。马丁·弗洛伊德时年17岁，他清晰地记得这位客人完全不顾正常的"聊天礼节"，直接对男主人说话，基本无视餐桌的其他人。他写道，荣格"全程滔滔不绝，父亲耐心聆听，喜不自禁"。

虽然当时的马丁听不太懂父亲和客人之间的对话，但他对"他的热情与活力，他表现个性的能力"还有"他的气场"印象深刻。彼时荣格只有31岁，比弗洛伊德小了20岁，而且在外形上，荣格与弗洛伊德几乎是两个极端。"他身材高大，肩膀宽厚，举手投足之间更像是一名军人，而不是一名医疗工作者。"马丁写道，"他长着一个典型的日耳曼人的脑袋，下巴强健，蓄着小胡子，眼睛湛蓝，留着短发。"

换言之，荣格看上去很像一个典型的非犹太人，而且是年轻有活力的那种。在弗洛伊德看来，这简直再好不过。他很早就意识到，不能让某些人抓住把柄，把精神分析污蔑为一门"犹太科学"——只有犹太人在研究和传播的科学，不仅在维也纳如此，在其他地方也一样。

回到瑞士后，荣格在写给弗洛伊德的一封信中表示，这次的维也纳之行提升了他对"您丰富的性欲理论"的认识。这次拜访

"对我而言是一件头等大事"。弗洛伊德的回信也热情洋溢，他写道："你让我对未来充满了信心。"为了让荣格明白这番话的含义，他又补充说道，"现在我意识到，我和其他人一样都是可以被取代的，而你是取代我的最佳人选，因为我已经了解了你，你可以继续我的研究，完成我的工作。"弗洛伊德把荣格视作他的继承人，而且他有一切理由相信荣格会乐意接受这一称号。

但这并不意味着弗洛伊德不欢迎新的犹太追随者，相反，他可以更加自信地欢迎犹太人，因为现在已经有一个非犹太人在他的运动中扮演了重要角色。同年，另外两位来自苏黎世的客人——麦克斯·艾丁根（Max Eitingon）和卡尔·亚伯拉罕（Karl Abraham）也登门拜访，他们曾经和布鲁勒以及荣格共事过，弗洛伊德同样热情招待了他们。艾丁根出生于俄罗斯的一个犹太家庭，他在苏黎世的时候还是个医科学生，而亚伯拉罕是一名犹太裔德国人，当时已经是一位声名显赫的精神病学家。后来两人定居柏林，并在德国乃至全世界的精神分析运动中都扮演了重要角色。

两人当中年纪更大的亚伯拉罕在苏黎世待了三年。他并不像弗洛伊德那样期待荣格成为精神分析的继承人，对于荣格强烈的个性也没有什么感觉，但是弗洛伊德却向他解释了为什么他觉得荣格这个非犹太人特别适合这个角色。"毕竟对我们而言，我们的

第三章 来自威尔士的凯尔特人

雅利安同志是不可或缺的,否则的话,精神分析就会沦为反犹太主义的受害者。"他还特别欣赏荣格身为一名牧师之子还能"顶住巨大的内心压力追随我"。言外之意是基督徒天生不像犹太人那样愿意接受精神分析。他在后来写给亚伯拉罕的信中说:"我们犹太人过得更轻松,因为我们不受神秘元素的约束。"

鉴于犹太神秘主义的悠久传统和多样形式,弗洛伊德的这番论调是很值得商榷的。但是弗洛伊德所说的犹太人是指像他自己这样的世俗犹太人,他们远离了基督教核心的"神秘元素"。

弗洛伊德还向桑多尔·费伦齐(Sándor Ferenczi)传递了类似的信息。1908年年初,费伦齐第一次从布达佩斯来拜访他,并很快和他成为精神分析运动中的密友兼同事。虽然费伦齐在一开始也对弗洛伊德的梦境理论持怀疑态度,但他很快便成为他的忠实信徒。弗洛伊德在第一次见到费伦齐时就被他深深吸引。同年夏天,他甚至还邀请费伦齐和他的家人一起去贝希特斯加登度假。

这一切都意味着弗洛伊德的门徒规模日渐壮大。但是和每周三晚来参加研讨会的成员以及艾丁根和亚伯拉罕一样,费伦齐也是个犹太人。不过弗洛伊德并不在乎,实际上,他最喜欢和犹太人在一起,因为他们有许多相同的想法和经历。但是正如他对亚伯拉罕所说,这就使他更应该"不能忽视与我截然不同的雅利安人"。

063

当时的弗洛伊德认为，只要把荣格提拔为领导角色就可以解决这些问题。但事实证明弗洛伊德大错特错，因为这两个性格强势之人最终爆发了矛盾。弗洛伊德下定决心要选择一个非犹太人保护他的运动不受反犹太浪潮的伤害，虽然这一计划以失败告终，但是事实证明弗洛伊德因祸得福，甚至救了他自己和家人的命。

此时的弗洛伊德绝料不到自己将来会需要一支营救队，更想不到这支营救队的成员大部分都是非犹太人。到了那时，荣格和弗洛伊德早已分道扬镳多年，但是另外一名非犹太人将登场扮演主角，而他又是通过荣格的引荐才认识弗洛伊德。

这个人就是欧内斯特·琼斯。

1907年9月，也就是在他的维也纳之行几个月后，荣格参加了在阿姆斯特丹举办的首届国际精神病学和神经病学大会。在会上，荣格有了一个大发现，他迫不及待写信给弗洛伊德说："告诉你一个特大好消息——在与会的英国代表团中，有一个来自伦敦的年轻人，这位琼斯博士（一个来自威尔士的凯尔特人！）熟读你的著作，他本人也在从事精神分析工作。他可能会去拜访你。他非常聪明，是个可用之才。"

而事实证明，荣格的这番评价还是太过保守了。1879年生于威尔士的欧内斯特·琼斯，在当时就已经展现出他的天赋、雄心和近乎傲慢的自信，并且时常让自己陷入麻烦。琼斯年仅16岁时

第三章　来自威尔士的凯尔特人

就进入南威尔士大学学医。他指出自己"情感早熟",并表示:"我很高兴周围都是水平相当之人,而不是被一群儿童包围。"琼斯与其他同学的年龄差距和身高差距(他只有五英尺四英寸)并没有让他感到困扰。

1896年第一个学年结束后,琼斯和一位同学来到伦敦,在位于红狮广场的大学辅导学院接受了为期六周的"集中培训"。这是他第一次拜访首都,也是他第一次进大城市。他非常喜欢这里的一切,不管是"伦敦式幽默",还是学校的老师。他在这里认识了教生物的H.G.威尔斯(H. G. Wells)——彼时他还未以作家身份成名;法语教授保罗·巴比尔(Paul Barbier)——"戴着标志性的大礼帽,一看就是来自法兰西第二帝国"——以及他的女儿玛丽,琼斯称她为学校里的校花。他还说:"六周的集训结束后,我们好像都变成了老伦敦人。"

接下来,琼斯在卡迪夫大学学习了两年,然后又重返伦敦,在伦敦大学学院医院接受临床培训。21岁时,琼斯成了一名执业医师,并进入医院在外科、眼科、妇科、儿科和神经内科实习。其中,他对神经内科的工作尤其感兴趣。他在医学学士考试中获得优异成绩,并拿下一份奖学金和两块金牌。面对早期学业和专业上的成就,琼斯泰然处之,后来他表示这些不过是为了满足自己的"全能情结"。

谈及自己的年轻时光，琼斯还很喜欢显摆他的女人缘。"这段时期我并没有忽视结交异性，"他回忆说，"当我从那些寂寞又羞怯的病人那里听说在伦敦结识异性很困难时，我的亲身经历告诉我，他们的困难都是主观原因，因为我无法相信伦敦女孩会突然在新世纪变得矜持起来。"1919年，琼·里维埃（Joan Riviere）——她曾经接受过琼斯的精神分析治疗，后来自己也成了一名精神分析师兼弗洛伊德的翻译——在一封信中提到琼斯"令女性难以抗拒，和异性什么都能聊"。

虽然琼斯看似前途光明，即将开启成功的医学生涯，但他有时也喜欢惹是生非。学生时代的琼斯参与过不少与违法擦边的恶作剧。1899年5月，就在英军准备参加布尔战争之际，琼斯跟着一群乌合之众袭击了一家咖啡馆，但他连他们的目的是什么也不知道。琼斯随后被警察逮捕，并在监狱里过了一晚。隔天，一个朋友来到警察局恳求他们释放这个"小家伙"，说他弱不禁风，一名警官回答说："是啊，还真他妈的弱不禁风，我们花了三个人才把他摁住。"

早年当内科医生时，琼斯换了不少次工作。1903年年初，他成了贝斯纳尔格林区儿童医院的驻院医务人员，合同签了一年。但是因为在未经许可情况下擅离职守，琼斯合同还没到期就被解雇了。根据琼斯的说法，当时他的威尔士女友正在做阑尾切除手

第三章　来自威尔士的凯尔特人

术,所以他赶去看望她,而他在医院的那群"敌人"得理不饶人,坚持要把他开除。实际上,琼斯在此之前就有两次擅离职守的记录。后来他又去其他知名医院应聘,但屡遭拒绝。最终他以临床助理的身份在几家普通医院工作了一段时间,并通过辅导备考的医学生提升了自己的收入。

他还做过其他兼职工作,比如为伦敦市议会监管他所说的"心智缺陷学校",后来他还通过学习公共卫生相关课程进一步深造。培训期间,他还在伦敦东区的犹太区工作。"这极大地加深了我对外国传统和生活方式的了解。"他写道。这也让他日后能够更好地融入弗洛伊德以犹太人为主的工作环境。

据琼斯本人表示,他对精神病学的兴趣始于1902年,当时他每周日都会去伦敦附近的一家精神病院拜访里面的一位医生朋友,两人经常在一起讨论院里病人的病情。1905年,弗洛伊德发表了关于"朵拉"(Dora)的论文。朵拉真名叫艾达·鲍尔(Ida Bauer),是一位18岁的少女,弗洛伊德在1900年就诊断出她有癔症。这个病例以及弗洛伊德的治疗方法引起了琼斯强烈的兴趣。"得知维也纳有个人会用心倾听病人说的每一个字,给我留下了深刻的印象。"琼斯回忆说,"我自己也在尝试这么做,但我从来没听过别人也在用这种方法。"

琼斯对弗洛伊德的著作(其中大部分作品尚未翻译)和他的

革命性方法十分着迷,为此他特意找了一个家教帮助他提升德语水平。他读得越多,就越心生佩服。"对于弗洛伊德来说,病人的任何无心之言都是重要的事实,是需要用地理学家、生物学家和化学家做研究的精神认真研究、反复琢磨的数据。"他指出,这种做法和绝大部分英国医生的态度形成了鲜明对比,"这是一个对探索心灵真正感兴趣的人。"

琼斯很快决定他也要走这条路,但是他在当时不小心卷入了一桩丑闻,并且差点儿毁掉了自己的职业生涯。1906年年初,在研究儿童和"语言机制"时,他写道:"我遭遇了人生最不愉快的一件事情。"琼斯在一所"心智缺陷"学校做完语言测试之后,他被两名女孩指控行为不端——确切地说,是在她们面前暴露自己的身体。令他"震惊和恐惧"的是,女孩的老师相信了她们的一面之词。

媒体对这起事件添油加醋,着重强调琼斯已经是一位"地位显赫"的著名医生。随后,两名警官带着逮捕令上门抓人。在被琼斯称为"戏剧性的一幕"中,那位高级督察宣布:"医生,现在您有两条路可以离开这间房,要么走门,要么走窗;我希望您能选择走门。"在被关进当地警察局并在监牢里过夜之前,琼斯获准给他父亲打了一通电话,随后父亲为他安排了一位顶尖律师。第二天早上,琼斯就被保释出狱,但是他必须穿过聚在外面的人群

第三章　来自威尔士的凯尔特人

离开。当他从人群中穿过时,他听到一名工作人员说:"真该割开这混蛋的喉咙。"

经过四轮庭审后,琼斯依然坚持否认指控,最终地方法官驳回此案。在布兰达·麦多克斯(Brenda Maddox)为琼斯撰写的传记中,她指出琼斯极有可能做出这种事情,因为他很清楚"没有陪审团会根据心智不可靠的儿童提供的证据定罪"。但在他的自传中,琼斯依然坚称这两个女孩肯定是参与过"某种性场景,并出于负罪感把我当成了替罪羊"。

著名医学期刊《柳叶刀》祝贺"他彻底摆脱了公事访问心智缺陷学校后所遭遇的离谱指控"。但是不管是他获得无罪释放,还是这些对他的声援,都无法消除这起案件对他造成的恶劣影响。

虽然名誉受损,但琼斯在伦敦社会和知识界依然混得风生水起。大卫·艾德(David Eder)是一名医生,也是一名犹太复国主义者和坚定的社会主义者。在他的引荐下,琼斯结识了费边社[①]的诸多知名成员,包括萧伯纳、悉德尼·韦伯和已经辞去生物老师工作的H.G.威尔斯。艾德还把琼斯介绍给了露易丝·多萝西·坎

[①] 费边社(Fabian Society),英国的一个社会主义团体,成立于1884年,由一群中产阶级知识分子所发起,主张通过温和渐进的方式走向社会主义。

恩（Louise Dorothea Kann），大家都叫她"露伊"（Loe）。坎恩是一位富有的犹太裔荷兰女子，后来和琼斯交往了七年。琼斯称她"既美丽又富裕"，而且在海外的人脉圈极广。两人在1906年相识后不久，坎恩就请琼斯帮忙招待来自杜马（俄国议会）的代表团。据琼斯回忆，他们给代表团"留下了不够革命的糟糕印象"。

对于已经在用弗洛伊德理论思考的琼斯来说，坎恩不只是一位情人，更是一个令人着迷的分析对象，因为"她有着与众不同的品质和更加与众不同的行为"。用琼斯的话来说，"她独特的精神神经症体质主要表现为发展出远比正常值更高且更好的各种性格特质"。因为她有肾脏问题，所以每天要注射两次吗啡。这一切都使得她的未来充满不确定性，也可能正是因为这个原因，她好像对婚姻也没什么兴趣。

到了1906年年末，琼斯已经开始用精神分析接诊病人。他的第一位病人是他一个同事的妹妹。第二年，他不仅参加了在阿姆斯特丹召开的大会并在会上结识荣格，后来还在慕尼黑报了一个专为研究生开设、为期一个月的精神病学课程。他骄傲地指出他的德语已经"优秀到可以实现这一切"。当然，他能实现这一切的另一个原因，是因为坎恩帮他负担了所有的费用。

1907年11月，在返回英格兰的途中，琼斯去苏黎世再次会见荣格，并拜访了他曾经工作过的布尔格茨利医院。在写给弗洛伊德的信中，荣格形容这位客人是一个"极富天赋、活力十足的年轻人，"在苏黎世的五天时间里，他"和我聊的都是你的研究"，因为他相信"你的观点的理论必要性"。荣格预言了琼斯将"成为我们事业的坚定支持者"。他还告诉弗洛伊德，琼斯提议次年春天在因斯布鲁克①或者萨尔茨堡②召开"弗洛伊德追随者大会"。

这个提议深得弗洛伊德欢心，他回复说："如果1908年春天能在萨尔茨堡召开大会，我会非常自豪。"他一口决定了选择萨尔茨堡作为举办地，否决了荣格青睐的因斯布鲁克。至于做出这一提议的年轻人，弗洛伊德可能没有第一时间感知到他有潜力成为这项运动的领导人，但还是对他颇有好感。"你的这位英国朋友很吸引我，因为他是英国人。"他说道，全然不顾琼斯其实是威尔士人。"我相信一旦英国人接受了我们的理论就不会放手。"他又说，相比之下，他对法国人"没有那么多信心"。

虽然琼斯赢得了荣格和弗洛伊德两人的认可，但在1908年年初，他又在伦敦老家陷入了另一起丑闻。当时琼斯在伦敦西区神经疾病医院给哈利·坎贝尔（Harry Campbell）当助理。坎贝尔和

---

① 因斯布鲁克（Innsbruck），奥地利蒂罗尔州首府。
② 萨尔茨堡（Salzburg），奥地利萨尔茨堡州首府，也是作曲家莫扎特的故乡。

他聊到一个十岁女孩，这个病例患有"左臂癔症性瘫痪"。因为坎贝尔知道琼斯对弗洛伊德很感兴趣，所以向他发起挑战，看他能不能找出瘫痪背后的性欲原因。琼斯见过那个女孩后，女孩和几个朋友说琼斯和她聊了和性相关的话题，消息很快就传到了女孩父母的耳中。在那个年代，这可是骇人听闻的消息。据琼斯的说法，坎贝尔出于"软弱或是害怕"而不敢站出来为他说话，最后他被迫辞职。

琼斯仔细一想，觉得发生这种事故后，要想继续在伦敦行医"已经没有一丝希望"。琼斯得知多伦多大学准备开设一个精神科门诊，并在招募主管。"想到能够在别的英语国家从头再来"，琼斯申请了这份工作。但是琼斯还没有彻底放弃伦敦，他依然希望有一天在人们淡忘这些丑闻后，他能够重返伦敦。

虽然拿到了多伦多的职位，但琼斯还是尽量推迟了入职时间，以便能够参加他提议的萨尔茨堡大会，并周游欧洲各国。在4月下旬的大会上，琼斯和弗洛伊德首次见面。令琼斯不解的是，这位大名人在做自我介绍的时候，居然还说："我是维也纳的弗洛伊德"，好像生怕别人怀疑他的真实身份。第一次对话时，弗洛伊德问琼斯为什么对精神分析感兴趣，并告诉他荣格夸他"非常聪明"。

次日晚上，弗洛伊德向与会者讲述了他的一位强迫症病人。这位病人在服役期间的一段记忆让他饱受折磨。根据这位被称作

第三章　来自威尔士的凯尔特人

"鼠人"的病人回忆,他听到一位上尉描述了这样一种酷刑:把受刑者绑起来,在一个容器中放入一群饥肠辘辘的老鼠,再把这个容器倒扣在受刑者的屁股上,这样一来,饥饿的老鼠便会钻进这个人的肛门疯狂啃噬。据琼斯回忆,弗洛伊德在当晚充分展示了他的"强大脑力",因为他在脱稿的情况下连续讲了整整三个小时。弗洛伊德一度担心讲得太久,但在场所有人都恳请他继续,于是他又多讲了一个小时,一直到午夜才结束。"我从未像这次一样忘记时间的流逝。"琼斯写道。

在亚伯拉罕·布里尔(Abraham Brill)——一位出生于加利西亚①的美国精神病学家,与琼斯结识于苏黎世——的陪同下,琼斯在五月初来到维也纳。弗洛伊德邀请两人来到他的住处,参加每周三的维也纳精神分析协会例行研讨会。荣格曾经贬低这些参加聚会的弗洛伊德信徒为"堕落放荡之众",后来琼斯认为他的这种态度是反犹太主义的产物,因为经常参加聚会的全都是犹太人。但是琼斯自己对这群人的印象也不好。"显然他们都是中产阶层,缺乏我在伦敦所习惯的社交礼仪和高贵气质。"他写道,"但

---

① 加利西亚(Galicia),旧地区名,位于今波兰境内。曾于1795年被奥地利占据,一战结束奥匈帝国瓦解后归还波兰。

另一方面,他们也更有文化,受过更好的教育。"

如果说琼斯对这次维也纳之行心情复杂,那么弗洛伊德也对琼斯表现出类似的疑惑。在写给荣格的信中,弗洛伊德说:"琼斯无疑是一个非常有趣和有用的人,但是他总给我一种感觉,我简直想要用'种族陌生'来形容。"他又莫名其妙地说道:"他是一个狂热分子,而且吃得不多……他几乎让我联想起消瘦而饥饿的卡西乌斯①。"在几个月后写给荣格的另一封信中,弗洛伊德又提到琼斯的这种陌生性:"他是个凯尔特人,所以与我们这种条顿人②和地中海人不太合得来。"

琼斯和布里尔随后又去了布达佩斯。费伦齐在那里接待了他们,并带领他们到处观光。在那之后,布里尔回到美国,琼斯则前往慕尼黑,参观当地的城堡、湖泊、森林和群山。这是他八月末横渡大西洋之前的休闲放松之旅。他写道:"带着全新的理念,我将前往一个新世界。"这些理念依然和弗洛伊德与荣格息息相关,而且很快,他们就将在新世界重逢。

抵达多伦多后,琼斯十分感激这个机会,并称之为"人生的

---

① 卡西乌斯,指盖乌斯·阿维狄乌斯·卡西乌斯(Gaius Avidius Cassius,约130—175),古罗马将军,以瘦削的外形而闻名。
② 条顿人,古代日耳曼人的一个分支,后泛指日耳曼人。

第三章　来自威尔士的凯尔特人

新起点"。9月28日,他写信给弗洛伊德说:"好了,我已经抵达了我的全新国度,目前为止我对这个国家非常喜欢。"琼斯和往常一样精力十足,他迅速承担了各种各样的工作职责,身兼多伦多综合医院的病理医生、尚处于筹备阶段的精神科门诊的主任,同时还在教学、写论文。最重要的是,他还在想办法在加拿大和美国(他去美国非常频繁)传播弗洛伊德的理念。

琼斯并没有被自己对这个新家园的喜爱蒙蔽双眼,他依然看得到这个地方的狭隘。谈及自己的上司兼同好——"优秀的加拿大人"查尔斯·克拉克(Charles Clarke)教授时,琼斯说他正在努力开设新门诊、提升精神病学的教学与实践,但他面临着巨大的阻碍。他写道:"他必须应对那些政府官员,他们视精神病患者为浪费钱的蛀虫,不管一个杀人犯的精神问题有多严重,他们都能冷静地把他绞死。"

至于他在大学所教的学生,琼斯深表失望,因为"他们的论文透露出令人震惊的无知",而且"他们的遣词造句经常让人联想起英国的下层阶级"。但是他也对许多来自农村地区的学生"坚持不懈的努力"表示钦佩,因为他们刻苦学习新的学科知识,并会在暑期当服务生或者干农活赚取学费。

最重要的是,琼斯的精神分析私人诊所生意兴隆,来自加拿大各地的病人纷纷慕名而来,甚至还有许多病人不远千里从美国赶来。这位年轻的威尔士人一时炙手可热。12月，他受邀前往波士顿，并与多位知名人士频繁见面，讨论各自领域的最新成果，其中包括出身哈佛的神经学专家、《变态心理学》期刊编辑莫顿·普林斯（Morton Prince）；毕业于哈佛医学院、就职于马萨诸塞州综合医院的詹姆斯·杰克森·普特南（James Jackson Putnam）；以及小说家亨利·詹姆斯（Henry James）的哥哥——哲学家、心理学家威廉·詹姆斯（William James）。

在事后写给弗洛伊德的信中，琼斯称自己"大受欢迎"。谈及弗洛伊德的理论，他说"他们表现出浓厚的兴趣，尤其是涉及性欲的部分"。但是他也提到感兴趣的人仅限于波士顿。他抱怨许多美国的神经学专家和心理学家的水平低，"一心只想着赚钱"。他接着说："你可以看到这些都是盎格鲁撒克逊人特有的问题，而要想成功地对抗这类潮流和偏见，就必须先充分了解它们。"弗洛伊德在回信中赞扬琼斯传播他的理论"劳苦功高"，并认识到琼斯已经成了他在加拿大和美国两地的特使。

但是琼斯很清楚在讨论"性欲部分"时一定要万分小心。他担心如果一味只写与性相关的论文，可能会被视作"怪人"和"性神经衰弱者"，所以他对弗洛伊德说："因此，我应该用其他主题的文章冲淡我的性主题文章。"他还要当心不要挑战地方传统。因为这个原因，他一直与坎恩以夫妻相称，尽管两人并未结婚。久

第三章　来自威尔士的凯尔特人

而久之,他在写给弗洛伊德的一些信中也习惯性地说"我和我的妻子",尽管弗洛伊德知道他们的关系并非如此。

琼斯在新家安顿下来不久后,弗洛伊德便收到了马萨诸塞州伍斯特市克拉克大学的邀请。时值克拉克大学20周年校庆,校方希望邀请弗洛伊德来开五场关于精神分析的讲座,因为这门学科在当时正激起越来越多的争议与兴趣。弗洛伊德起初还有些犹豫是否要答应,但在主办方给出更加可观的差旅补贴后,弗洛伊德便在1909年9月前往美国。这是他第一次,也是唯一的一次美国之旅。一同受邀的还有荣格。另外,弗洛伊德还轻松说服了费伦齐从布达佩斯过来加入他们。一行三人搭乘德国豪华客轮乔治华盛顿号从不来梅出发,横跨大西洋。在八天的航行期间,三人还互相分析了彼此的梦境。

《伍斯特电讯报》以《各路专家齐聚大会》为标题报道了这一活动。弗洛伊德全程用德语讲述了自己的理论和方法,包括他对性压抑的影响的看法。克拉克大学校长——也就是弗洛伊德等人的邀请者——G. 斯坦利·霍尔(G. Stanley Hall)授予了弗洛伊德和荣格荣誉学位,弗洛伊德满怀感激地称之为"对我们的努力的首次官方认可"。他在伍斯特的讲座"好像是疯狂的白日梦成为现实",他在自传中这样写道:"精神分析不再是空想的产物,它已经成了现实的重要一部分。"

拯救弗洛伊德

在欧洲医学界，弗洛伊德经常感受到排挤，但在美国的感受截然不同。弗洛伊德在事后指出："在那里，我得到了对大人物才有的尊敬。"尤其令他感动的是与威廉·詹姆斯的见面，因为詹姆斯特意从波士顿赶来见他。两人一起散步时，这位时年77岁的著名哲学家猛然停下脚步。他把包递给弗洛伊德，并解释称自己心绞痛发作，一会儿就好。"一年之后，他便死于这一疾病，我一直希望自己在死亡逼近时也能如他一样勇敢无畏。"弗洛伊德这样写道。这番话在后来成了预言般的声明。

前往美国之前，弗洛伊德在写给荣格的一封信中提到：在创业伊始，他曾经计划只在维也纳打拼两个月，"如果进展不顺利的话，我就准备去美国寻找容身之处，然后把我在汉堡的未婚妻接过来。"由此看来，他似乎并不反感美国。但是在他终于拜访了这个国家后，他却产生了一种强烈的厌恶，而且这种厌恶情绪贯穿了他的余生——尽管他在美国的讲座大获成功，并且获得了各种赞誉。

根据琼斯的回忆，弗洛伊德承认这个国家成就斐然，但也对它表示了谴责。他宣称："诚然，美国是一个巨大的国家，但也是个巨大的错误。"后来美国在全世界扮演领导角色，这种观点也极大地影响了弗洛伊德对美国的态度。另外，这也意味着在1938年要逃离维也纳时，弗洛伊德完全没有考虑过去美国。

第三章 来自威尔士的凯尔特人

弗洛伊德不止拜访了克拉克大学一个地方。在他和荣格、费伦齐抵达纽约后,亚伯拉罕·布里尔(他十几岁就离开奥属匈牙利,来到美国)充当了他们的向导,带领他们参观这座城市,琼斯则从多伦多赶来加入他们。他们还去参观了尼亚加拉大瀑布。参加完克拉克大学的校庆后,哈佛神经学专家詹姆斯·杰克森·普特南邀请他们来到他位于安迪朗达克山的营地,并安排弗洛伊德、荣格和费伦齐住在一座名叫"话匣子"(Chatterbox)的小木屋里。

弗洛伊德在这次旅行中积攒了一肚子的怨气。他确信是油腻的美国饮食让他的消化系统情况恶化,加之旅行期间经常很难找到厕所,更是让他无比恼火。和许多精通英式英语的欧洲大陆人一样,弗洛伊德很难听懂美式发音。他还告诉荣格,他发现美国人自己都好像听不懂彼此说的话。在普特南的营地"普特南小屋"下榻期间,每个人都直呼彼此的名字,这在奥地利闻所未闻,而且客人们还被安排玩桌游。在尼亚加拉瀑布游玩时,一位导游在指挥另一群游客给弗洛伊德让道说:"让老人家先走。"彼时弗洛伊德只有 53 岁,这无疑让他原本就糟糕的心情雪上加霜。

琼斯形容弗洛伊德"满脸写着不高兴",但在他看来,弗洛伊德对美国饮食的满腹牢骚只是在为自己的不安寻找托词。"我感觉他会有厌恶情绪,可能是因为他感觉美国社会过度追求商业成功,

079

相比之下，学术、研究和深刻的想法——所有他追求的东西——都遭到了轻视。"琼斯写道。

回到家后，弗洛伊德在写给女儿马蒂尔德的一封信中表达出他的解脱感。"我很高兴离开了那里（指美国），更庆幸没有生活在那里……但它极其有趣，而且对于我们的事业来说可能非常重要。总而言之，这是一次巨大的成功。"

琼斯继续待在多伦多，一如既往地努力工作，不断走向成功。1910年5月，在华盛顿的一次会议上，琼斯和普特南成了美国精神病理协会的创始人。该协会的首届主席是莫顿·普林斯（Morton Prince），此人也是《变态心理学》的编辑，这份期刊也成了该协会的官方出版物。这进一步证明琼斯为推进"我们的事业"培养了合适人选。弗洛伊德从未怀疑过这位门徒的努力，他立即写信说道："再次表达我对你的信任，你是精神分析事业在新世界最有方法、有能力、有诚心的帮手。"

1911年年初，琼斯再次惹祸上身——他称之为"非常严重的个人麻烦"。一个被他描述为"患有严重癔症"的女子指控他和她发生了性关系。她把他告到了大学校长那里，并威胁要采取法律措施，根据琼斯写给普特南的一封信中所说，这名女子还"试图枪杀我"。他努力平息这位指控者的怒气，并承认曾经"愚蠢地"给了她500美元封口费，阻止她曝出另外一起丑闻——500美元

第三章　来自威尔士的凯尔特人

在当时可不是个小数目，这笔钱自然是坎恩出的。琼斯称，受到"一些不信任他的医生"怂恿，这名女子坚持不放弃指控。但是大学校长亚历山大·法科纳爵士（Sir Alexander Falconer）拒绝相信她的一面之词，很快她就被送进了疗养院。

对于琼斯来说，这又是一次死里逃生的经历。但即便如此，弗洛伊德依然对他保持信任。在弗洛伊德看来，这起事件不过是进一步证明了他提出的"转移"概念，即病人会对把对某人的感情转移到治疗师身上。弗洛伊德就曾经在治疗一位病人时被对方热情拥抱，导致场面十分尴尬。后来弗洛伊德对荣格说："我们会因为医者仁心而遭受诽谤与中伤——这就是我们这一行面临的风险，但我们决不能因此而放弃。"

但是这起事件还是影响了琼斯在查尔斯·克拉克教授——琼斯的主要赞助人，当时已经是大学的医学院院长——眼中的形象。在此之前，克拉克对于自己亲手招来的这个威尔士人已经产生了怀疑。当他听到传言称琼斯和坎恩其实并非夫妻关系时，他找到琼斯当面对质，后者被迫承认传言属实。坊间还流传很多关于琼斯以及他大肆宣扬性放荡的谣言，越发让人怀疑精神分析是否有更加不可告人的目的。

这些丑闻对琼斯造成了伤害，而对原本就不喜欢在多伦多生活的坎恩来说更是火上浇油。琼斯告诉弗洛伊德，坎恩因为"近乎持续性的疼痛"而需要注射吗啡，这让她的生活苦不堪言，而且她也担心琼斯的名誉，"尽管她并不信任我的工作"。更糟糕的是，当时琼斯还和坎恩的小女佣有染，至于坎恩是否知情，我们不得而知。最终，琼斯和坎恩决定前往维也纳，希望由弗洛伊德治疗坎恩，然后再返回伦敦。

弗洛伊德对于琼斯准备离开北美表示遗憾，毕竟这片大陆上还有太多未竟的事业，但是他欣然接受了这个决定。他写道："你在不到两年的时间内征服了美国。"他也很高兴得知琼斯计划重返英国，"希望你也能为你的祖国做出同样的贡献。"

琼斯没有辜负期望。1913 年，他成立了伦敦精神分析协会，并且在国际精神分析运动中扮演了一个日渐重要的角色。而在弗洛伊德那里治疗期间，坎恩抛弃了琼斯，另寻新欢。这位新情人是一位美国诗人，巧的是，他的名字叫赫伯特·琼斯（Herbert Jones），这位琼斯的父亲当时也在接受弗洛伊德的治疗。与此同时，威尔士的琼斯继续和坎恩的女佣保持情人关系。他自己也接受了精神分析治疗，而他的分析师是费伦齐，为此他还特意跑去了布达佩斯。他可能觉得和弗洛伊德太熟，不适合让弗洛伊德来扮演这个角色，更何况当时的弗洛伊德还在治疗坎恩。但是弗洛伊德为费伦齐提了个建议："对他既要严格也要温柔。"

虽然在工作上和私底下都有摩擦，但弗洛伊德和琼斯还是发展成为一个团队。两人的亲密关系一直延续到弗洛伊德生命的终点。甚至在弗洛伊德离世后,琼斯还负责撰写了这位良师益友的第一部正式传记。

第四章　漫长的极夜

1909年10月，弗洛伊德访美归来，重新回归维也纳的日常生活。琼斯写道，弗洛伊德"处在一个名誉和声望指日可待的时期，在此之前，这一切他做梦都不敢想"。虽然他可能依旧面对着"误解、批评、反对，甚至唾骂……但他处在力量的巅峰，并且渴望充分利用这些力量"。

弗洛伊德仍旧在吸引新的信众，其中不少将成为他终身的伙伴。1911年在魏玛精神分析大会上，弗洛伊德结识了俄裔德国作家露·安德烈亚斯－莎乐美（Lou Andreas-Salomé）。莎乐美生于圣彼得堡，就读于苏黎世大学，后定居德国。她是陪同瑞典精神分析学家鲍尔·比耶尔（Poul Bjerre）出席这次大会的。莎乐美只比弗洛伊德小五岁，但她依旧在大会上吸引了所有人的目光。莎乐美年轻时美貌出众，曾经和哲学家弗里德里希·尼采、诗人赖内·马利亚·里尔克等名人交往，后者还成了她许多著作中的主角。虽然她最终嫁给了哥廷根大学的东方学者弗莱德里希·卡尔·安德烈亚斯（Friedrich Carl Andreas），但这并不能阻止大批的爱慕者继续展开追求。

受到弗洛伊德的吸引，在魏玛大会结束后，莎乐美便潜心学习他的著作，并很快写信给他，表示她迫切想要去维也纳学习几个月的精神分析。1912年秋季，莎乐美来到维也纳。她参加了在弗洛伊德家中举办的周三晚间研讨会，并彻底征服了弗洛伊德。他称她是一个"具备可怕智力的女性"，并把她视作一位同事兼好友，或者用他自己的话来说，"一位缪斯"，但两人的关系并没有情爱的成分。弗洛伊德还指出，"她的兴趣爱好是纯学术的"。"她是一位非常体贴的女性。"琼斯回忆说，"弗洛伊德非常欣赏她高尚而安静的品格，觉得她远在自己之上，而她也极其崇拜弗洛伊德的成就。"

琼斯总结称，这几年将成为弗洛伊德"最后的幸福时光"。之后便爆发了一系列的战乱，首先是1914年7月28日，哈布斯堡王位继承人弗朗茨·斐迪南大公在萨拉热窝遇刺，引发奥地利和塞尔维亚之间的战争，随后欧洲所有大国全都卷入其中。"第一次世界大战终结了我们以及许多人的自由、繁荣与安定。"马丁·弗洛伊德回忆说。那原本是"一个黄金时代"，如今却一去不复返。

但是，这并不意味着战前那几年对于他的父亲或他的运动而言就很好过。1910年3月，在纽伦堡召开的第二届国际精神分析协会上，弗洛伊德大力支持荣格当选为协会主席，此举遭到其他维也纳同事的抵触，弗洛伊德不得不费尽口舌说服他们这是一个正确的决定。"你们大部分人都是犹太人，所以你们没法为这门新学科赢得朋友。"他毫不避讳地告诉他们，"犹太人就应该老老实实做好打基础的工作。"几个月后，他又提醒布达佩斯的费伦齐不要小看荣格对这项事业的贡献："我从未如此坚信他是未来的主人。"

为了安抚维也纳同事受伤的情绪，弗洛伊德把周三研讨会的领导权交给了反对声音最大的阿尔弗雷德·阿德勒（Alfred Adler）。在写给琼斯的一封信中，弗洛伊德声称此举成效显著。"所有人都重新心怀希望，投身工作，"他宣称，"我要像个老人家一样退居幕后（你们可别再恭维我了！）。"弗洛伊德以这种半开玩笑的方式，表示自己已经重新安排了职权，但依然负责协调一切活动。

但这些灵活举措并未平息长期存在于维也纳圈子里的不满情绪，而且有一批人仍旧对自己在整个运动中被降至二线心怀怨恨，他们的怨气也没有得到消除。1910年6月19日，弗洛伊德写信给荣格说："你知道他们——不管是在这里还是在外地——

有多么嫉妒你在我心中的地位（费伦齐也是一样，他和我的亲密关系同样遭到嫉恨），我完全可以认为，他们攻击你的言论，也是在攻击我。"

很快，弗洛伊德就开始后悔选择阿德勒领导维也纳小组，因为事实证明他绝非善茬，而且也没有多少缓解圈内紧张情绪的手段。弗洛伊德在12月告诉荣格，"阿德勒让情况更加恶化"。另外，阿德勒的理论也让他非常不满，这些理论淡化了性欲和潜意识所扮演的角色，而是强调生物学的重要性。弗洛伊德认为这些理论将会破坏精神分析。在下一封给荣格的信中，弗洛伊德写道："最近他甚至提出，就连性交的动机都不完全与性欲有关，而是涉及男性表现男子气概的欲望。"他指出，这种推论将使我们无法理解神经症患者的感受。

到1911年6月，两人差不多彻底决裂了。弗洛伊德高兴地向荣格宣布："我终于摆脱阿德勒了。"阿德勒离开了周三晚研讨会，并带走了少数支持者。弗洛伊德坚持认为性欲在决定人类行为上扮演了最主要的角色，在这一问题上他绝不退让。精神分析运动的首次重大分裂是由此触发，这绝非偶然，在此之前，他与布洛伊尔分道扬镳也是出于这个原因。

弗洛伊德过度强调性欲的作用，让他很容易成为人身攻击的目标。摩西斯·艾伦·斯塔尔（Moses Allen Starr）是一位美国神经学专家,在弗洛伊德职业生涯早期曾经和他在维也纳短暂共事。1912年4月4日,在纽约医学院神经学分会的一次会议上,斯塔尔在同事面前痛斥弗洛伊德的理论。根据《纽约时报》的报道,斯塔尔批评弗洛伊德宣扬"人类的心理活动都是由性欲驱动",并且把弗洛伊德描绘成污秽环境的产物。"维也纳不是什么道德高尚的城市,"他宣称,"弗洛伊德也不是什么品行端正之人。他没有自控能力,也不奉行禁欲主义……他的科学理论大部分是他的环境和他个人生活的产物。"

在弗洛伊德看来,这些隔三岔五就会出现的人身攻击纯属污蔑。在写给波士顿的詹姆斯·普特南的一封信中,弗洛伊德表示这些批评很不公平,因为"我自认为是一个很遵守道德的人"。他解释说,他指的道德是社会道德而非性道德,而且他很自豪从未做过任何"卑劣或恶毒"的事情,也从没有坑害或者利用他人。

但是弗洛伊德非常看不惯他眼中的美国式或者其他任何社会的虚伪的、过时的清教思想。"由社会所定义的性道德在我看来是十分可鄙的,美国就是个极端案例。"他说,"我支持无限自由的性生活,虽然我自己很少践行这种自由,除非我自认为有权这么做。"最后这半句话总结出了他的激进理论与保守生活方式之间的反差。然而,真正导致这场运动爆发严重冲突的不是他的生活方式,而是他的理论。

玛莎·伯奈斯出生于汉堡附近的一个正统派犹太教家庭。她于1882年与西格蒙德·弗洛伊德相识。这张照片摄于1885年,二人于次年正式结婚,夫妇俩共育有六个孩子。

弗洛伊德最小的孩子安娜对父亲忠心不贰。她未曾离开过这个家,并成为一位著名的儿童心理学家。面对盖世太保的威胁,她也毫不示弱。这张照片摄于1913年。

来自美国的多萝西·伯林翰出生于富贵的蒂芙尼家族。1925年,她来到维也纳寻求安娜的救助,希望安娜能治疗她的孩子。两人后来发展出一段"珍贵的感情",这段感情一直持续至1979年伯林翰在伦敦去世。

1916年,弗洛伊德与身着奥匈帝国军服的两个儿子恩斯特和马丁(右)。弗洛伊德一家都自认为是哈布斯堡王朝的"坚定效忠者"。

1909年，弗洛伊德来到美国，并在马萨诸塞州克拉克大学开讲座，这也是他仅有的一次美国之行。对于在美国获得的各种荣誉学位和褒奖，弗洛伊德心怀感激，但他依然鄙视美国，视其为一个"巨大的错误"。后排左起：亚伯拉罕·布里尔、欧内斯特·琼斯、桑多尔·费伦齐。前排左起：弗洛伊德，G.斯坦利·霍尔，卡尔·荣格。

1911年的魏玛大会展现出精神分析运动的发展之迅猛。照片中的弗洛伊德和荣格站在第二排的正中央，但很快二人便分道扬镳。

在伯格街19号的书房里,弗洛伊德被各种雕像和古董环绕,他深爱的松狮犬也总是与他形影不离。这张照片摄于1936年。

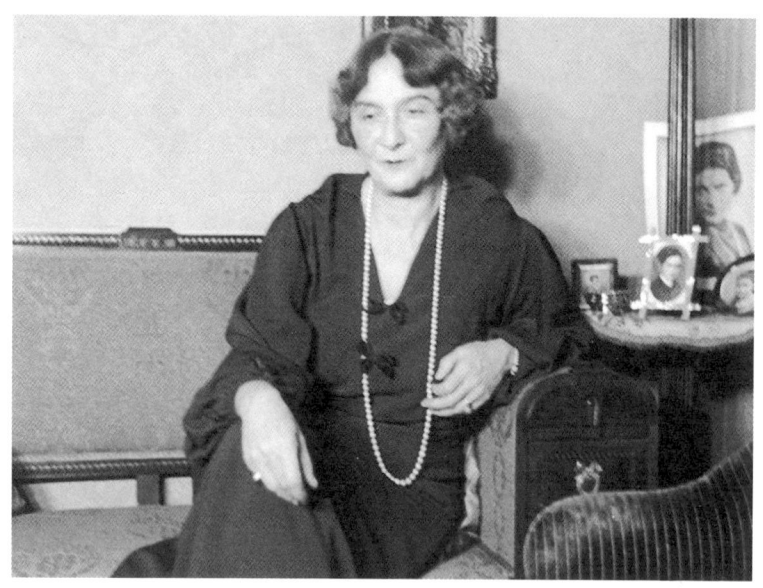

玛丽·波拿巴是拿破仑的曾侄孙女。她为了治疗"性冷淡"而寻求弗洛伊德的帮助,后来成为弗洛伊德最虔诚的门徒之一。她也是弗洛伊德营救队不可或缺的成员。

威廉·布利特曾任美国驻苏联大使,后担任驻法大使。他与弗洛伊德合著了一本猛烈抨击伍德罗·威尔逊的传记。他同样为了从维也纳救出弗洛伊德而不知疲倦四处奔波。

身材矮小的恩格尔伯特·陶尔斐斯总理是奥地利的右翼独裁统治者,他试图通过取缔纳粹党来保护国家主权。他于1934年遭到本地纳粹分子的暗杀,这起事件为四年后希特勒占领奥地利做好了准备。

1938年3月,在将军队派进奥地利后,希特勒在维也纳获得了狂热的欢迎。他在此宣布德奥合并,把自己的祖国并入了第三帝国。

1939年身着制服的安东·绍尔沃德。绍尔沃德受命侵占弗洛伊德的资产。起初他表现得像是个典型的反犹分子,没想到后来在营救弗洛伊德的行动中扮演了一个重要角色。图片来源:WStLA, Gauakten, A1 – 'Gauakten': Personalakten des Gaues Wien: 4496.

搭乘火车抵达巴黎后,弗洛伊德与安娜如释重负。他感叹道:"我们终于自由了。"

玛丽·波拿巴与威廉·布利特在巴黎迎接弗洛伊德,并护送他下车。弗洛伊德一家在波拿巴的房子里小憩一天后,继续出发前往伦敦。

弗洛伊德与女儿马蒂尔德及欧内斯特·琼斯在伦敦。琼斯为弗洛伊德一行的每个人都争取到了英国的入境许可,这项成果堪称壮举。

第四章 漫长的极夜

从两人相识伊始,荣格就向弗洛伊德表示他对于性欲相关理论心存怀疑。但是两人都急于搁置分歧,讨好彼此。弗洛伊德给荣格写信时,经常从谈公事变成聊私事,足见他对这位瑞士继承人的信任之深。在两人的通信中,还经常能看到他们对络绎不绝找弗洛伊德看病的患者的不尊重。1910年10月1日,刚从意大利旅游回来的弗洛伊德写信称:"今天我重新开业,又要给一群疯子看病了。我必须把假期积攒的精力转化为金钱,以填补我干瘪的钱包。"

不过,即便是在两人结识初期,他们表面的和平下就已经暗流涌动。荣格敏锐地意识到,弗洛伊德曾经与柏林耳鼻喉专家威尔海姆·弗里斯相交甚欢,但这段友谊却戛然而止。荣格向弗洛伊德保证"绝对不会发生像弗里斯这样的事情"。在这封写于1909年3月11日的信中,他接着说:"除了偶尔鬼迷心窍外,我的感情一向是持久可靠的。"因为弗洛伊德知道荣格是个出了名的花花公子,所以他很懂他的言外之意。

虽然荣格努力向弗洛伊德表忠心,但是他有时回信很慢,好像总有什么更重要的事情要忙。1910年3月30日至31日,荣格在纽伦堡主持国际精神分析协会大会,而在此之前不久,他刚去美国处理了一次"严重的职务冲突"。他的一位病人约瑟夫·梅迪尔·麦柯米克(Joseph Medill McCormick)——控制《芝加哥论坛报》的富有家族的继承人——的母亲联系上荣格，说他的儿子因为酗酒出现精神崩溃，急需荣格的帮助。"千万不要因为我的胡来而生我的气！"荣格在3月9日从巴黎给弗洛伊德写信说道，"你可能已经从我妻子那里得知我正在去美国的路上。"这趟临时出差是为了治疗麦柯米克和处理"其他一些事情"，荣格努力对这趟旅行轻描淡写，恰恰反映出他对弗洛伊德的反应感到紧张。他告诉弗洛伊德，他的妻子艾玛也正在帮助筹备纽伦堡的会议，并保证他只在美国待一周，届时一定会及时赶回来参加大会。

此前，苏黎世的几位知名成员都已表示无法出席会议，弗洛伊德很担心荣格也来不了。"要是苏黎世人都抛弃了我那该怎么办？"他这样问道。但是艾玛在大会事宜上一直和他保持联系，并且向他保证她的丈夫会信守承诺。实际上，荣格在大会开幕第一天上午五点就搭乘火车赶到纽伦堡，并依照安排完成了所有的工作。弗洛伊德如释重负，他写信给当时仍然在多伦多的琼斯称，整个活动"非常成功"，没有辜负他的期望。

虽然两人合作日益密切，但弗洛伊德从来没有真正与荣格坦诚相见。根据荣格的说法，在一同前往美国途中，他们讨论了彼此的一切梦境，并涉及一些"敏感的"私人问题。但是当荣格提出要进一步分析弗洛伊德时，却遭到了对方的拒绝。弗洛伊德对这位年轻人说："亲爱的孩子，我可不能拿我的权威来冒险。"正

第四章 漫长的极夜

如几个月后荣格在写给弗洛伊德的信中所说："被迫和创始人在一起工作真的很辛苦。"

相比之下，弗洛伊德在和艾玛交流时则坦诚得多。弗洛伊德第一次见到艾玛，是在荣格夫妇去维也纳拜访他的时候。弗洛伊德非常欣赏她，也很敬佩她明知道荣格在外面有不少女人却依然很顾及他的面子。他告诉艾玛他的子女是他"唯一真正的快乐"，并莫名其妙地说了一句：他与玛莎的婚姻已经"分期还清"。他这么说，可能是暗示夫妻俩当年的激情已经不再，或许只是想安慰艾玛她的婚姻问题绝非特例。

此外，艾玛也察觉到虽然丈夫与弗洛伊德惺惺相惜，但两人的关系已经出现问题。她提到自己"直言不讳地"询问弗洛伊德为什么急于把她的丈夫指定为继承人。她指出弗洛伊德依然身强体健，完全可以享受"理所应得的荣誉与成功"。虽然她很乐于见到丈夫成为接班人，但她不理解弗洛伊德为什么要急流勇退。直觉告诉她，虽然这位创始人主动提出由荣格来接替自己的位置，但他很可能会对这位继承人产生反感。弗洛伊德理解且欣赏她为化解两人之间的紧张关系所做的努力，称她是一个"解谜人"。

弗洛伊德和荣格都对原始社会和神话抱有浓厚兴趣。弗洛伊德自称"酷爱史前历史"，这就解释了他为什么痴迷考古学，而且收藏了一辈子的古董，也解释了他为什么在这段时期写了《图腾与禁忌》。《图腾与禁忌》是一本论文集，内容涉及乱伦禁忌、泛灵论和魔法等各种话题，在他看来，这一切都在早期人类与现代神经症患者的思想之间建立了联系，并再一次强调人类性欲在其中扮演了主要角色。

虽然两人有共同爱好，但是涉及此类问题时，两人的想法并不一样。1902年，荣格在巴塞尔大学写了一篇名为《论所谓神秘现象的心理学与病理学》(*On the Psychology and Pathology of So-Called Occult Phenomena*)的论文。开始和弗洛伊德合作后，荣格就确信需要深入研究这个课题。他坚称："神秘主义是我们必须征服的另一领域。"他还提到了自己痴迷占星术："要想理解神话，这似乎是一项必备知识。"

弗洛伊德起初还试图表示理解。"我知道你受内心驱使研究神秘学，"他在1911年5月12日写给荣格的信中说道，"我无权反对，追随自己的想法永远是好事。"但他也提醒荣格这么做将会被视作神秘主义。在弗洛伊德心中，神秘主义是个贬义词，通常代表不可理喻的基督教或其他宗教信仰。

琼斯起初非常欣赏荣格，但是他后来对后者的评价反映出了弗洛伊德与荣格的关系恶化。在私人通信中，琼斯写道："在我看来，荣格是一个有着严重神秘主义倾向的人，这将蒙蔽他的双眼，

第四章 漫长的极夜

影响他对科学的认识,尤其是对精神分析的认识。"或者更直白地说,荣格"脑子不太清楚"。

在弗洛伊德看来,性欲永远是每个人的根基。这就意味着你要接受他的力比多——也就是性驱力的概念,认同力比多是决定人类行为和神经官能症的决定因素。荣格根本没有完全认同这个观点,但在一开始,他会对弗洛伊德采取怀柔政策,比如他会说"在力比多理论的帮助下",我们可以理解神秘学。但是在他自己的讲座和著作中,荣格开始越来越多地谈论性欲以外的外部元素,并且淡化潜意识压抑的作用。他这么做,实际上是在为创建他自己的分析心理学奠定基础,取代弗洛伊德的精神分析。

除了频繁感受到彼此的轻视外,两人在通信中也很快表现出明显的冲突。弗洛伊德改变了对荣格的称呼,用更加正式的"亲爱的博士"(Lieber Herr Doktor)取代了之前的"亲爱的朋友"(Lieber Freund)。在其他同事面前,他公开抱怨荣格有"退步"的倾向。面对荣格,他语气十分尖刻,比如在1912年12月22日给荣格的信中,他写道:"关于你的指控,即声称我滥用精神分析,使我的学生处在一种幼稚的依赖状态,认为我应该对他们的幼稚行为负责……"弗洛伊德还给琼斯写信,称荣格"好像彻底失智,表现得非常疯狂"。

虽然弗洛伊德迟迟不愿意与荣格正式绝交,但两人的关系早已名存实亡。到了1913年年末，弗洛伊德对柏林的卡尔·亚伯拉罕抱怨他对荣格"怒不可遏"，并斥责他"情商低"。1914年4月20日，荣格辞去国际精神分析协会主席的职务。同年夏天，弗洛伊德向亚伯拉罕感叹："那个高高在上的荣格还有他那帮虔诚的学舌信众，我们终于摆脱他们了。"很快，他对这位昔日继承者的攻击越来越尖锐。他痛斥荣格的"谎言、野蛮，以及针对我的反犹太式傲慢"。

时至今日，学者们依然在争论曾经与弗洛伊德亲密合作的荣格是不是一个反犹太者。弗洛伊德第一次见到荣格时就直言不讳地问他是否反犹，荣格回答："不，不！我绝对不是反犹太主义者。"但是荣格却支持极右政治运动。1937年拜访柏林时，他还去观看了希特勒和墨索里尼阅兵，并对这位装腔作势的意大利独裁者印象极佳，用他的话来说，墨索里尼"颇具风格，是一个很有个性且在某些事情上很有品位的人"。

相比之下，荣格对希特勒的态度则更加矛盾。尽管如此，他依然被抨击为是纳粹支持者，对此他本人极力否认。1936年前往美国时，他试图通过树立一个"中立瑞士人"的形象来堵住批评的声音。他宣称："我打心眼里鄙视政治，因此我既不是布尔什维克，也不是纳粹党，更不是反犹太主义者。"然而，外界并未因此停止怀疑他的反犹太主义倾向和他对纳粹的态度，致使他难以和弗洛伊德以及他的大部分犹太同事继续共事。

但事实证明,荣格和弗洛伊德早在希特勒势力崛起之前就分道扬镳实属大幸,因为这让琼斯成了精神分析运动中最重要的非犹太人。虽然琼斯在从医之前几乎和犹太人没有接触,但这位威尔士人很骄傲能够被弗洛伊德和他的犹太信徒所接纳。"他们几乎忘了我的非犹太人身份,并且毫不介意与我分享他们特有的笑话、故事、观点和想法。"他回忆说,"我以一种亲密无间的方式了解了他们,我相信很少有非犹太人享受过这样的特权。"

但是琼斯也大方承认,这并没有让他成为一名犹太教专家,因为他只认识不信教的犹太人。"很遗憾,我从来不认识任何带有宗教信仰的犹太人,更别说正统犹太人。"他写道。虔诚的犹太人可能并不会加入弗洛伊德的精神分析大军。

对于多个国家的小部分从业人士来说,弗洛伊德与荣格的决裂是个大新闻,但此事并未得到公众的关注。与此同时,另外一起更大的冲突即将爆发,它不仅吞噬了欧洲大陆的几乎每一个人,随后还将美国卷入其中。第一次世界大战的导火索——裴迪南大公和妻子索菲亚被一名波斯尼亚塞尔维亚民族主义者刺杀——会发生在巴尔干地区并不稀奇,毕竟这里是日薄西山的奥匈帝国最混乱的地区。1914年夏天,局势急剧恶化。但是,身在哈斯堡王朝首都的弗洛伊德和许许多多同胞一样,起初并没有认识到这起悲剧意味着什么。

会有这种结果，是因为弗洛伊德并不愿承认他的周遭环境，以及他对这个世界的认知，都已经濒临崩溃。据他的儿子马丁所说，他们一家人都很支持哈斯堡皇室："我们这些孩子都是坚定的保皇派，乐于听到或看到任何与皇室有关的信息。"他还记得，每次看到一种名为 Hofwagen 的宫廷马车经过时，他们都无比兴奋，"从马车的车轮颜色和身着华丽制服的车夫挥舞马鞭的角度，我们能精准判断出车里的乘客是什么身份。"

马丁的母亲玛莎在八岁前一直在汉堡生活，所以她一直保留着德国北部口音。而且马丁还指出，玛莎依然没有丢弃"对德意志帝国的爱国热情"。因为奥匈帝国是德国的盟友，所以西格蒙德和妻子玛莎的爱国情怀并无冲突。少年时期，西格蒙德就一直密切关注普鲁士战争的进展，这场战争最终导致德国在 1871 年打败法国，完成统一。他的妹妹安娜还记得，当时十来岁的西格蒙德在卧室里挂着巨大的地图，并用图钉在上面标识出敌军的动向。"每天晚上，我都能听到他们父子之间讨论最新战况。"她说。

萨拉热窝刺杀事件发生后，弗洛伊德并没有第一时间意识到情况急转直下，局势日益失控。7 月 23 日，奥地利在德国的凯撒威廉二世的支持下，向塞尔维亚发布最后通牒，包括要求镇压"对

第四章 漫长的极夜

君主制的和平持续构成威胁"的"颠覆"势力。他们很清楚塞尔维亚政府会拒绝接受这些要求。但在7月26日，弗洛伊德写信给他的德国同事亚伯拉罕，表达他对此举的支持。"也许这是30年来，我第一次感觉自己是个奥地利人，我只想再给这个前途渺茫的帝国一次机会。"他还乐观地说道，"如果战场仅限于巴尔干地区，那情况也不算太糟。"

7月28日，奥地利向塞尔维亚正式宣战。第二天，弗洛伊德就向他的弟弟亚历山大断言："我相信没有任何大国能够挑起全面战争。"8月2日，他又写信给柏林的亚伯拉罕说，即便他判断错误，"若是我不知道英国是敌对国，我定会全心全意"支持自己的一方。两天后，德军入侵比利时，然后继续向法国进发，对抗英法联军。由德国和奥匈帝国组成的同盟国很快迎来了土耳其和保加利亚的加盟，与英法俄三国协约展开对峙，战争范围日益扩大。意大利在大战伊始宣布中立，但最终在1915年向奥匈帝国宣战。这就是弗洛伊德宣称可以避免的"全面战争"。

尽管如此，德国与奥地利取得的初步军事胜利依然令弗洛伊德为之振奋，德语世界的团结一致也令他重燃希望。9月份，他来到汉堡看望他的女儿索菲，彼时索菲刚刚生下了弗洛伊德的第一个外孙。在一封写给亚伯拉罕的信中，弗洛伊德称他此前也拜访过这座城市，但这是他第一次没有感觉"自己身处异国"。

拯救弗洛伊德

弗洛伊德迷信奥地利与德国官方早期对战局的乐观预测，但他并不想要看到自己的儿子参军。他的长子马丁曾于1910年至1911年间在帝国骑炮兵部队服役数月，直到他在一次滑雪事故中摔断一条腿。但在战争爆发后，他又立刻自愿归队，以下级军官的身份重返原来的兵团。他的父亲向他表示祝贺，同时也告诫他注意身体健康。"说实话，我更害怕流行病，而不是敌人的子弹，因为现在很容易感染流行病。"他写道，"努力保护自己不要染病，这绝非懦弱的表现。"

但是随着战争白热化，弗洛伊德也开始更担心子弹的问题了。1914年12月20日，弗洛伊德在信中叮嘱马丁不要冒不必要的风险。"我还是觉得你把战争当成旅游了。"他写道，并表示他和玛莎将要度过一个"悲伤而冷清"的圣诞节。马丁称他父亲的这些信"非常务实"，没有任何感伤之情。话虽如此，这些信件还是表达出了他的关切。另外，弗洛伊德虽然很讨厌电话，但在战争期间，有一次马丁途经维也纳却没有时间探望父母，弗洛伊德还是选择了和马丁用电话联系。

弗洛伊德之所以担心马丁，其中的一大原因是他知道儿子对战争依然保持浪漫幻想。马丁的战争经历和数以百万计深陷炼狱般的堑壕战的士兵有着天壤之别，所以即便经历一战也没有改变他对战争的看法。他甚至写道："事实上，那是我人生中最快乐的时光。"1915年初奥地利捷报频传时,马丁骑着一匹"雄伟的栗色马"巡逻,让他儿时的一个梦成了现实。在那个梦中,"我看见自己骑着一匹雄伟的战马来到一座被解放的城市,重获自由的少女们用鲜花与热吻迎接我,所有的少女都是如此美丽"。他在自传中这样回忆道:"但现实比梦境更加多彩,少女们也比梦境中更加美丽可爱,我满心欢喜。"他参加了俄国和意大利战场的战斗,并凭借他的英勇表现获得了七枚奖章。

然而好景不长,1918年马丁大腿中弹。同年年末,也就是战争结束前不久,他在意大利被英军俘虏,并被关进了意大利的一座军官战俘营。他形容自己是"一个古老帝国衰亡的受害者",直到1919年8月才被释放。和他的父亲一样,马丁对战争的结果倍感失望,一腔热血终于冷却下来。但对于自己在战俘营的遭遇,马丁却没什么可抱怨的。他指出当他回到维也纳时,"竟然因为吃多了意大利面和意大利烩饭而有些发福"。

弗洛伊德另外两个儿子同样参军了,只是时间比马丁稍晚。幸运的是,他们毫发无伤地挺过了战争。弗洛伊德的次子奥利弗是一位工程师,被安排在铁道团,而最小的儿子恩斯特在意大利战场待了两年,但因为患上肺结核和十二指肠溃疡,他刚好在战争结束前提前退伍。相比于其他千千万万个家庭,弗洛伊德一家是极为幸运的。

拯救弗洛伊德

战争不仅分裂了欧洲，也分裂了精神分析运动，形成了极为不平衡的局面。除了身在伦敦的琼斯外，弗洛伊德的其他大将都生活在柏林和布达佩斯等城市，这就意味着他们和弗洛伊德一样都站在同盟国这边。国际精神分析协会原定于1914年9月在德累斯顿召开大会，但战争的爆发打乱了这些计划，多名原计划要出席大会的成员都应征入伍成了军医。一直到1918年9月，大会才得以重新召开，这次是在布达佩斯。但是出席大会的只有来自同盟国和中立国荷兰的成员，使得大会有失国际水准。

虽然战争双方中断了直接通信，但借助来自瑞士、荷兰、瑞典以及开战初期的意大利等中立国的朋友的帮助，琼斯和弗洛伊德还是能够保持通信。从冲突伊始，这些通信就展现出他们对战争的不同看法。1914年8月3日，琼斯写道："我们对德国很反感……奥地利因为让每个人卷入战火而招致不满，而它对斯拉夫人的态度是可以理解的。但是，这里所有人都坚信，德国和奥地利将会招致惨败，形势对它们极为不利。"

彼时的弗洛伊德很有信心胜利女神站在他们这一边，琼斯指出，弗洛伊德宣称："我所有的力比多都献给了奥匈帝国。"他一贯的亲英倾向突然被压制下来。他向亚伯拉罕抱怨英国"傲慢得不可一世"，称琼斯对于战争的预测显示出他是一个"不折不扣的英国人"——这显然不是一句褒奖。

第四章　漫长的极夜

但是弗洛伊德和琼斯都不希望战争破坏他们的私人关系和工作关系。1914年10月3日，弗洛伊德写信说他刚从柏林拜访亚伯拉罕回来。他告诉琼斯："我们没法把你视作敌人！"这位威尔士人对这样的保证表示欢迎。"我很高兴听到我们的圈子并没有把我视作敌人，"他回复说，"我也完全可以把私人情谊和国家矛盾区分开来。"

然而，表面的和平下依然暗潮涌动。1914年10月22日，弗洛伊德警告琼斯不要轻信英国方面的宣传。"不管你在报纸上看到了什么，不要忘记现在谎言肆虐。"他写道，"我们并没有遭遇任何限制和任何疫情，而且精神很好。"琼斯回复说他能够读到德国的报纸，所以他明白英国的报道往往"过分夸大事实"。然后他话锋一转，又暗指对方散布不实信息，称："反过来，我也希望你相信英格兰银行并未被炸弹摧毁，埃及和印度也没有发生叛乱，我们的海岸线也没有遭到德军舰队的轰炸！"

两人都没有因为彼此说话偶尔带刺而反目。但是没过多久，弗洛伊德就开始重新审视自己对战争的看法，并且认识到战争将会给双方都带来灾难性后果。1914年11月25日，他写信给露·安德烈亚斯－莎乐美称："人性也将挺过这场战争，但是我很确信，我和同胞们再也看不到这个世界充满欢声笑语。情况太糟糕了。"而且他意识到每个人都对战争的持续时间过于乐观。"这是一个漫长的极夜。"他写信对亚伯拉罕说,"要想见到太阳重新升起,我们就必须耐心等待。"

在1915年的文章《论战争与死亡的时代》(*Thoughts for the Times on War and Death*)中,弗洛伊德表达了战争日益升级的残暴性给他带来的巨大幻灭感。他写道:"因为用于攻击和防御的武器都得到了巨大的改进,这场战争就算没有比以往的任何一场战争都更加血腥和灾难,至少也和以往的任何一次战争一样残忍、痛苦和不可饶恕。"他接着写道,这场战争无视所有国际法概念,比如区分平民与作战人员,或是"伤员和医疗救援的特权"。"它被愤怒蒙蔽了双眼,肆意践踏阻挡它的一切,好像一切结束后,人与人之间将不再有未来与和平可言。"

他谴责"文明国家带着仇恨与憎恶"彼此相残,在他看来这是"几乎不可思议的现象"。他说:"我们原本期待那些由白人统治、主导世界的大国能够找出其他途径去解决误会与利益争端。"可相反,这场大战正在切断"敌对民族之间的所有共同纽带,它埋下的仇恨的种子,可能会让这些纽带的恢复变得遥遥无期"。

单独拎出来看,这些话是极具预见性的。它们表明弗洛伊德已经预见了这场冲突带来的长远影响——也许并不具体,但至少看到了整体趋势。它们还表明弗洛伊德在关注他周围被释放出来

第四章 漫长的极夜

的毁灭性力量,努力想要理解这片大陆上肆虐的斗争冲突。但这么说也并非完全正确。

弗洛伊德无法无视这一系列的灾难性事件,毕竟他的几个儿子和周围几乎每个人都被卷入其中。但是,正如他在1918年对亚伯拉罕所说的那样,他最想做的还是埋头专注于精神分析。在他家举办的周三晚间研讨会在战争开始时一度暂停,但是在战争爆发后的第一个冬天便重新开始,只不过改成了每三周举办一次,而且参与人数大大减少。在1915年至1917年间,弗洛伊德在维也纳大学举办了三轮精神分析入门讲座,并吸引了大批的观众。他还继续定期写作,探索神经官能症的种类,并撰写了《哀伤与抑郁》("Mourning and Melancholia")等文章,这些作品也反映出了他的情绪。正如他对费伦齐所说:"我正在忧郁但稳定地工作。"

1917年,得知自己并未像传闻的那样获得诺贝尔奖,弗洛伊德大失所望,毕竟诺贝尔奖是他期待已久的认可。但是弗洛伊德对于这一毕生事业的投入,不会因为任何事情而动摇。琼斯惊叹于他一心做研究的能力,虽然报纸头条每天都是来自战场的最新消息,但他从不分心。这位威尔士门徒这样写道:"他只是扫一眼报纸,骂一句'可恶'(scheusslich),然后就把报纸扔到一边,继续工作。"

拯救弗洛伊德

凭借这种自律，弗洛伊德不管周围发生什么都能保持极高的工作效率。但也正是因为这个原因，后来当他预言的"仇恨的种子"结出恶果时，他却视而不见。

琼斯很佩服弗洛伊德能够对大部分战争新闻不闻不问，只专注于日常工作，但是他自己却很难做到。"我要么缺少足够的精神力，要么有太多的社会责任感，无法全神贯注做研究——但在当时的环境下，这无疑是最该做的事情。"他觉得战争太令人分心，而且他迫不及待地跟进每天来自前线的最新报道，并且攻读军事策略和历史。

战争爆发时琼斯35岁，用他自己的话来说叫"单身且自由"，因为他和坎恩在1913年就已经分手。苦于不知道该如何最好地利用自己的专长，琼斯决定志愿参军入伍。他写道："'英格兰需要你'，这句口号犹如一句强力魔咒。"琼斯回忆说，因为他患有类风湿性关节炎，而且医疗委员会"显然对我的体格很不满"，所以他两次都因健康理由遭拒。另外，正如他在写给弗洛伊德的信中所说的那样："陆军部认为我为军队做好本职工作，比去法国当战地医生更有意义。"

事实证明确实如此。琼斯的生意越来越火爆，大部分病人都是"患有某种战争神经症的军官"。在那个时代还没有"创伤后应激反应"（PTSD）这个概念，即便是神经官能症的概念也遭到了怀疑,军队通常把出现抑郁症和恐惧症等症状的人说成是装病——或者顶多也是脑震荡。因此,琼斯必须经常和陆军医学委员会斗争,才能争取足够的时间让病人接受他漫长的精神分析治疗。

"情况往往极其可悲。"琼斯写道。在治疗一位"因为抑郁症和巨大的自卑感而陷入瘫痪"的军事情报官时,他自我感觉疗效显著。但是没等他完成治疗,这位军官又接到任务,中断了后续治疗。几个月后,人们在铁轨上发现了他被碾碎的尸体,他是躺在一列行进的特快列车前卧轨自杀的。琼斯强调,这是他唯一一次听说自己的病人自杀。但是正如他在给弗洛伊德的信中所说,"战争中的休克病例非常有趣"。

弗洛伊德对于因为战争而失去的诸多机会倍感苦恼,他写道:"我们这一学科的花期被严重扰乱。"但是琼斯相信战争也会带来新的挑战,能够推动他们的事业的发展。他在1914年12月15日给弗洛伊德的信中写道:"如果有一天这个世界能够摆脱梦魇,那指明出路的一定是精神分析。"另一位在战争期间负责治疗军官的英国精神病专家W.H.R.里弗斯(W.H.R. Rivers)也说过:"当前,命运好像给了我们一个前所未有的机会,去检验弗洛伊德的潜意识理论,因为它涉及精神性和功能性神经紊乱的产生。"

虽然琼斯一直说自己因战争而分心,但他还是保持着正常的忙碌节奏，依然写出了不少科学论文，而且从清晨到夜晚都在接诊。虽然在战争时期，琼斯于1913年成立的伦敦精神分析协会基本处于休眠状态，但是其中一些成员偶尔还是会私下见面。

弗洛伊德曾在1910年为著名作曲家古斯塔夫·马勒做精神分析，帮助他解决与比其小19岁的幼妻阿尔玛之间的性生活问题。和弗洛伊德一样，琼斯也和其他领域的名人打过交道。其中最吸引他的，当属作家戴维·赫伯特·劳伦斯和他的德国妻子弗里妲。"他们都受到邪魔驱使，把彼此逼到发疯，"琼斯回忆说，"当这种彼此折磨达到一个高潮时，又会有一段时间的和平，但也并非总是如此。"

琼斯对劳伦斯的印象很深刻，称他"凭借热情自信的言谈举止、无与伦比的个性和敏锐的头脑令每一个人折服"。但是后来这位作家准备移居美国，去创建一个乌托邦社会。当他劝说琼斯加入他的计划时，琼斯称他的想法"纯粹是痴人说梦"。作为一名心理学家，琼斯认为劳伦斯是一个"明显缺乏平衡"的人。他完全可以把劳伦斯的小说——尤其是《儿子与情人》——当作弗洛伊德式分析的理想对象。

在给弗洛伊德的信中，琼斯悉数讲述自己所做的工作，令他身在维也纳的导师精神大振。"我只能为你保卫精神分析大旗的决心鼓掌喝彩。"弗洛伊德回信对他说。1917年2月，琼斯写信告

第四章 漫长的极夜

知弗洛伊德他娶了墨菲德·欧文（Morfydd Owen）为妻，这个消息同样令弗洛伊德非常高兴。琼斯写道："她是威尔士人，年轻（23岁），美丽，聪颖，而且热爱音乐。"实际上，欧文是一名音乐神童，当时已经以钢琴师、歌手和作曲家的身份收获一片盛赞。1918年，她成了皇家音乐学院的一名副教授。据弗洛伊德所说，琼斯向他保证他已经"改过自新"。言外之意是：他已经准备安心做一个居家男人，未来不太可能会卷入丑闻。

但是这位新娘有抑郁倾向，而且这段婚姻从一开始就问题不断。在他的自传中，琼斯在描述妻子时用词非常谨慎。他写道："墨菲德异常成熟，她的灵魂毫无保留地扑在艺术上，但她的精神却没有在各个方向均衡发展。"1918年8月，夫妇俩在南威尔士度假时，墨菲德突发疾病，疑似阑尾脓肿。当地一名医生对她实施了紧急手术。琼斯动用了一切医疗资源，但墨菲德还是于9月7日不幸离世。不管这段短暂的婚姻有多么艰难，琼斯的丧妻之痛没有半点儿掺假。他写信给弗洛伊德说："这对我来说如雷轰顶，虽然我努力想要重新工作，但在心里我悲痛欲绝。"

如果说这起悲剧产生了什么影响的话，那就是进一步拉近了因为战争而分隔两地的两人的关系。"我原以为你终于找到了长久的幸福，"弗洛伊德回信说，"事情发展成这样我深感痛心，因为多年的分隔不曾改变我对你的关心。"

拯救弗洛伊德

1918年11月11日，交战双方签订停战协议，结束一战。战争结束后，琼斯向弗洛伊德保证他会努力从丧妻之痛中振作起来。现在他们终于可以直接通信，而不用借道第三方国家。12月7日，琼斯在信中写道："虽然我在过去这几个月里经历了炼狱，但我依然对人生怀抱希望。"他提到自己刚读完弗洛伊德的《论悲伤与忧郁》，这篇文章非常应景，而且给他留下了"极为深刻的印象"。

他的忧郁情绪在后续的信件中继续体现出来。"明天就是新年，我也将迈入40岁，人生最大的幸福已成为过去，永不再来。"他在12月31日的一封信中写道，"但是不要担心我会失去工作的热情。在我看来，这还是值得做的。"而弗洛伊德也发现自己难得地承认：他对这场战争的早期预测是错误的，而琼斯才是正确的。他写道："我承认你对这场战争及其后果的所有预测都已经成为现实。"

琼斯信守承诺，没有放弃工作。他准备在伦敦创办一个国际精神分析出版社，以及一家专门销售该出版社书籍和其他出版物的书店。他认为弗洛伊德以及其他德语作者的作品应该被翻译成更多的语言，让它们能够接触到更多的英美读者。

为了完成这些工作，琼斯急需一名双语秘书。弗洛伊德核心集团的一名成员向他推荐了卡特里娜·约克尔（Katharina

第四章 漫长的极夜

Jokl）——绰号凯蒂（Kitty）。和弗洛伊德一样，凯蒂是在一个摩拉维亚的犹太家庭长大，后来才移居维也纳。她和弗洛伊德的女儿们上的是同一所学校，后来又在苏黎世大学获得博士学位。毕业后，凯蒂先后在奥地利驻日内瓦领事馆和苏黎世的一座酒店里工作。1919年5月，琼斯写信邀请她来伦敦工作。彼时凯蒂27岁，单身，而且还是处女。起初她对于琼斯的邀请摇摆不定，但是琼斯在夏季亲自来到瑞士找她。两人在苏黎世碰面，只过了三天，琼斯就向凯蒂求婚，后者也立即同意。这位情场老手使尽浑身解数大玩浪漫。在他回到维也纳后，凯蒂在写给他的信中感叹："在认识你之前，我真的活过吗？"

两人的婚姻生活非常稳定，并且生下了四个孩子。琼斯称凯蒂是"我的秘书妻子"，这个称呼没有任何贬义：这是琼斯认可她在他的工作和私人生活中扮演的角色之重。

最终，琼斯的工作与生活都稳定下来，让他能够兑现承诺，把所有精力都投入到弗洛伊德的运动中。1919年，他把伦敦精神分析协会改名为"英国精神分析协会"。1920年，他被选为国际精神分析协会主席——这曾经是荣格的职位。同年，国际精神分析协会大会在海格召开，大会吸引了来自战胜国和战败国双方62名成员和57名来宾，让这次大会有了一种重新统一的感觉。弗洛伊德也在大会上进一步阐述了关于梦境的理论。琼斯还在这一年创办了《国际精神分析期刊》(*International Journal of Psychoanalysis*)，他在里面担任编辑，一直到1939年。

弗洛伊德指出："不管是在德国还是在西欧其他国家，这场战争都激发了对精神分析的兴趣。"——证明他又一次比琼斯更晚认识到现实。他感谢琼斯充分利用了那些更宽容的环境，为他们的运动揭开全新的篇章。

琼斯反过来也感谢弗洛伊德让他重获新生。他宣称："在我看来，我的事业，我的生计，我的地位，还有我的婚姻幸福，简而言之，我的一切，无疑全都要归功于你和你所做的工作。"接着他又说道，不管他为这起运动贡献了什么，都无法"偿还"他欠弗洛伊德的人情。这些感激中没有一丝夸大其词，全都是真情实意。

一战结束后，根据1919年6月28日签订的《凡尔赛和约》规定的和平条款，奥匈帝国从欧洲版图上彻底消失。维也纳不再是那个人口5500万的多民族帝国的首都，全新的奥地利只有650万人口，国土面积只有之前的零头。奥匈帝国损失的军力估计达到120万，成千上万的军人仍然处于失踪状态，推测已经死亡——所有这一切都是这场必输之战的代价。

美国著名电台评论员汉斯·V.卡尔滕博恩（Hans V. Kaltenborn）在担任记者时曾报道过这座城市的惨状。当时的维也纳依靠美国的食物救济填饱饥饿的孩童和普通民众的肚子。恶性通货膨胀比德国来得更快,迅速耗尽了民众的储蓄。民众士气前所未有的低落。卡尔滕博恩写道:"在我看来,如今的维也纳是欧洲最悲情的城市,也许是因为它曾经最为欢乐。"

另一名日后的美国媒体巨星多萝西·汤普森彼时也生活在维也纳。在此之前,她形容维也纳是一个有着"施特劳斯华尔兹、西班牙巴洛克、锦缎装潢……奢华宫廷"的城市,但是现在,她发现自己身处一个"可怕的城市",到处是难民、归来的士兵,以及"在比德迈式沙龙中优雅挨饿的上流人士"。

有天晚上,卡尔滕博恩和他的妻子在沿着多瑙河散步时突然听到呼喊声。得知是一名男子刚刚跳入河中,他询问:"就不能救救他吗?"一个人轻声回答:"哦不,他是自己跳下去的。这年头要是有人想要轻生,他就有轻生的自由。"卡尔滕博恩悲伤地总结称:"这就是战后维也纳的人生哲学。"

弗洛伊德和他的家人也没能从战争带来的经济危机中幸免。马丁回忆称,1919年8月,当他从意大利战俘营中获释,回到维也纳时,发现他在战争期间积攒下来的薪资已经被通货膨胀全部耗尽。他写道,他数以千计的克朗宁(当时的奥地利货币)"还不够支付一双普通鞋子的补鞋费",并指出他的父亲也失去了所有的积蓄。

拯救弗洛伊德

但是正如马丁所说,弗洛伊德当时完全有能力"恢复自身的经济状况"。马丁能够为他提供法律建议和其他的实用建议,但真正救了他一把的还是琼斯。琼斯动用了自己在大西洋两岸的人脉,为弗洛伊德带来了来自英国和美国的病人,这些病人都迫不及待想要接受弗洛伊德的治疗。他们给的都是硬通货,每小时两基尼或者十美元——这在那个贫困的年代可是一笔不菲的收入。因为全程都要用英语治疗,所以弗洛伊德上了更多的外语课,以提升自己的语言能力。

琼斯也接诊了不少来自海外的病人。随着他和弗洛伊德的收入不断上涨,他在阿姆斯特丹一家私人银行给他们俩都开设了账户,另外还给国际精神分析出版社也开了一个账户。这么做能够免除他们在国内必须要交的一部分税目。弗洛伊德尤其关心在去世后如何留下足够的钱而不需缴纳遗产税。

渐渐地,正如马丁所说,"奥地利的重建让人们从混乱与分裂的噩梦中清醒过来,开始全新的生活,纵使这种生活缺乏保障,但也可以勉强度日"。至于弗洛伊德的生活,则堪称富足。

但是欧洲的整体局势依然极其不稳定。在他的自传中,琼斯声称他从一开始就知道最大的危险是什么。"我从来不怀疑德国将会再次崛起,重整旗鼓,趁着我们扬扬自得、毫无准备之际,向我们发起攻击。"他写道,"事实证明确实如此。对我们来说,大战终于结束了,但是对于德国人来说,刚刚结束的不过是第一轮比赛。"

我们很难确定这究竟是他当时的真实想法还是事后诸葛亮。但是,如果他确实在一战结束后第一时间得出这样的结论,那他确实很有先见之明。

第五章　维斯塔

一战刚结束时，西格蒙德·弗洛伊德的核心圈子里只有一个人——也就是欧内斯特·琼斯——将成为他的未来营救队的一分子。当然，在那个时候，不管是琼斯还是其他任何人都没有料到有朝一日需要组织营救行动。没有人能够预料到笼罩在弗洛伊德乃至欧洲全体犹太人头顶的威胁有何等巨大，在整个20世纪20年代乃至之后，大家都没有这种危机感。但是，后来所有参与营救弗洛伊德行动的关键人物，几乎都在这十年的时间内悉数出现。他们就像是在为这出营救戏码提前登场，做好准备。

即将登台亮相的新成员包括：美国记者兼外交官威廉·布利特；拿破仑的曾侄孙女玛丽·波拿巴；维也纳医生马克斯·舒尔——他还将负责在弗洛伊德生命的最后十年照顾他；最后是弗洛伊德最小的孩子安娜，很快她将在弗洛伊德的工作与生活中扮演一个中心角色。

第五章　维斯塔

1914年夏天，不同于五个哥哥姐姐，安娜依然和父母还有姨妈米娜一起住在维也纳伯格街19号。那年安娜18岁，正准备走上讲台从教。6月份参加完教师考试后，安娜踏上旅途，去曼彻斯特拜访弗洛伊德的亲戚。这也是她第一次去英国。从许多方面来看，她都是在追随父亲19岁那年第一次探索英国的脚步，而弗洛伊德也乐于见到女儿这么做。

但与此同时，弗洛伊德也非常担心安娜的旅途安全。安娜是在7月中旬从汉堡乘船前往英国，彼时奥匈帝国和塞尔维亚之间的紧张局势正因为费尔迪南大公遇刺事件而迅速升级，但是弗洛伊德担心的倒不是开战，毕竟他并没有看到战争一触即发的迹象，自然就不会担心女儿有可能被困在敌对国。他真正担心的是，像安娜这样的单纯女孩，会被一个年纪几乎是她两倍、迫不及待想要接待她的男子诱惑——这个人就是欧内斯特·琼斯。

当安娜抵达南安普敦①时，琼斯手捧一大束鲜花欢迎她的到来，并当起了她周游英格兰的随行导游。1979年，也就是琼斯去世20余年后，安娜在一篇纪念他的文章中写道，他向她展示了"他

---

① 南安普敦（Southampton），英国南部港口城市，面向英吉利海峡，是英国重要的远洋海港、海军基地，也是最大的客运站。

所深爱的英格兰美景",带领她体验了一次"终生难忘的泰晤士河乘船观光",并且"抓住一切机会"纠正和提升她的英语。安娜依然清晰地记得,琼斯对她无微不至的关心令她"受宠若惊,印象深刻"。"虽然我也隐约怀疑他更感兴趣的不是我的父亲,而是我。"

她之所以会产生怀疑,是因为她已经提前收到警告——已经和露·坎恩分手的琼斯,可能会把她作为新的追求对象。其实,彼时正在维也纳接受弗洛伊德治疗的坎恩,一直都在关注伦敦的小道消息,并把琼斯的意图告知弗洛伊德。弗洛伊德后来写给安娜的信,充满了一位护女心切的父亲的劝诫:

"有可靠消息告诉我,琼斯医生急于想要追求你。你年纪尚轻,又是人生的第一次,我给了你的两个姐姐选择自由,但我不打算让你自做决定。因为相比于她们,你和我们的关系更亲密。我也愿意相信没有我们的同意——尤其是我的同意——你很难在这种情况下做出抉择。我们希望你不要在如此年轻、不谙世事的时候就轻易决定婚姻大事。"

弗洛伊德写给琼斯的信,也传达了类似的讯息,只不过是用感激"你对小女的关心"这样的字眼委婉表达。他指出琼斯并不了解安娜,并形容她是"我最聪颖、最优秀的孩子",热衷于了解这个世界。随后他直截了当地表示:"她不自认为是一个女人,远未产生对性的需求,而且对男性拒之千里。"担心对方还不能完全理解这番话的用意，弗洛伊德又提到"我和她已经达成明确共识"，至少在两三年内甚至更长的时间里，她都不会考虑结婚。他宣称："我不认为她会打破这个约定。"

别的女人也许无法抗拒琼斯的魅力，但安娜完全不为所动。这倒不仅仅是因为她父亲的警告戳破了琼斯的一切痴心妄想：这位年轻的旅行者一直彬彬有礼，对琼斯的陪伴与帮助充满感激，但是她从未做出过感情上的回应。弗洛伊德很快意识到他的担心是杞人忧天。琼斯这边则向弗洛伊德保证他尊重他的想法，不过他还是忍不住话里带刺："她性格可爱，将来注定会是个不同凡响的女人，但愿性压抑不会对她造成伤害，"他写道，"她确实非常依赖你，自己的生父能够符合父亲意象（father imago），这种情况实属罕见。"

安娜从未对琼斯动过情，但是多年以后的1953年，琼斯去信安娜，澄清了一些关于他的说法。琼斯说，她的父亲认为他在那个夏天围着她转，是另有所图，而非出于浪漫，因为他坚信这个威尔士人只是想赶紧找个女人填补前女友露·坎恩的空缺。琼斯写道："他好像忘了性本能的存在，因为我当时觉得（而且至今仍然认为）你特别迷人。"身为一个婚姻美满的已婚人士，他还毫不犹豫地加了一句："不管怎样，我都一直爱着你，而且是真心诚意。"

一战爆发时，安娜依然身在英国，她迫切想要和维也纳的父母团聚,她的父母也同样焦急。琼斯写信给弗洛伊德说,如果有需要,他"完全可以把她送去奥地利边境,他有的是办法"。但后来,他承认愚蠢地高估了自己的能力。但是在伦敦的奥地利大使的帮助下,安娜绕道直布罗陀和日内瓦,最终平安返回维也纳,全程花费了十天时间。8月26日,弗洛伊德兴高采烈地写信给儿子马丁,告知他安娜平安归来。他在信中说:"她安然无恙,而且表现得非常勇敢。"

虽然琼斯并没有陪同安娜回家,但是他确实帮忙做了一些准备工作。弗洛伊德在10月份的一封信中对琼斯:"在这个理想与物质同样贫乏的时期,我一直没有机会感谢你以如此灵活的手段将女儿送回我身边,也感谢这背后的友情。"不管此前琼斯打安娜主意一事让两人产生多大的芥蒂,此刻都已经烟消云散。

和许多家中老幺一样,安娜深得父亲的宠爱。安娜出生于1895年12月3日,在她出生后,弗洛伊德写信给当时的主要通信对象弗里斯,告知他家中又添一名新成员:"她是今天3点15分在我上班的时间降生的,看起来是个健康漂亮的小女人。"从那时起,弗洛伊德就一直喊她"Annerl",这是一个爱称,翻译过来就是"小安娜"。

在安娜婴儿时期,弗洛伊德频繁在信中提起她,展现出他对安娜迅速成型的性格的喜爱。他形容她"脸皮厚得可爱",而且"因

第五章　维斯塔

为顽皮而更添美丽"。在一封信中，他提到安娜最近抱怨她的姐姐马蒂尔德吃光了所有的苹果，她给出的解决方法是：剖开马蒂尔德的肚子。这是受到一则童话故事的影响：一只狼趁山羊妈妈不在的时候，生吞了七只小羊中的六只。山羊妈妈回来后，躲藏起来逃过一劫的最小的山羊把事情经过全都告诉妈妈，山羊妈妈便剖开了狼的肚子，救出了所有的孩子。"她正在变成一个迷人的孩子。"弗洛伊德总结说。更令他高兴的是，安娜的到来恰逢他的生意开始红火。他在信中对弗里斯说："我们都觉得是这个宝宝让我的病人翻倍。"

和哥哥姐姐一样，安娜清楚地记得和父亲一起采蘑菇以及其他家庭户外活动的美好时光，但她也清晰地记得被其他人落下的经历，比如因为感冒而没能去看马戏团表演。还有一次，五个哥哥姐姐一起去划船，却没带上她。"要么是因为船上满员，要么是因为我'年纪还小'。"她说。但是那一次，在一旁观察的弗洛伊德却对安娜赞不绝口，称她表现得很好。"这让我格外高兴，其他一切都不重要了。"她说。

安娜和姐姐索菲共睡一个卧室。索菲是弗洛伊德的第五个孩子，比安娜大两岁，两个女孩经常会在父母面前互相争宠。根据大部分人的说法，他们的母亲——操持家务、家教严格的玛莎——明显更偏爱索菲。据安娜回忆，索菲在七八岁的时候有一次发高烧，她在烧糊涂的时候不停地说："我要我的妈妈，不是你的妈妈，我要我的妈妈。"

每个人——包括她的父亲在内——都认为索菲是所有姐妹中最漂亮的一个，这让安娜愈加觉得生活在姐姐的阴影之中，促使她沉溺于白日梦中，打造自己的幻想世界。安娜的朋友寥寥，但是她经常表现出非凡的想象力和智力。有一次，学校的作业要求学生描绘他们的生活环境，安娜写道：她的房间有"三面墙"，而第四道墙就是索菲。

两个女孩长大些后，弗洛伊德敦促她们要更加理解彼此，尤其鼓励安娜要对索菲"宽容"。他指出"爱与恨并没有太多差别"。但是安娜更加积极地争求父爱，只要弗洛伊德出远门，她就会每天给他写信。她还直言不讳地预言：因为长女马蒂尔德已经出嫁，索菲很可能将紧随其后，她将"很快成为你唯一的女儿"。1913年1月，在索菲结婚的前一天，安娜坦言：虽然"这么说不像话"，但是姐姐即将在别处展开新生活，这令她如释重负，因为这将终结两人之间的争吵。她坚持认为自己喜欢索菲、崇拜索菲，但是分开对于彼此来说都是件好事。

即便在索菲嫁给摄影师麦克斯·哈伯斯塔特（Max Halberstadt）——弗洛伊德的经典照片都是出自他的镜头之下——并于1913年移居丈夫老家汉堡后，她依然被视作弗洛伊德最漂

第五章 维斯塔

亮的孩子。一年后,索菲生下弗洛伊德的第一个外孙——恩斯特（Ernst）。虽然一战刚刚爆发,这位骄傲的外公依然前往汉堡看望他。在给柏林的卡尔·亚伯拉罕的信中,他兴高采烈地聊起这个"可爱的小家伙,每当有人看着他,便笑得无比开心",还说"他是一个体面的文明人,在这个禽兽横行的时代,这点格外珍贵"。1918年下半年,索菲又生下第二个儿子海因茨（Heinz）,小名海因勒（Heinele）。

随后悲剧降临——而且是两次。1920年1月25日,年仅26岁的索菲死于西班牙流感——当时这种流行病正在欧洲大陆肆虐。在写给布达佩斯的费伦齐的信中,弗洛伊德努力表现得达观知命,但是字里行间尽是丧女之痛。"死亡虽然痛苦,但却并没有影响我的人生态度,"他写道,"多年来,我随时准备迎接儿子们的噩耗,如今走的却是我们的女儿。作为一名无神论者,我没法怨天尤人,也知道没有地方能够接受我的悲诉。"

四岁那年,海因勒在维也纳住了几个月,并讨得所有照顾他的亲人的喜爱。在此期间,弗洛伊德越来越喜欢这个孩子。在写给费伦齐的一封信中,他形容他是"同年龄段中最聪明的孩子"。但是这位外公也担心地指出,这个孩子身体不好,"身体虚弱,瘦得只剩眼睛、头发和骨头"。虽然用尽了一切办法,但这个孩子还是在同年6月死于粟粒性结核。弗洛伊德坦言："失去他令我悲痛欲绝，我从来没有经历过比这更痛苦的事情。"加上索菲的病逝，对于弗洛伊德来说，"一切都失去了意义"。

安娜也因为姐姐和外甥的接连病逝备受打击，并陷入抑郁，不过，这些悲剧也意味着现在她和弗洛伊德的关系前所未有地亲近。大姐马蒂尔德依然和丈夫生活在维也纳，但是她是最早离开父母家的人。马丁从战场上回来后，也在维也纳组建了自己的家庭。而另外两个哥哥都搬去了柏林。奥利弗找了一份土木工程师的工作，恩斯特则成了一名成功的建筑师和室内设计师，后来，他还为参与他父亲运动的客户的家中设计了专门的精神分析咨询室。

安娜很早就立志要当一名教师，虽然她本人在读书时经常感觉无聊。与此同时，她也对父亲的研究充满兴趣。在维也纳精神分析协会的周三晚间研讨会上，她会坐在一个小小的书架梯上，认真地倾听他们的讨论。大约14岁那年，有一次安娜和弗洛伊德一块儿散步时，途径普拉特公园附近的一处高档区域。"你看到那些漂亮房子了吗？"他问，"表象背后的东西不一定同样漂亮。人类也是如此。"

和父亲一样，安娜也想精通多门外语。她在学校学习了英语和法语，并利用在意大利度假的时间学习基本的意大利语。后来，她和弗洛伊德一起在一个英语老师那儿上私教课。安娜热衷旅行，

第五章　维斯塔

所以在1909年，当她因为年纪太小而不能陪同父亲去美国克拉克大学讲课时，她非常失望。她还疯狂迷恋卡尔·梅（Karl May）的小说——这位有着超高人气的德国作家是以创作美国西部故事而闻名。另外，她对鲁德亚德·吉卜林（Rudyard Kipling）笔下的印度故事也很感兴趣。

从英国回来后，安娜在维也纳的一所小学里当实习老师，然后以正式老师的身份继续教学，直至1920年。她的一个学生后来回忆第一次见到她的场景："有一天，我们所有的小孩都惊呆了——学校给我们介绍了一位年轻苗条的女老师，她头发乌黑，眼睛迷人，并且立刻就接手了我们的班级……她是一个既神奇又简单的人，当时我特别喜欢她。"

当时的安娜也热爱教学。"当然，在那个时候，学校的规矩比现在严得多，但我记得我们很开心，非常开心。"许多年后，安娜这样告诉美国著名儿童精神病学家兼作家罗伯特·科尔斯（Robert Coles）。"当时我还没开始研究梦境，但是我很喜欢听孩子们讲述他们的梦想——他们长大后想要做什么，他们想过怎样的生活，还有他们的白日梦。"她尤其喜欢看着孩子们闭上眼睛描述他们看见的画面。在她看来，为期五年的教学经历对她的成长至关重要："在我开始研究因为种种原因出现问题的儿童之前，这些经历给了我一个了解正常儿童的机会。"

在教学期间，安娜就已经开始研究父亲关心的各类课题。借助父亲的关系，她得以陪同年轻的精神病学家海因茨·哈特曼（Heinz Hartmann）和保罗·希尔德（Paul Schilder）在维也纳综合医院的精神病诊所出诊。这些经历"极富启发性"，她回忆说："我们津津有味地聆听病人倾诉他们的梦境、幻觉和幻想，我们之中有分析能力、有知识积累的人就会整理这些信息。"

最重要的是，她的父亲在1918年成了她的分析师，随后她接受了父亲为期三年的精神分析。1992年，科尔斯就在他为安娜撰写的传记中指出："父母当精神分析师，子女当分析对象，这样的组合在今天看来无法想象。"但是他也指出，那还是精神分析诞生初期，许多的流程和规则尚未成型或被理解，对新手精神分析师的要求也没有明确规定。大部分时候，这些新人都是从自己的分析师那里获得培训。正如安娜所说："培训我们的就是我们的私人分析师。"而她的分析师就是她的父亲。

接受分析期间，安娜还会写诗。她在小时候就经常写诗，只不过没有后来那么深刻。节选一段：

唯有当我心烦意乱，唯有当我在黑暗狂乱中挣扎，我才会惊惧。

每一个诗人只是兀自唱着自己的哀伤。

第五章 维斯塔

虽然弗洛伊德后来告诫他人不要随便给自己的子女做精神分析，但是他自认为对安娜的治疗非常成功。这也加快了他们的私人关系与职业关系的交融。弗洛伊德不仅会和她讨论他的想法和文章，还多次带上她一起出差——比如1920年去海格参加国际精神分析大会。1922年，安娜写下《走进幻想与白日梦》（"Beating Fantasies and Daydreams"），并把这篇论文作为课程内容，在维也纳精神分析协会开了一次讲座。这使她从一个旁听者，升级为周三晚间研讨会的正式成员。她自己也开始接诊，由此开启了她作为儿童精神分析学家的职业生涯。

不论安娜是否后悔为了精神分析而放弃三尺讲台，对于父亲这项运动的热情都彻底掩盖了这份遗憾。"当时在维也纳，我们都非常兴奋，而且精力充沛，"她回忆说，"这就像是探索一片新大陆，而我们就是探索者。现在我们有机会去改变世界，或者说，带着我们的发现从那片大陆回来，把我们的成果带给这个世界，带给所有没有去过那里的人。"

弗洛伊德很高兴看到自己最小的孩子"热情绽放，精神昂扬"，他在给柏林的麦克斯·艾丁根的信中写道："我只希望她能尽快找些理由，把对她老父亲的依赖转移到更长久的东西上去。"但是在这个问题上，弗洛伊德有点儿口是心非。1921年，安娜出远门去拜访在柏林的艾丁根和在汉堡的索菲的孩子。弗洛伊德坦言对于安娜的未来非常矛盾。他写道:"如果她真的要离开,我一定会像现在一样失落,就好像戒烟一样!"换言之,他对安娜就像对雪茄一样上瘾。而安娜对于他的依赖也如出一辙。

1923年初,父女俩的关系因为另一件事情而进一步拉近,那就是弗洛伊德健康状况的恶化。长久以来,弗洛伊德一直担心他的心脏,但是真正的问题其实在下颌,这也是他拒绝戒掉雪茄造成的恶果。弗洛伊德发现右侧的上下颌上长了一个肿瘤。他找到相识多年的医生马库斯·海耶克(Marcus Hajek)咨询,海耶克认为这个肿瘤是吸烟所致,并叫他去他的诊所做切除手术。海耶克告诉他这只是一个"非常小的手术",但是又多加了一句:"没有人能长生不老。"弗洛伊德可能也怀疑过医生对自己有所隐瞒,但经过几番犹豫后,他还是在没有告知玛莎和安娜的情况下,于4月20日去了诊所做手术。

在毫无准备的情况下,母女俩收到诊所发来的信息,要求她们带些必需品过去,因为弗洛伊德要在诊所过夜。根据琼斯为弗洛伊德撰写的传记,那天诊所的普通病房均已人满为患,所以弗洛伊德只能在一个狭小的房间睡临时床,而且还是和另外一名病人共挤一间房(他还说那个病人是个侏儒)。当玛莎和安娜匆忙赶到医院时,惊恐地发现弗洛伊德坐在门诊部的一张厨房椅上,"衣服上全是血"。琼斯的解释很简单:"手术不如预期成功。"

第五章 维斯塔

午餐时间不准探视病人,所以玛莎和安娜被送回家,没想到弗洛伊德再次开始大出血。因为说不出话,他只能按铃求助,结果铃又坏了。最后是那个侏儒跑去求助,这才止住了血。琼斯推测:"也许就是他的及时行动才救了弗洛伊德的命。"得知此事后,安娜坚持要去医院陪父亲过夜,照顾受折磨的父亲。第二天,弗洛伊德就被获准出院了,但这才只是一系列漫长手术的开始。在他的余生,弗洛伊德总共接受了33次手术。海耶克和弗洛伊德当时的私人医生菲利克斯·多奇(Felix Deutsch)后来才得知切除的是恶性肿瘤,但是他们并没有把这个消息告知病人及家属。

弗洛伊德愿意相信自己情况乐观,但在暑假结束后,他就被告知需要接受更多的手术。在5月10日写给安德烈亚斯-莎乐美的信中,他声称手术预后良好,但接着他又悲观地说道:"你应该知道,对于未来注定要面对的不安而言,这不过是隔靴搔痒。"

随后弗洛伊德与安娜前往罗马旅行,希望能好好放松一下,但是这份不安如影随形。安娜后来回忆起他们在特莱维喷泉投下硬币许愿,"希望下次还能回来,因为即将到来的手术让一切都变得不确定"。在这次旅行期间,安娜扮演了两个重要角色——父亲的密友和私人护理。而在父亲的余生中,她将一直扮演这两个角色。当他再次出现出血时,安娜应对自如。弗洛伊德在罗马给安德烈亚斯-莎乐美的信中写道:"在这里,我第一次认识到我的小

拯救弗洛伊德

女儿是一个多么好的同伴。"

随后的一系列下颌手术，迫使弗洛伊德必须开始戴假体。这个假体戴起来很不舒服，而且塞入和取出的过程很麻烦，有时还很痛苦。在家里，只有安娜精通其中的诀窍，而且她也负责定期清洗这个被弗洛伊德称作"怪物"的假体。玛莎和米娜都没有尝试过这些艰难而重要的任务。

在弗洛伊德的生活中，安娜扮演起了日渐重要的角色，这让生活在同一个屋檐下的两位女性长辈心情复杂，也导致了家庭关系的重构。自从1896年搬进姐姐和姐夫家中以来，米娜就在弗洛伊德的生活中占据了一个特别的位置，但凡在伯格街19号待过的人都看得出两人关系不一般。而现在，安娜正在威胁姨妈曾经的地位。

宝拉·费希特（Paula Fichtl）很晚才进入这个家庭。1929年，她被弗洛伊德一家雇来当女佣，那年她27岁。自此以后，她就一直在弗洛伊德家中当管家，先是在维也纳，后来又跟去了伦敦，直到1982年安娜去世。在接受德国记者德特弗·贝特尔森（Detlef Berthelsen）的采访时（贝特尔森向她保证在安娜在世期间，绝不会公开采访内容），费希特对弗洛伊德家中三个女人之间的关系给出了深刻的剖析。

这位新来的女佣对于伯格街19号的第一印象，就是"所有

第五章 维斯塔

的事情都太严肃、太严格了",并且担心自己无法适应。她发现玛莎是一个"沉默寡言的女人,一个典型的家庭主妇",密切注意着家中的一切。相比之下,米娜则说话很大声,显得自信果断,而且"很有占有欲"——这个对象大概指的是弗洛伊德。弗洛伊德和米娜经常在一起详细讨论他的作品、书籍和其他学术话题。"没有一本她没读过的书,就连外语书也不例外。"宝拉回忆说。这一切都和玛莎形成了鲜明对比,后者的主要关注点都在操持家务上,其中还包括打扫丈夫和安娜的咨询室和办公室,而且她通常不参与任何关于精神分析的讨论。

婚后的玛莎和西格蒙德一直睡在用两张木床拼成的双人床上。但是,费希特称他们的婚姻"安静,平和,但却未必幸福"。费希特是在弗洛伊德夫妇晚年才进入这个家庭,她会有这种偏见也就不足为奇了。她自然不了解这对夫妇早年的恩爱时光,也不知道——或者并未提及——米娜和弗洛伊德当初的关系可能不只是学术伙伴那么简单。

弗洛伊德去世多年以后,他的前同事、后来与他反目成仇的卡尔·荣格声称米娜曾经向他坦白她和自己的姐夫有染,而且她对此深感内疚。但是,就连为荣格作传的弗兰克·麦克林恩(Frank McLynn)也坦言:"弗洛伊德和米娜·伯奈斯之间有染,这种事情实在让人难以想象,但这并不代表这个故事一定是假的。"

拯救弗洛伊德

弗洛伊德确实多次和米娜一同出行，包括去意大利等地，而且米娜也经常陪着他在维也纳散步。而玛莎虽然会和他一起参加全家旅行，但是他的其他出行她都选择略过。尽管如此，大部分关于弗洛伊德的传记作品都反对弗洛伊德与米娜有染的说法。美国著名左翼编辑麦克斯·伊斯特曼（Max Eastman）曾经在1926年拜访弗洛伊德，他坚持认为，如果你认为弗洛伊德提出关于人类心灵的革命性理论就代表他私下里也过着放荡的生活，那就大错特错。"（私底下）弗洛伊德是一个恪守礼节、清心寡欲的人，是一夫一妻制的坚定支持者，绝非生性风流，他言谈举止都非常'纯洁'，是那种'在普通俱乐部里都显得格格不入'的人。"伊斯特曼写道。

即便他的品行端正，无可挑剔，但在家里，弗洛伊德还是引得女人们争风吃醋。费希特震惊地发现，这对姐妹居然都会对"弗洛伊德教授夫人"（Frau Professor Freud）这一称谓做出回应。这位佣人特别强调，真正的"教授夫人"对于这种角色混乱并不高兴，但是没有迹象表明玛莎曾经表示过抗议。相比之下，米娜更加情绪外露。费希特曾经向安娜抱怨她的姨妈"总是对我发脾气，好像我什么都做不好"。安娜告诉她不要放在心上，说米娜只是在"嫉妒"，因为弗洛伊德总是对这位年轻的女佣非常好。

这些情绪积压了很久。1925年12月，安娜向维也纳精神分

第五章　维斯塔

析协会做了名为《嫉妒与对男性气概的渴望》("Jealousy and the Desire for Masculinity")的报告。我们完全有理由相信，这篇报告部分源自她在自己家中的观察。随着安娜越来越频繁地陪同弗洛伊德在维也纳散步、去外地出行，同时还充当起了他在家中主要的学术交流对象，米娜难免感到被打入冷宫。弗洛伊德依然会和她玩他最喜欢的塔洛克牌，也会和她讨论书籍和想法。但是，尽管弗洛伊德依然对她的智慧与判断表现出尊敬，她的地位已经发生了变化。

玛莎也成了弗洛伊德争夺战扩大化的受害者。1929 年，安娜得知父亲将去柏林的泰格尔疗养院休养两周。当时安娜的档期已经被病人预约满了，所以只能让玛莎陪同弗洛伊德前往柏林。彼时安娜已经像父亲一样和安德烈亚斯-莎乐美成为好友，在写给莎乐美的一封信中，安娜承认："起初妈妈想代替我过去，但是我一点儿都不愿意。"换句话说，安娜下定决心要保住她在父亲身边的位置，哪怕要与自己的母亲为敌。为此，安娜调整了档期，以便抽出时间陪父亲去柏林，而玛莎则被留在了家里。

安娜在伯格街 19 号开办的咨询室生意红火，吸引了络绎不绝的儿童前来看病。除此之外，安娜还在精神分析运动中扮演了其他角色。1924 年，弗洛伊德的一些追随者在维也纳开办了一家培训机构，安娜成了该机构的秘书。她特别乐于为幼儿教育提供心理分析培训,所以她参与了该机构的几乎所有主要活动。弗洛伊德刚开始做手术时,安娜一直作为他的代表出席国际精神分析协会的年度活动,她还成了协会的正式秘书。1925 年,在法兰克福附近的巴特洪堡举办的大会上,她还宣读了父亲的论文《不同性别的解剖学差异造成的心理影响》("Some Psychical Consequences of the Anatomical Distinction Between the Sexes")。

事后,亚伯拉罕写信给弗洛伊德称:"得知安娜小姐将宣读你的论文,大会现场掌声雷鸣,真希望你能亲自听见。她极为伶俐的口齿让这篇文章更添异彩。"弗洛伊德对此非常高兴。

这样的积极反馈,让弗洛伊德有信心把更多类似的任务托付给女儿,因为他本人已经越来越不愿意或者不能够出远门。1930 年,弗洛伊德获得法兰克福市颁发的歌德奖,他致信主办方表达谢意,并解释称自己的健康状况不允许他出席颁奖活动,只能让安娜替他领奖。"观众不会因为我的缺席而有任何遗憾,"他说,"我的女儿肯定比我更加养眼。"事后,他写信给琼斯,讲述她如何代替自己出席,并总结称:"她对我而言已经不可或缺。"

1927 年,安娜把她在培训机构的讲座内容集合成书出版,她的第一本著作:《儿童分析技术导论》(*Introduction to the Technique of Child Analysis*)由此诞生。这本书也成了她和梅兰妮·克莱因(Melanie Klein)漫长争端的开始。克莱因是维也纳人,年纪比安

第五章 维斯塔

娜更大,是她在同一领域的竞争对手。克莱因对安娜的方法和理论一直持强烈批评态度。她认为儿童出现恋母情结的年龄比安娜所认为的时间更早,而且她把安娜视作儿童精神分析领域的新人,所以很瞧不起她。反过来,安娜也鄙视她从象征角度解读孩子的每一个行为,认为有时"无害的解释"也是可行的。

虽然安娜主要还是以"弗洛伊德之女"的身份为人所知,但她的权威性已经不容小觑。如今她成了争论的焦点,就像她父亲在更广泛的精神分析领域一样,这恰恰证明她的名气在不断增长。

1925年下半年,就在她的角色日渐重要之时,安娜开始对自己的责任感到矛盾。在给安德烈亚斯-莎乐美的信中,她写道:"我觉得现在我背负着双重负担,特别是我要在维也纳协会、在它的培训项目中、在洽谈中、在复杂的环境中,甚至在赚钱(目前来说)方面都要做男人的工作,让我觉得负担更重。"

她提到"男人的工作",表示她默认了那个时代的社会规范,尽管她的专业角色恰恰是对这种社会规范的反驳。虽然她声称很高兴"在别人的眼中(爸爸除外)获得了一定的独立",但她也表示还是更喜欢"给予和服务,而不是索取和提要求"。

这些声明反映出她迫切渴望继续服侍父亲,在她看来,其他一切都位居其次。她向艾丁根承认自己有时很嫉妒那些来找父亲看病的年轻女子。而且她对追求者也毫无兴趣。1924年1月,一个名叫汉斯·兰普尔（Hans Lampl）的追求者——此人曾经和安娜的哥哥马丁是同学，后来在维也纳大学学医，并上过弗洛伊德的课——来拜访她。事后，她给安德烈亚斯-莎乐美写信，说她可以和他交朋友，"但是我不适合结婚"。

玛丽·波拿巴（她从1925年开始接受弗洛伊德的分析治疗）很快认定安娜是一个"维斯塔"（vestal），也就是迷恋父亲的处女。作为自己女儿的精神分析师，弗洛伊德早就看出来了，并且在信中向一些朋友暗示了他的担忧。1927年下半年，在写给安德烈亚斯-莎乐美的一封信中，他称赞安娜"出类拔萃，思想独立"，但是也指出她"没有性生活"。他很担心一旦他走了，"没有父亲，她将何去何从"？

对于安娜来说，全身心投入到父亲身上的主要回报——用管家宝拉费希特的话来说——就是让她成了"正式的女继承人"。癌症和接二连三的手术长期限制了弗洛伊德的出行（他半开玩笑地称之为"软禁"），也让她完美地扮演了这个角色。即便这要求她提供各种私人护理，尤其是在刚刚结束手术之后，安娜也毫无怨言。她所做的一切都让她得以亲近父亲和他的工作。"要想吃到葡萄干，就得先吃完周围的面包。"她解释说，"这个道理我懂。"

虽然做父亲的忧心忡忡，但安娜并没有在父亲离世后陷入孤独。1925年，一个新人出现了，并和安娜保持了——用她本

第五章　维斯塔

人的话说——长期的"珍贵感情"。这段感情从维也纳一直延续到伦敦。因为这是个女人，所以结婚是不可能的。尽管如此，两人还是组成了一对。弗洛伊德和他们圈子里的大部分人都认为安娜没有性生活，但是这段恋情是否推翻了这个假设，这个问题一直没有定论。

多萝西·伯林翰比安娜年长四岁，是个美国人。以20世纪20年代维也纳的标准，她可以说是富可敌国。多萝西是著名珠宝商、蒂芙尼（Tiffany & Co）创始人查尔斯·蒂凡尼（Charles Tiffany）的孙女，也是他的儿子、著名彩绘玻璃设计师路易斯·康福特·蒂凡尼（Louis Comfort Tiffany）最小的孩子。

多萝西和丈夫罗伯特·伯林翰（Robert Burlingham）早已形同陌路。罗伯特是一名优秀的外科医生，但他一直在和躁郁症做斗争，最终无法行医，后来自杀身亡。这一切都使她非常担心自己以及四个孩子的精神健康，尤其是她的大儿子。多萝西得知安娜在从事儿童精神分析工作，加上自己也想尝试一下精神分析治疗，于是在未告知丈夫的情况下，多萝西带着四个孩子来到欧洲。这是一次诀别，不仅是和丈夫诀别，也是和在美国的生活诀别。多萝西这一走就是一辈子，虽然罗伯特后来去欧洲见过他们。多萝西原以为暂居欧洲的时间不会超过一年，没想到最后却成了永久旅居。也正是这个决定，让多萝西在1938年的弗洛伊德营救行动中扮演了一个配角。

在日内瓦作短暂停留后,多萝西联系上了安娜,请求她给身患心身障碍的长子鲍勃看病。安娜同意后,多萝西便带着孩子们移居维也纳。安娜还介绍弗洛伊德的同事兼好友西奥多·莱克(Theodor Reik)为多萝西做精神分析,于是莱克每周花费六个小时为她做治疗。很快,安娜便围着多萝西一家忙碌起来,既负责做精神分析,又负责协助其他几个孩子的教育。正如她的朋友伊娃·罗森菲尔德(Eva Rosenfeld)所说:"多萝西和她的孩子来到这个陌生的世界,而安娜的心成了他们的家园。"

多萝西和安娜会在维也纳森林和城郊的其他地方漫步,谈论孩子们的事情和其他的共同话题。有时弗洛伊德也会加入她们,而他们能够轻松出行,得感谢多萝西有一辆福特T型汽车——这在当时的奥地利首都可是罕见的奢侈品。弗洛伊德幽默地指出,安娜靠治疗"美国熊孩子"赚了不少钱。后来他取代莱克,成了多萝西的精神分析师。他形容多萝西"性格很好",但也诊断出她的病情是"癔症或者强迫症,伴随恐惧"。

1927年,安娜和多萝西前往意大利度假,这也成了她们日后各种共同旅行的开端。安娜告诉父亲,她们迅速发展出了"最为愉快和纯粹的同志关系"。后来,多萝西也讨得了弗洛伊德的欢心:1928年,她送给弗洛伊德一只松狮犬作为礼物。据费希

第五章 维斯塔

特回忆,她因此迅速成了弗洛伊德的宠儿。值得一提的是,他的妻子玛莎从来不像他和安娜一样喜欢宠物。安娜本来就养了一只狗——一只名叫伍尔夫的德国牧羊犬,这只狗是在三年前成为他们家一员的。

但是在一开始,安娜对于多萝西的感情远比对父亲的感情更为矛盾。安娜曾写信给柏林的艾丁根,讲述她治疗多萝西孩子的事情,她坦言自己"工作时想法很多,但无处安放"。她进一步解释说:"我觉得有时候,我不仅想要让他们好起来,与此同时,我还想拥有他们,或者至少拥有他们的某些东西。"虽然声称只是"暂时"想要拥有他们,但是她又表示:"我对孩子们母亲的想法也差不多。"紧接着她又更加直截了当地承认她"对所有这一切都倍感羞耻,尤其是在爸爸面前,所以这些事情我对他只字未提"。

据罗伯特·科尔斯所说——他是在安娜步入晚年后才与她相识——没有机会和两位女士交谈,就很难理解安娜与多萝西的"复杂"关系。"但是,就算你不是什么精神病学大师,也能明白为什么安娜·弗洛伊德觉得女性比男性更容易亲近,也更有吸引力。"他写道,"以及她和伯林翰女士及其子女为什么会从一开始的医患关系变成了后来的家庭关系——放在今天,这一定会让精神分析协会的准入委员会瞠目结舌。"

对于她们的这层家庭关系,弗洛伊德完全接受,并没有任何反感的迹象。他在 1929 年的一封信中写道："我们与一个（没有丈夫的）美国家庭的共生关系日益紧密，这家的孩子们正在我女儿的精神分析下健康成长。"不久，大家口中的这位安娜的"美国朋友"就搬进了伯格街 19 号的一间公寓。弗洛伊德一家是在这幢楼夹层的两间公寓工作和生活，而多萝西的新家就在他们楼上两层。这进一步促进了两家的"共生关系"。多萝西对新房进行了大刀阔斧的翻新，让她和孩子以及佣人们能够舒舒服服地生活。她还在自己的卧室和楼下安娜的卧室之间拉了一条电话线。

多萝西的病情依然严重，甚至不时考虑是否应该回到美国的丈夫身边。她很容易"在分析过程中重新出现童年时期的悲伤情绪"，她的孙子兼传记作者迈克尔·伯林翰（Michael Burlingham）这样写道。弗洛伊德试图提升她的自信，好让她能够从这些情绪中获得解放。与此同时，多萝西和安娜的生活更加紧密地交织在一起。1930 年，两人在距离伯格街不到一小时车程的地方买了一座小农场，对山坡上一座名为"红土"（Hochroterd）的小屋进行修缮装潢。弗洛伊德非常喜欢这个小屋，称它是周末度假的完美去处。

多萝西在弗洛伊德面前的治疗逐渐转变为培训，这也是她跟随安娜的脚步成为儿童精神分析师和教育家迈出的第一步。多萝西要一手养大四个孩子，用安娜的话说，她是以"最痛苦的方式"

第五章　维斯塔

接触了精神分析。但是因为她深知身为母亲的不易，所以她永远不会因为"病人的母亲不停地抱怨甚至在压力下崩溃"而批评她们。1932 年，多萝西写了一篇名为《儿童分析与母亲》（"Child Analysis and the Mother"）的论文，并因此成为维也纳精神分析协会的准会员。两年后，她开始正式接诊病人。

现在，安娜和多萝西的工作与生活中处处有交集。多萝西有一个孪生姐姐。在后来写给安娜的一封信中，多萝西提到有双胞胎兄弟姐妹的人，往往会有创造一个双胞胎的倾向，用来"代表他的理想，他的超我"。她总结称，她们俩就是这种关系，一种"理想的友谊"。对此安娜欣然赞同。

1926 年下半年，安娜、多萝西和一个名叫伊娃·罗森菲尔德（Eva Rosenfeld）的朋友筹划创办一所小学校，用于提供一个适宜的环境，发展出一套她们喜欢的分析方法。她们的想法是把多萝西和伊娃的子女招进学校。一同招进来的还有寄宿在伊娃家的孩子，以及一些其他家庭的孩子，其中一些孩子的父母也是精神分析师，或者是来维也纳寻求治疗的外国人。许多的孩子本身也在接受精神分析，其中大部分都是安娜的病人。

这所学校于 1927 年开学。伊娃·罗森菲尔德提供了她在维也纳海特辛区的住宅的后院作为新学校的校址。多萝西出资搭建了这座两层高的挪威式木制建筑，刚好可以容纳每次招收的约 15 名学生。除了继续给几个孩子做精神分析外,安娜还负责教授英语,并雇来兼职教师负责拉丁语和数学等学科的教学工作。而在学校招来的教职员工中,有两名年轻男子后来也成了著名的儿童精神分析师。

罗森菲尔德聘来了彼得·布洛斯(Peter Blos)担任学校主任兼生物老师。罗森菲尔德曾经在卡尔斯鲁厄[①]生活过,那里正是布洛斯的老家。然后,布洛斯又拉来他在卡尔斯鲁厄的一个老同学爱利克·洪伯格(Erik Homburger)——他后来改名爱利克·埃里克森[②]。埃里克森在学校负责教艺术(这是他的专长)、历史和德国文学。学校鼓励所有的老师和学生一起探索更广泛的学科知识,埃里克森选择了在当时看来非常与众不同的教学内容,比如印第安文化和维京文化,并给学生布置相关的写作作业和绘画作业。罗森菲尔德注意到,多萝西的孩子们从这些艺术课中受益匪浅,因为他们"对绘画和所有视觉向的东西有着无比浓厚的兴趣",而这一切恰好是埃里克森的专长。很快,他也开始接受安娜的精神分析,这也成了他踏入这一领域的第一步。

[①] 卡尔斯鲁厄(Karlsruhe),德国西南部城市。
[②] 爱利克·埃里克森(Erik Erikson),美国精神病学家,著名发展心理学家和精神分析学家,提出了人格的社会心理发展理论。

第五章 维斯塔

在这群学生之中,有一个孩子叫彼得·海勒(Peter Heller),他是一家巧克力工厂的老板的儿子。后来,他在文章中谈到这所学校及其教学方式时说:"我第一眼就迷上了安娜·弗洛伊德,她是一个漂亮又有趣的成年人,非常受人尊敬……她不是那种傻兮兮的成年人,而是大方自然的。有她在的时候,学生们不用她刻意鼓励或者刺激,也会感到自由自在。"安娜很清楚自己很吸引小男孩,但是海勒也指出:"她还是给人一种保守的距离感。而且感觉她虽然能够看透其他人,但却对人际关系缺乏敏感性,也不太擅长引导这种关系。"她散发出一种"大龄未婚女性的圣洁",他补充说,而且"在性方面并不友好"。

维也纳精神分析协会的许多成员也有这种感觉。爱德华·希斯曼(Eduard Hitschmann)是维也纳协会的元老之一,也亲眼见证了安娜迅速成名。在一次会议上,趁着这对父女不在场,希斯曼把他们做了一番比较。他指着安娜的空椅子打趣说:"以前弗洛伊德坐在那儿教我们内驱力,现在安娜坐在那儿教我们防御机制。"

起初,学校的三位女创始人——安娜、多萝西和伊娃——对布洛斯和埃里克森的工作大体满意,但是渐渐地,安娜认为两人的教学方法过于自由散漫。"他们只知道强制或者摆脱强制获得解放,"她在1929年向伊娃抱怨,"而后者会引发混乱。"多萝西也称自己的孩子在学校没有得到很好的教育，因为学校没能为他们接受其他地方更为严格的教育环境做好准备。回想此事，海勒察觉到这些批评中暗含"对于男性方式和男性的敌意"。

最终这所学校于1932年关闭。同年，伊娃移居柏林，一些学生的家庭也重返美国。对布洛斯和埃里克森教学方式的不满可能是造成这个结果的原因，但是在这两人看来，这个实验基本是成功的。安娜的心情比较复杂，但是她和埃里克森依然保持着良好的关系，后者继续在她面前接受精神分析训练，且不断取得进步。有时，安娜一边分析一边做针织活的习惯让埃里克森颇为不满，但有一天，安娜送给埃里克森一件蓝色的针织毛衣，作为送给他第一个儿子的礼物，这令埃里克森大为感动（谈及安娜的针织和缝纫，弗洛伊德还曾对她开玩笑说："如果有一天精神分析不存在了，你还可以去特拉维夫[①]当裁缝。"）。

埃里克森形容在维也纳的这段时期"充满希望、前途和试验……我们刚开始学会如何做精神分析"。他一直对安娜和她父亲圈子里的其他人心怀感激，认为是"他们接纳了我，为我开启了

[①] 特拉维夫，全称特拉维夫 – 雅法（Tel Aviv-Yafo），是以色列第二大城市，也是以色列建国时首都所在地。

第五章 维斯塔

一份毕生的事业"。他觉得自己正在参与的事情类似于"基督教的保罗时代"。

埃里克森在维也纳待了相当长的时间,不仅在大学修了几门课程,还在 1933 年被选入维也纳精神分析研究所。同年,希特勒在德国掌权,促使埃里克森举家迁往美国。当他告诉安娜他们的决定时,"她并不高兴,"他回忆说,因为这标志着这个紧密的群体将痛失一员干将,"但是,就算你不是什么政治天才,也能看出奥地利乃至整个欧洲将要发生什么。"

但是安娜和她的父亲都没有移民的想法。在埃里克森看来,弗洛伊德的年纪和病情都让他倾向于认为这么做有点儿小题大做。"他这辈子经历过太多,我猜他觉得希特勒也只不过是一阵风。"所以他认为留在维也纳是很安全的,"而且只要他不考虑离开,那么她也不会。"

第六章　通晓世故之人

威廉·布利特和乔治·比德尔（George Biddle）都是费城人，也是多年的好友。布利特曾告诉比德尔，他是在一次差点儿发生坠马事故之后才想到去寻医问药——他是一个经验丰富的骑手，但是那一次，他的脚却从马镫上滑下来了，差点儿飞了出去。"你能想象我居然会从马上摔下来吗？"他问比德尔，"然后我突然意识到，其实我一直都想从马上摔下来。这太可怕了。"在对自己的潜意识动机做了一番分析后，他继续说："幸运的是，我阅读了大量关于精神分析的东西……而且我知道，乔治，我需要见的人只有一个——弗洛伊德。"

据比德尔说，布利特还和他讲述了1925年和弗洛伊德第一次见面的情形。当时布利特没有提前通知，便径直来到伯格街19号，但被告知弗洛伊德身体不佳，不接诊新病人。布利特做了自我介绍并递出名片，楼上的弗洛伊德显然是听到了他的声音，所以下楼迎接他，说他久仰布利特大名，并表示如果布利特有意建立长期关系的话，他很愿意为他破例。那一天标志着这两人的友谊的开始，这段关系一直持续到弗洛伊德去世。而在营救弗洛伊德的行动中，布利特也扮演了一个关键性角色。

这两个男人——一个是已经声名鹊起的精神病学家，一个是未来的美国高级外交官——不仅是因为精神分析而走到一起，他们还有另一个共同点：厌恶美国总统伍德罗·威尔逊和《凡尔赛和约》。布利特讨厌威尔逊，是因为他为和平事业献力的雄心壮志因后者而受阻；弗洛伊德则认为是这位美国总统的傲慢与无知而让局面失控，他曾经大谈要建立公正的战后秩序，如今却放任复仇心切的胜利国肆意惩罚战败国，尤其是奥地利。

只有三个人可以在弗洛伊德面前直呼其名，而不用在前面加上"博士"（Herr Doktor）或者"教授"（Herr Professor）这样的头衔，布利特就是其中之一（另外两人分别是英国作家H.G.威尔斯，和弗洛伊德家族的好友——法国卡巴莱歌手、演员伊芙特·吉尔贝[①]）。虽然布利特比弗洛伊德年轻35岁，但是两人的感情很深。

[①] 伊芙特·吉尔贝（Yvette Guilbert，1865—1944），法国卡巴莱歌手，舞台剧、默片演员。西格蒙德·弗洛伊德经常去观看她的演出，并称她是他最喜欢的歌手。

和未来救援小队的其他成员一样,这份关系将在1938年受到最严苛的考验。

布利特主要是以他在20世纪30年代的外交角色而为今世所知。1933年,富兰克林·罗斯福总统正式承认苏联后,他委任布利特作为美国首任驻莫斯科大使。后来,布利特又担任了驻法大使,当时恰逢希特勒开始早期的征战行动,包括把奥地利并入第三帝国的"德奥合并",也就是直接让弗洛伊德陷入危险的那起事件。在这两项工作中,布利特都身处漩涡中心。

布利特是这些工作的完美人选。乔治·凯南(George Kennan)——年轻时曾就职于莫斯科大使馆,并在布利特手下工作,后来成了一名知名外交官和历史学家——写道:布利特"迷人,聪明,知识渊博,思路开阔,是一个通晓世故之人,论头脑不输给任何人"。

在凯南看来,布利特"是那一群优秀的美国年轻人中的一员……对他们来说,第一次世界大战极大地影响了他们的人生。他们是非凡的一代,才华横溢,活力十足"。这群人当中包括文学巨匠恩斯特·海明威和F.斯科特·菲兹杰拉德,作曲家、词曲作者科尔·波特(Cole Porter),以及美国共产主义宣传者约翰·里德(John Reed),他们全都和布利特有过交集。

回首过去,凯南也在这位令人敬佩的上司身上发现了一些不太好的品质，并总结称"我一直觉得，他在自己的身体里埋下了不幸的种子"。两人是在一起前往莫斯科开设新大使馆时初识。在此期间，凯南"感觉布利特性格敏感，非常以自我为中心，骄傲自大，并且带着某种危险的我行我素——他曾经亲自告诉我，他从来不曾屈从于其他任何人的要求"。

用今天的话来说，布利特就是在特权的包裹下长大的，带着那个时代上层阶级与生俱来的特权意识。布利特生于1891年，父母是费城老城举足轻重的人物。老城是费城的历史中心，生活着许多和布利特家一样、从美国独立战争之前延续至今的富贵家族。

布利特的父亲是约瑟夫·布莱（Joseph Boulet）的后代。布莱是法国胡格诺派教徒，于1637年来到马里兰州，并改名为布利特。他的后代和姻亲中有诸多美国历史上的知名家族。1943年布利特竞选费城市长失败时，《时代》杂志就撰文称："他的族谱中有乔治·华盛顿的父亲，帕特里克·亨利[①]的妹妹，以及宝嘉康蒂[②]本人。"布利特的父亲老威廉·克里斯蒂安·布利特（William

---

[①] 帕特里克·亨利（Patrick Henry，1736—1799），美国律师、政治家、演说家，弗吉尼亚州首任州长，以1775年的著名演讲《不自由，毋宁死》而闻名。
[②] 宝嘉康蒂（Pocahontas，约1595—1617），英属弗吉尼亚州印第安人，后与英国人结婚，并作为开化野蛮人而闻名世界。

Christian Bullitt Senior）是一名律师，靠铁路和煤矿业发财，经营着把宾州的煤炭输送给美国各地和海军的赚钱生意，而且还运营多家跨洋航运公司。

他的母亲路易莎·格罗斯霍维兹（Louisa Gross Horwitz）是欧洲犹太人的后裔。她的祖先来到新世界后便皈依基督教。最早横跨大西洋的是约瑟夫·霍维兹，他在1710年抵达美国，随后加入圣公会，并成了一名医生。其他的祖先也是人才济济，有医生、教授，还有作家。路易莎给两个儿子提供了最好的教育，她会和威廉还有他的弟弟说法语，并鼓励他们学好德语。她会在夏天度假时带上威廉前往欧洲，拜访他在巴黎生活的外婆和罗马的姨妈，帮助他从小熟悉欧洲历史。

布利特从小便展现出远大志向。他曾宣称："我将要成为一名律师，然后是州长，然后是国务卿，最后当上总统。"虽然后来这些梦想并未实现，但在许多方面他都堪称功成名就。在费城一座名叫德兰西（De Lancey）的私立学校就读时，他无穷无尽的精力给他的同学留下了深刻的印象。"比尔·布利特有时间学习、玩耍、打棒球，还写情诗，"学校的校刊这样写道，"他是怎么做到的？"他也是个天不怕地不怕的家伙。当一名德语老师斥责他在课上作弊时，布利特骂他"该死的骗子"。事后布利特的父亲向学校提出抗议，导致该老师被辞退。

第六章　通晓世故之人

1908年，布利特进入耶鲁大学。在校期间，他并没有刻意挑战难度最高的课程，而是选择初级和中级德语课，以便能顺利学完课程。他在英语课上也表现不俗，不时展现出他的智慧与内涵。但是他绝非贪图安逸之人。他是辩论队的队长，还是《新闻报》编辑部成员，他和比他高一个年级的科尔·波特一起创办了讽刺俱乐部"肉馅饼俱乐部"（Mince Pie Club），还是耶鲁戏剧协会的主席。凭借这些漂亮的履历，布利特被同学视作班上最优秀的成员。

虽然在校园里的公众形象风光无比，但是布利特在大一结束时却差点儿崩溃，因为他出现了急性肠道疼痛，而且听力和视力也出了问题。布利特在费城宾州大学医院接受了检查，医生们也无法解释他的症状，但他们并没有掉以轻心，并警告他可能活不过几个月。于是布利特休学一年，在加州和欧洲待了一段时间，然后回到费城接受了一次阑尾切除手术。虽然医生要求他坚持清淡饮食，多吃菠菜和牛奶，但布利特的餐桌上却从来不缺龙虾和香槟。自我感觉好些后，布利特便重返校园，并以优异的成绩于1913年毕业。

布利特在耶鲁大学期间选修了一门心理课，这门课的老师是罗斯维尔·安吉尔（Roswell Angier）。安吉尔是在1906年进入耶鲁任教，在此之前，他曾在弗莱堡和柏林学习，并在柏林大学的生理学实验室担任助理。基于这些经历，他向学生介绍了弗洛伊德的精神分析理论。布利特对此非常着迷，甚至一度考虑要把心理学作为学习和工作的方向。我们不清楚布利特是否怀疑自己的神秘症状与身心疾病有关，但是正是他对精神分析的兴趣，最终把他引到了维也纳的弗洛伊德身边。

随后布利特进入哈佛法学院学习，希望能实现儿时的梦想，成为一名律师。但是在哈佛期间他依然坐立难安——他出现了更多的消化问题，而且为了测试像他这样的新生的学术勇气，一些教授会故意愚弄他们，这种做法令他十分恼火。1914年3月父亲去世后，布利特便选择退学，把目光投向了一条全新的职业道路。这条道路最终引领他进入了新闻和外交界。

1914年那个历史性的夏天，布利特陪同母亲前往俄国与德国度假，希望能帮助她缓解丧夫之痛。7月28日，奥匈帝国向塞尔维亚宣战，一战正式爆发。当时布利特母子正在莫斯科。从他们下榻的国家大酒店，他们听到人群高唱当时的俄国国歌《天佑沙皇》。这一系列重大事件令这个年轻的美国游客激动不已，他后来回忆说："当时的我幼稚地下定决心……我一定要阻止这场战争。"

母子俩虽然意识到要赶紧离开俄国，但是却并没有急着离开欧洲。战争爆发当天，他们在柏林爱德龙酒店的房间看着德军在街头行军。接下来，布利特又来到伦敦。在此之前，《纽约时报》

第六章 通晓世故之人

曾写信表示对他写的报道很感兴趣。颇有先见之明的布利特带着这封信来到伦敦，希望能获得战地记者的资格，但却未能如愿。他还第一时间赶往巴黎，把刚刚去世的外婆留下来的祖传珠宝收拾回来。

回到费城后，布利特利用家里的关系在费城顶尖报刊《大众公志》找了一份初级新闻记者工作。布利特绘声绘色地报道了各种故事，既有谋杀案和抓赌行动，也有年轻男子因为买不起舞鞋送给女友参加复活节游行而自杀的奇闻。他还开始为社论版块撰写战争类文章，并借此迅速获得提拔。

1915年下半年，汽车大亨亨利·福特组织了一支和平代表团前往欧洲，布利特成为唯一受邀报道这趟堂吉诃德式任务的费城报纸代表。虽然布利特彼时也心怀伟大的和平愿景，但是他对奥斯卡二号（福特租来的瑞典邮轮）的报道却充满了辛辣讽刺，深得全国读者的喜爱。他写道："奥斯卡二号破浪前行，当这些肩负阻止战争重任的旅客们聚在一起喝下午茶时……他们看上去好像只能阻止博美犬打架，在面对再大些的冲突时，他们就没辙了。"

布利特对福特的美好心愿表达了诚挚的敬佩，甚至把他比作基督，但是他依然毫不留情地嘲讽他和他的追随者们，因为他们居然在对欧洲历史一无所知的情况下，自以为能通过含糊不清的宣言和不切实际的提议"让年轻人离开战壕"。他写道："福特先生是最温柔的，也是最迷糊的；他是个讨人喜欢的孩子。"最终，福特此行惨淡收场，但是对于布利特来说却是天赐良机。借由这起事件，他蜕变为《大众公志》的明星作者。

布利特的私人生活也蒸蒸日上。1916年3月，他娶了厄妮斯塔·德林克（Ernesta Drinker）为妻。德林克与布利特堪称绝配，她的家族与威廉·佩恩①的殖民地的贵格会有深厚的渊源。她的父亲又是理海大学校长。德林克曾就读于索邦大学和拉德克里夫学院，但并未完成学业。她惊人的美貌也吸引了络绎不绝的追求者。根据她妹妹凯瑟琳的说法，在拒绝了50次求婚后，厄妮斯塔就不再计算次数了。"不管我的姐姐如何转动她修长的脖子，似乎都有一种魔力，"凯瑟琳写道，"我曾见过男人看着厄妮斯塔时紧张得喘不过气。"

这位新娘是被布利特的活力与冒险精神所吸引的。蜜月旅行期间，他们还去过德国和奥匈帝国，布利特也借此机会从同盟国的角度报道了战况。美国当时还未参战，布利特决定充分利用自己的德语能力和人脉。厄妮斯塔也开始拿起笔记录，她写下了一

---

① 威廉·佩恩（William Penn，1644—1718），17世纪英国著名开拓者和作家，贵格会信徒。他是宾夕法尼亚省的建立者，宾夕法尼亚（Pennsylvania）这一名字便是取自他的姓氏佩恩（Penn）。

第六章　通晓世故之人

本旅行日志,并于日后公开出版。她还研究了女性在战时劳动力中扮演的角色,虽然德国的东道主们一开始带着她到处去购物,也没能阻挡她的决心。

厄妮斯塔的日记不仅提供了关于这趟旅程的宝贵记录,还证明她是个充满黑色幽默的优秀作家。在 1917 年美国参战前,许多美国人认为交战双方都不是善类,是谁挑起冲突也很难说得清。布利特非常同情德国人,这也是他和弗洛伊德见面之前就已经达成的共识。这对夫妇"满怀恻隐之心"来到德国,厄妮斯塔在 1916 年 5 月 14 日写道:"我们——特别是比利——已经准备好要认识德国。比利说他完全能理解他们的想法。"

但是比利(这是厄妮斯塔对他的爱称)很快就失去了"他的一些宽容"。火车上的军事检察员无视一名德国外交官给他们的担保信,粗暴地搜查他们的行李,收缴了书籍、信纸、名片,就连铅笔都没放过。"面对这些损失,比利还能忍气吞声。但是当他的 11 瓶护发剂也被一并收缴时,他的君子风度就见底了。"她这样写道,嘲笑她的丈夫对那一头棕色鬈发无比虚荣(后来布利特未老先秃)。

更严重的是,厄妮斯塔发现布利特对德国东道主和他们在战争中的行为越来越反感。她写道:"比利说,德国人在和德国人打交道时,是世界上最高尚的人;在和世界上其他人打交道时,是最卑劣的人。"话虽如此，布利特还是非常享受这趟旅行。他去采访了高层官员和实业家，甚至还说服德国军方让他去东线参观，并称这趟前线之行是一次巨大的成功。"他搭乘飞机飞过俄国防线，还遭到射击，玩得非常开心。"厄妮斯塔写道。

为了了解德国的伙伴奥匈帝国的视角，布利特拜访了维也纳和布达佩斯。虽然当时的布利特并没有去见弗洛伊德，但是他充分吸收了当地的一切。布利特的同代人——《新共和周刊》的编辑、后来的知名专栏作家沃尔特·李普曼（Walter Lippmann）把他奉为"最敏锐的美国记者"。

《大众公志》的领导们自然也注意到了布利特的才能。1916年11月，他们把布利特选为华盛顿分社的负责人。当时最大的新闻就是美国很有可能要参战，布利特已经做好充分准备去报道相关新闻。随着1917年的到来，一切似乎都如布利特所愿。直到3月21日，厄妮斯塔产下一名男婴，但孩子不久便夭折。两天后，布利特写信给已经和他成为好友的李普曼，称丧子之痛"击垮了她的精神"。他避谈自己的精神状况，只说了一句："今天我亲手埋葬了他。"

移居华盛顿之前，布利特就已经表现出对政治和外交事务的强烈兴趣。他不满足只当一名观众，他想要当一名参赛者，直接参与到政策决策当中。1916年10月20日，布利特刚从德国

第六章 通晓世故之人

和奥匈帝国旅行回来，就写信给国务院高层官员弗兰克·L.波克（Frank L. Polk）说："我有很多无法公开的信息……你可能会感兴趣。"从这封信中可以看出，他不仅是愿意，更是迫切想要和威尔逊政府分享他在欧洲获取的非公开信息。

在华盛顿安顿下来后不久，他就和威尔逊最亲近的顾问——爱德华·M.豪斯（Edward M. House）建立了密切关系。布利特于1917年2月采访了豪斯。这个德克萨斯人经常被称作豪斯上校，但实际上他从未服过役。豪斯之前就很欣赏布利特写的关于欧洲问题的文章，对于接受他的采访，尤其是谈论德国内政问题，他自然乐意至极。在其中一篇文章中，布利特预言德国最近的作战失败将会让改革派在之后掌权，而且"如果他们相信美国的自由主义"，那么他们会愿意制定一条新的路线。布利特已经假定美国很快将会参战，并且参与制定和平条款。

四月初美国正式参战时，布利特与威尔逊短暂会面。借此机会，他对威尔逊总统在国会联席会议上的演讲大加赞赏，不吝溢美之词。他说："你已经成了全世界渴望真和平之人的领袖。"他的激动之情没有半点虚假，当时的他确实相信威尔逊就是美国赠予世界的礼物——这也使得他后来的幻灭感更加强烈。

彼时布利特只有26岁，虽然还在入伍年龄，但是7月5日他写信给豪斯说："阑尾手术造成的不良后果让我无法服兵役。"他写这封信的目的,就是要让豪斯给他安排一份总统助理的工作。虽然未能如愿,但在同年12月,豪斯安排他当上了助理国务卿。布利特从新闻界向外交界的过渡就此完成。

布利特很快把注意力转向了俄国——他第一次拜访这个国家还是和他的母亲一起。1917年11月"十月革命"后,俄国决意退出战争。1918年3月3日,他们签署了《布列斯特-立托夫斯克和约》,这是俄国与同盟国单独签订的和平协定,它不仅瓦解了俄罗斯帝国,也激怒了仍在作战的西方国家。威尔逊政府面临的问题是,他们应该如何评估和应对俄国。

1918年1月8日,威尔逊向国会发表了他的著名演讲,阐述了他所设想的作为战后和平条约基础的十四点原则。其中第六点提道:"撤出俄国领土内所有军队,解决所有关于俄国的问题,该解决方案应得到世界其他国家最良好和最自由的合作。"虽然第十三点原则呼吁建立一个独立的波兰,这就意味着莫斯科将无法继续控制曾经的俄罗斯帝国,但是威尔逊警告盟国:他们对俄国的做法"将成为对这一番好意的严峻考验"。

虽然言辞温和,但是美国政府在俄国问题上出现了严重分歧。1917年11月,国务卿罗伯特·兰辛写了一份备忘录,表明他对俄国局势发展的深切担忧,他写道:"俄国革命的剧烈程度将会远超法国大革命。"

第六章 通晓世故之人

许多美国人,尤其是左翼青年的看法与兰辛截然不同。他们把革命分子视作解放俄国的英雄,认为他们终将把全人类从资本家的压迫下解放出来。其中最有名的支持者当属约翰·里德。里德是左翼刊物《民众》杂志的一名记者,曾经报道美国的工人运动、墨西哥革命和欧洲战况。他和同为左翼作家的妻子露易丝·布莱恩特(Louise Bryant)前往俄国报道俄国革命,并把激情洋溢的报道发回国,这些文章后来成为他的大热作品《震撼世界的十天》(*Ten Days That Shook the World*)一书的基础。他自己也积极参与到他所报道的事件当中,与布尔什维克领袖相交甚欢,并直接为他们工作。

布利特密切跟进里德的冒险故事,并且和里德一样坚信:如果美国在俄国内战中与布尔什维克为敌,那将会犯下一个巨大的错误。1918年2月3日,布利特在给豪斯的信中敦促他承认新的布尔什维克政权,后来还转达了他从里德那里获取的一份俄国局势备忘录。

但是布利特也意识到,里德可能会因为支持共产主义和激烈反对美国参战而被控煽动罪,因此他尽量和里德保持一定距离。他说"我也希望能够像里德那样单纯地看待俄国",并指出关于俄国的"各种报道"让他无法明确判断这些新掌权者的性质。布利特建议成立一支由"深具智慧、思想开明之人"组成的工作小组去厘清这些问题。

自 1917 年秋以来，一支由 150 名学者组成的小组一直在参与一个名为"调查"（Inquiry）的计划，四处收集信息，撰写机密报告，为战后的和平谈判做好准备。1918 年 12 月 4 日，威尔逊总统搭乘乔治·华盛顿号邮轮前往法国，随行 113 人当中就有 23 名"调查"组成员，以及其他的白宫助理和谈判代表。身为美国和平谈判委员会中年仅 27 岁的年轻成员，布利特本应该在这趟航行中安安静静当块背景板，但实际情况却远非如此。

航行进入第四天，在船上的剧院看电影时，布利特恰好坐在威尔逊的旁边。布利特利用这个大好机会，在电影开演前大胆请求总统把代表团召集起来，"向他们阐述他出席这次大会的想法，并且尽可能解释他打算实施的政策"。他指出人们"对他的意图"普遍充满怀疑与无知，这可能对他们在巴黎和平谈判的表现——尤其是在和英国与法国的交涉上——造成"致命影响"。简而言之，他们需要明确这次任务的目的。

根据布利特的回忆，威尔逊对他的直言不讳颇为惊讶，但是他的反应还是非常好。次日，威尔逊召集委员会成员，向他们详细介绍了当前的情况。他解释说："如果这份和平不是建立在最公正的原则之上，那么在不到一代人的时间里，它就会被世界人民扫地出门。"并且表示德国不应该被"没完没了的战争赔款"所桎

第六章 通晓世故之人

桔。他还详细阐述了建立一个国联的设想,希望这个机构能以阻止未来的矛盾冲突为主要目标。关于提出的每一项解决方案,威尔逊都希望这些美国人能够不停地问自己:"这是否公正?"

对于布利特而言,这是一个无比满足的时刻。威尔逊不仅对他的建议表示感谢,还采纳了他的建议,而且表现得非常出色。"我从未见过总统如此真诚、迷人,"他回忆说,"他全身都涌动着温暖与善良。"

1919年2月18日,国务卿兰辛派遣布利特前往俄国,"代替美国委员会全权代表进行和平谈判"。在咨询过英国首相劳合·乔治的秘书后,布利特确信自己获得了美国和英国双方政府的支持,去和布尔什维克谈判。在莫斯科,布利特会见了列宁,对方接受了劳合·乔治坚持的绝大部分条款,条件是西方国家必须尽快把条款确定下来。实现了如此重大的外交突破,这位年轻的美国大使满心期待着自己将受到的热烈欢迎。

然而在3月25日,布利特一回到巴黎就发现事情不对劲。他谈判的消息开始泄露出来,《伦敦时报》谴责其"达成可耻交易的想法"。在国会,劳合·乔治声称对布利特的任务并不知情。虽然布利特急切恳求,但威尔逊一直拒绝见他,而且不久便卧倒病床。

突然间,布利特就被抛弃了。他明明是在英美政府的共同支持下前往俄国,但是这个大前提就这么被无视了。对于劳合·乔治拒绝承认对布利特的任务完全知情一事，布利特宣称："这是最恶劣的误导公众的案例，可能是我见过最明目张胆的一个。"但最令布利特失望的还是威尔逊。他曾经如此钦佩这位美国总统，如今只感觉惨遭背叛。俄国接受和平条款的最后期限已经到来，但美国政府没有采取任何行动。

除了这次俄国之行以失败告终，布利特还对和平条款的草案——即后来的《凡尔赛和约》——大失所望。他警告称，对于德国的惩罚性措施和对奥匈帝国的瓜分方式，注定要酿成持续不断的冲突。他说："这不是一个和平条约，我至少能在里面看到11场战争。"

5月17日，布利特辞去美国代表团的工作，他犹如流星般的外交生涯似乎到此结束。在写给威尔逊的一封信中，他称自己"是全心全意相信您的领导"能够实现"永久和平的数百万人之一"。然而，"现在我们的政府却同意把世界上受苦受难的民众置于新的压迫、统治与宰割之下，置于一个新的战争世纪之下"。而且我们"甚至都还不了解"俄国。

布利特的幻想彻底破灭，他发誓要反对美国批准这一条约或者加入国联——国联是威尔逊最得意的计划，他希望以此来抵消和平进程中的所有失败。1919年9月12日，布利特被美国参议院外交关系委员会传唤出席作证，布利特借机抨击威尔逊，根据他的披露，就连国务卿兰辛都认为"这个条约的许多内容都糟糕透顶"，其中就包括成立国联的计划。他的证词令威尔逊火冒三丈。

这也是为什么后来布利特会抓住机会和弗洛伊德合作，专门写一本书疯狂攻击威尔逊。

把布利特引领到弗洛伊德身边的不是他的政治工作，而是他的私人问题。从巴黎回来后，布利特移居纽约，在派拉蒙-明星-拉斯基公司（Paramount-Famous-Lasky Corporation），也就是后来的派拉蒙电影公司，找了一份默片剧本编剧的工作。他和厄妮斯塔·德林克的婚姻在1921年宣告破裂，但是两人直到1923年才正式离婚。儿子的不幸夭折自然是导致两人离婚的原因之一，但是其中还涉及一些跟性有关的问题。

布利特于1926年出版了小说《不合时宜》（*It's Not Done*）。小说的主角名叫约翰·柯西，这个角色无疑是在写他自己，因为柯西的工作是在一个类似费城的城镇当报纸编辑。柯西娶了一个美丽的上流社会女子为妻——就像他娶厄妮斯塔一样。这个妻子坚持和他分房睡，并且想尽办法拒绝与他同床。她说："只有乡下人才睡一张床。"柯西的医生兼好友在得知他的苦恼后，不明白柯西为什么不离开她。"我恨透了冷淡又清高的女人。"医生对他说，"被清高的妻子杀死的男人，远远比被通奸的妻子杀死的男人多。"

柯西声称他依然爱着妻子，但是他在妻子和一个旧情人之间陷入两难。这个旧情人是一个性感的法国雕塑家，以当时的标准来看，她的行为堪称放荡。医生带着浓烈的弗洛伊德式口吻对他进行了分析："你永远无法从婚姻中获得满足，除非对方是你母亲认可的女孩。"他说，"而且你希望她既是个处女又是个色情狂。遗憾的是，这种人根本不存在。"

这个法国女雕塑家的原型正是约翰·里德的遗孀露易丝·布莱恩特。里德于1920年在莫斯科病逝，死因显然是流感或者伤寒。1921年，布莱恩特向布利特推荐了里德的著作《震撼世界的十天》，希望派拉蒙公司能够把它拍成电影。虽然并未成功，但是布利特很快对布莱恩特产生了兴趣——这个女人不仅和里德一起经历了各种冒险，而且自己也写了一本书，名叫《俄国红色六月》。

布利特对里德近乎英雄般的崇拜可能是他被布莱恩特吸引的原因之一，但另一个原因在于她与厄妮斯塔形成了鲜明的对比。布莱恩特有过两段婚姻，她以激进的政治态度和生活方式而闻名，甚至公开与剧作家尤金·奥尼尔保持私情。里德之死让她更加放纵。她在给好友画家安德鲁·达斯伯格（Andrew Dasburg）的信中写道："忍受痛苦的唯一方式就是彻底不顾一切，把每一天都过得像人生的最后一天。"因为布利特的婚姻已经破碎不堪，他很理解这种感受。

第六章 通晓世故之人

彼时，布莱恩特已经是赫斯特集团刊物的一名成功记者，她继续撰写关于布尔什维克的文章，并周游欧洲各地，寻找其他故事。据布莱恩特的一位传记作者玛丽·迪尔伯恩（Mary Dearborn）所说，布利特在等待正式离婚期间，"像小狗一样跟着她在欧洲到处跑"。当她开始为君士坦丁堡的国际新闻社工作时，布利特干脆在博斯普鲁斯租了一幢历史悠久的别墅供两人生活。

布利特决意要娶布莱恩特为妻。起初她一再推延，但是在1923年怀孕后，她终于答应结婚，并放弃了在国际新闻社的工作。两人于12月5日结婚，他们的女儿安妮是在1924年2月24日降生。在前一段婚姻中遭遇过丧子之痛的布利特喜出望外。布莱恩特也非常高兴，她的朋友说她完全沉浸在"当母亲的喜悦"之中。

布莱恩特让布利特以为她嫁给他的时候只有29岁，但实际上她当时已经38岁，比布利特还大6岁，所以她很清楚这可能是她体验这份"喜悦"的最后机会。她的许多朋友都猜测，虽然布莱恩特在政治上非常激进，但是她很乐意享受这位有钱的新丈夫的宠溺。两人一度定居巴黎，这里也是许多美国侨民生活的地方，比如海明威和菲兹杰拉德。布利特会和海明威一起打网球和看赛马。海明威则在写给菲兹杰拉德的一封信中提到他，说他是一个"来自耶鲁的大块头犹太人，也是个小说作家"。他只知道布利特从母亲那边继承了犹太血统，却不知道他从小信奉圣公会。

163

拯救弗洛伊德

在菲兹杰拉德的《了不起的盖茨比》上市后不久，布利特的《不合时宜》也紧接着出版，并且一度名声大噪。他在书中向露易丝致谢，感谢她鼓励他写完这本书。起初，布利特这本小说的销量彻底掩盖了菲兹杰拉德的光芒——《不合时宜》多次再版，印量达150 000本；而《了不起的盖茨比》首刷印量只有20 000本。布利特的这部作品有意揭露美国上流社会的虚伪，通过挪揄他们来讨好读者（"上帝啊，这是什么夜晚！"一个闷热的晚上，法国女雕塑家对她的情人说，"就像和你在床上折腾了太久的灼热肉体一样令人不快。"）。

然而，布利特的第二段婚姻很快就结束了。布莱恩特很清楚约翰·里德才是她一生所爱，而她当前的生活——在布利特的金钱供养之下的安逸生活，相比于之前激荡的冒险经历，简直如同一潭死水。在巴黎的美国侨民之间，酒水是自由流通的，很快布莱恩特的饮酒量就超过了正常社交需求。美国画家夏美恩·冯·维刚（Charmion von Wiegand）——她也是另一位著名赫斯特记者的女儿——记得去布利特在巴黎的家中做客时，就听到布莱恩特说："我的生活一无是处。"

1925年布利特第一次来找弗洛伊德时，既是为他的婚姻寻求帮助，也是为他日益绝望的情绪寻求帮助——根据一些说法，当时他已经出现了自杀倾向。露易丝的朋友凯蒂·卡耐尔（Kitty

Cannell)声称他有阳痿问题。"但凡读过他的小说的人都知道,他之所以痛苦,是因为他的第一任妻子让他变得阳痿。"

也许她是对的,但是差不多在同一时期,布利特还和艾莉诺·帕特森(Eleanor Patterson)有染。帕特森是《芝加哥论坛报》老板的外孙女,后来她自己也成了一名知名出版商和编辑。在帕特森给朋友的一封信中,谈起自己与布利特在里维埃拉坠入情网一事,她羞答答地称自己是个"大笨蛋",但实际上她比布利特还大十岁。尽管如此,她依然倔强地宣称:"对我来说,这世界上没有比他更迷人的男人存在。"

1928年,在两人的婚姻已经濒临崩溃之际,露易丝开始和英国女雕塑家格温·勒·加里尼(Gwen Le Gallienne)交往。在离婚诉讼过程中,布利特就提到了妻子的同性恋婚外情以及酗酒的问题,认为这些都是导致婚姻破裂的原因,他也因此获得了女儿安妮的单独抚养权。两人最后于1930年正式离婚。露易丝还身患痛性肥胖症,这是一种罕见病,会生成大量被称为脂肪瘤的脂肪增生组织并造成疼痛。最终露易丝于1936年去世,享年50岁。

布利特经常宣称他去见弗洛伊德,原本是想为露易丝寻求帮助——他确实劝过她接受治疗,只是未能成功。露易丝偶尔也会陪他去维也纳,但是弗洛伊德治疗的是他,而不是她,只不过布利特自己也没搞清究竟谁才是病人。根据露易丝的另一个朋

拯救弗洛伊德

友——作家文森特·西恩（Vincent Sheean）的说法，有天晚上露易丝回到维也纳的帝国酒店，却发现布利特把所有的家具堆起来堵住了房门，不让她进去。"场面十分难看，但也不是第一次。"西恩写道。露易丝也坚称她好几次都看出来他"病得厉害，而且非常绝望"。

弗洛伊德能够帮助布利特重振精神，但是挽救不了这段婚姻。

1930年5月4日，弗洛伊德前往柏林购买新的假体。布利特在那里与弗洛伊德见面，并发现他的情绪异常低落。布利特写道："弗洛伊德忧郁地说自己时日无多，说他的死亡对于他或者其他任何人都不重要，因为他已经写尽了他想写的一切，头脑已经一片空白。"

弗洛伊德询问布利特最近在忙什么，布利特回答说他正在写一本关于《凡尔赛和约》的书，内容将涉及"对克里孟梭[①]、奥兰多[②]、劳合·乔治和伍德罗·威尔逊的研究，这些人我碰巧私下都认识"。令他震惊的是，"弗洛伊德突然两眼放光"，并且表示很愿意与他合作撰写与威尔逊相关的篇章。

[①] 指参与签订《凡尔赛和约》的法国总理乔治·克里孟梭。
[②] 指参与签订《凡尔赛和约》的意大利总理维托里奥·埃曼努尔·奥兰多。

第六章　通晓世故之人

起初布利特被这个建议逗乐了,认为它"令人开心但很奇怪"。在他的设想中,这本书的目标读者是外交政策专家。如果弗洛伊德愿意写威尔逊,他相信潜在读者群会多得多。布利特总结称:"每个受过教育的人都会想读这本书。"而"把弗洛伊德对威尔逊的看法局限于本书中的某一章节"将会是个巨大的错误,因为"这个部分将会比整本书更精彩"。换言之,这本书应该完全聚焦威尔逊——当然,前提是弗洛伊德是认真的。

弗洛伊德向布利特保证他是一片诚心。他指出自从他得知威尔逊和他都生于1856年以来,就一直对这位美国总统很感兴趣。弗洛伊德一向很关注这种看似巧合的东西。更重要的是,他很想要写一部关于当代公众人物的作品,这样他可以密切研究这个人的工作与生活。布利特可以收集到各种记录以及与威尔逊共事过的人的证词,并与弗洛伊德分享,而弗洛伊德可以进行分析。两人联手合作,就能打造出一部精神分析式的传记作品。

大约十年前,威尔逊总统的一名前公关人员写了一本抨击他的书,弗洛伊德受邀对此书发表评论,但他拒绝了,理由是"精神分析永远不应该用作文学和政治论战的武器"。他指出他个人对威尔逊"深恶痛绝",因此他更应该避免沉迷这种行为。但是当他和布利特决定亲自写一本这样的书时,他却把所有的顾忌都抛之脑后。

167

拯救弗洛伊德

1919 年，约翰·梅纳德·凯恩斯（John Maynard Keynes）——曾经参加过巴黎和会的一名英国代表——写了一本《和平的经济后果》(*The Economic Consequences of the Peace*)。这本书与布利特观点一致，都抨击了威尔逊放弃原则、同意《凡尔赛和约》苛刻条款的做法。在这本书中，这位著名的经济学家还欢迎弗洛伊德对威尔逊的行为进行分析，认为任何传统的政治分析都是不够的。"用医学心理学语言来讲，告诉总统这份合约背弃了他的誓言，就是在触发他的弗洛伊德情结，"凯恩斯写道，"这是一个不容许讨论的话题，他的每一个潜意识直觉都在阻止对这个话题的进一步探讨。"

虽然布利特带着一贯的干劲四处搜集文件与证词并与弗洛伊德分享，但是这个项目进展缓慢。到了 1932 年，他们已经有了一份完整手稿，但是布利特并不认同弗洛伊德在书中的一些措辞，比如他如何看待基督教对双性恋的看法等话题，项目由此陷入停滞。与此同时，布利特重返政治和外交领域，最终被任命为美国驻莫斯科大使。

多年之后，布利特才开始和弗洛伊德解决创作分歧。但是，因为书中对威尔逊总统的第二任妻子兼遗孀伊迪丝·威尔逊（Edith Wilson）的描写用词尖锐，而彼时伊迪丝依然在世，所以该书的出版时间再度被推迟。最终，这本《托马斯·伍德罗·威尔逊心理研究》(*Thomas Woodrow Wilson: A Psychological Study*)赶在了1967年布利特去世之前出版,而此时距离弗洛伊德在伦敦逝世已经过去近30年。

在这本书中,威尔逊被描绘成了一个对自己的神圣使命坚信不疑的人,"在他的潜意识中,他就是上帝与基督"。他认为只有"崇高目标"才重要,这就意味着他"缺乏动力通过了解事实来减少自己的无知"。在提到法国总理乔治·克里蒙梭嘲笑威尔逊自视为"来到人间改造人类的另一位耶稣基督"时,两位作者(这一部分很可能是弗洛伊德写的)写道:"克里蒙梭也许对精神分析一无所知,但是威尔逊在潜意识中自认为是救世主的想法已经暴露无遗,就连从来没有研究过深层心理的人也能察觉出来。"

威尔逊的妥协,尤其是向克里蒙梭苛刻的和平条款做出妥协,体现出这位美国领导人如何"使用女性的武器",作者继续写道:"他的行为就好像一个女人在说:'我完全服从你的要求,现在你要对我好一点儿。'"他们还指出,威尔逊把第二任妻子伊迪丝视作"母亲的替代品",进一步展现出他懦弱的性格。

在这本书终于出版后,就连威尔逊的一些批评者都对作者利用精神分析作为政治武器的做法感到不满,这也恰恰应了弗洛伊德之前的警告。这本书遭遇一片差评,对于提升两位作者的名声没有起到半点作用,而且这本书也没有像布利特预想的那样畅销。许多读者都非常不解，为什么弗洛伊德会答应参与创作这样一本书。

其中的部分原因在于弗洛伊德对于美国——而不仅仅是威尔逊个人——打心底里厌恶，而这一切都可以追溯至1909年他唯一的一次美国之行。《民众》杂志编辑麦克斯·伊斯特曼曾在1926年去维也纳拜访他，想知道他为何对美国抱有如此深的成见。虽然伊斯特曼非常敬佩弗洛伊德和他的成就，但是弗洛伊德赤裸裸的"欧洲人优越感"和"对美国文化的不屑态度"令他颇为不满。

"是什么让你这么讨厌美国？"伊斯特曼问道。

"讨厌美国？"弗洛伊德回答道，"我不讨厌美国，我只是遗憾。"他大笑着说，"我对哥伦布发现了它深表遗憾。"

弗洛伊德越聊越欢，他始终带着一种玩笑的口吻，但他是在用幽默消解话里的尖刺，以免冒犯这位客人。"美国是上帝的一个失败的实验，"他说，"至少我认为应该是上帝干的。换作我绝对不想为这种事情担责。"

正如伊斯特曼指出，他自己并不是一个敏感的民族主义者，所以他跟着弗洛伊德一起哈哈大笑，而且他也承认自己"怂恿他继续说下去"。当他问起弗洛伊德反对什么时，对方表示他反对"假正经，虚伪"，并且声称美国人展现出他们"没有任何独立思考能力"。他鼓励他的客人写一本书，书名就叫《美国文明的流产》:"讲述这场可怕灾难的真相……一定会让你名垂青史。"

对于布利特来说,这本关于威尔逊的书是一种解决私人恩怨的方式;对弗洛伊德来说,这不仅是解决私人恩怨,也是解决他与这个政客和他的国家的恩怨。但讽刺的是,它却让弗洛伊德与一位地位显赫的美国外交官建立了密切联系,并在生死关头获得了他的全力相助。

第七章　百无禁忌

玛丽·波拿巴的生活中什么都不缺：她背负着欧洲历史上最负盛名的姓氏（她是拿破仑·波拿巴的曾侄孙女）；她通过婚姻获得了王室头衔；她继承了大笔财富；而且她的情人无数，其中最有名的当属阿里斯蒂德·白里安（Aristide Briand）——此人曾 11 次出任法国总理，并和德国外长古斯塔夫·施特莱泽曼（Gustav Stresemann）一起获得了 1926 年的诺贝尔和平奖。自从 1925 年弗洛伊德开始为她治疗"性冷淡"以来，玛丽就迅速成长为一名优秀的精神分析师，并在这个全新的领域成为一名高产的作家。她还进入了这位精神分析大师的核心圈子，成了他最忠实的门徒之一，以及后来的营救成员之一。

然而，正如欧内斯特·琼斯指出，身为欧洲上层社会的一员成了她职业生涯中的一块巨大绊脚石。如果她只是按照那个时代的期许生活，她完全可以满足于扮演明星皇室贵妇的角色，被富

第七章　百无禁忌

人名流所环绕，永远不用在事业和学识上挑战自我。

"玛丽·波拿巴选择从事科学事业，无异于我们熟悉的在阁楼中挨饿的穷酸诗人形象，虽然看似两个极端，但他们面临的困境是一样的。"琼斯写道，"纵观历史，在这种环境下获得成功的人并不多见。"更重要的是，他继续写道，"她不是通过抛弃一个世界追求另一个世界而成功，而是在两个世界都大放异彩。这纯粹是一次个人的胜利。"换言之，玛丽既能在上层社会与名流贵族谈笑风生，也能在弗洛伊德的全新学科领域中与专业人士打成一片。

最重要的是，她与弗洛伊德一见如故，弗洛伊德对她也是这种感觉。从他们早期的对话、通信和回忆中，可以看到她是如何从弗洛伊德的一名病患迅速转变为一位知己。回忆起第一次在伯格街 19 号见到弗洛伊德，波拿巴说："他给我的印象超出了我所有的预期。首先是他无比的慈爱，然后是他巨大的力量。你能感觉到他对全部人性的'同情'，他能够理解人性，而个体只是其中难以察觉的一部分。"

很快，弗洛伊德也对波拿巴产生了类似的感觉。他说："你看，我才认识你三个礼拜，但我向你倾诉的事情，比我对认识两年的人说的还多。"

到 1926 年 5 月 6 日弗洛伊德七十大寿之时，他和波拿巴已

拯救弗洛伊德

经到了无话不谈的地步,包括他的家人对于公众向他祝寿一事的反应,他也告诉了波拿巴。"我的妻子一向好面子,所以对此非常满意。"他在 5 月 10 日的一封信中写道,"相反,安娜和我一样,对于一片溢美之词感到尴尬。"不过,弗洛伊德虽然努力克制,但他的满足依然溢于言表。"这个世界总算对我的工作有了一定的尊敬,"他总结称,"但是到目前为止,认可精神分析的依然只有精神分析师。"

在这封信中,身为犹太无神论者的弗洛伊德还向身为非犹太人的波拿巴讲述了他从犹太组织那里收获赞誉的事情。他写道:"维也纳的犹太群体和耶路撒冷大学(我是该校的董事),简而言之就是所有的犹太人,都把我奉为民族英雄,虽然我对犹太事业的贡献仅限于我从来没有否认过自己的犹太身份。"

这一切都证明了两人的关系十分亲密,而这份情谊将一直持续到弗洛伊德的生命结束。从 1929 年至 1939 年去世,弗洛伊德一直保持着记日记的习惯,内容都是他生活中重要事件的简短记录。除了他的家人之外,日记中提及次数最频繁的就是波拿巴,弗洛伊德亲切地称她为"我的公主"。

在外人看来,玛丽的人生从一开始就令人艳羡。她的曾祖父卢锡安·波拿巴(Lucien Bonaparte)是拿破仑的弟弟,曾在雾月 18 日政变(1799 年 11 月 9 日)中扮演关键角色。卢锡安是个花

第七章 百无禁忌

花公子，而他的这个风流习惯似乎也遗传给了他的儿子皮埃尔，也就是玛丽的爷爷。即便是以当时宽松的伦理标准来看，皮埃尔和自家女仆以及农家女孩上床的行为也是十分卑劣的。更重要的是，不同于在1853年成为法国皇帝的堂弟拿破仑三世，卢锡安没有任何政治成就。这也许是他频繁做出格和冒险行为的原因。1870年，当堂弟的第二帝国开始崩塌时，他反对共和党人推行更加自由的新政，并射杀了一名前来找他决斗的共和党记者。虽然皮埃尔最终被无罪释放，但是他的妻子和子女——包括玛丽的父亲罗兰——却过上了苦日子。

玛丽生于1882年。一年前，她的爷爷刚在一个仆人兼情妇的陪伴下去世。彼时，波拿巴一家的经济状况已经得到了改善，这都要归功于玛丽的奶奶。奶奶虽然是一个没有接受过教育的工人之女，但在玛丽看来，她是一个"真正的阳具崇拜女性"。玛丽的奶奶不仅恢复了家族的名誉，还安排了儿子罗兰与玛丽-菲利克斯·布兰卡（Marie-Félix Blanc）的婚事。布兰卡的父亲是一个赌徒，通过赢来的钱财和敏锐的商业头脑，从无名之辈迅速暴富，并坐拥蒙特卡洛大赌场。这一切都意味着玛丽是含着金钥匙出生的。但她的人生从一开始就伴随着悲剧。生下玛丽不久，母亲布兰卡便一病不起，并死于栓塞。

玛丽是由父亲和奶奶抚养长大，而且玛丽经常围着父亲转。

虽然家里已经富庶起来，而且雇了不少佣人，但是玛丽的奶奶始终坚持勤俭持家。很快玛丽便知道了母亲的事情，并且听到了一些毫无依据但令人不安的传言：母亲的死可能不是意外，而是父亲为了夺取她的遗产而精心策划的一起阴谋。玛丽后来回忆说："一边是我对父亲的敬爱，一边是这些臆想的犯罪在我心中引发的恐惧，两者之间的矛盾深深地折磨着我幼小的心灵。"

渐渐地，玛丽也相信自己将英年早逝，因为她就像"母亲一样喜欢做梦，充满诗情画意，而且有着一个热爱音乐的灵魂"。——这就是她勾勒出的母亲的形象。四岁那年，玛丽患上了轻微的肺结核。躺在病床上时，她听到一个大人说："她就像她可怜的妈妈一样。"后来为了避免她生病，奶奶和父亲都尽量不让她和同龄孩子玩。这就意味着走出家门，她几乎没有朋友。之所以会对玛丽过度保护，还有一个原因是她的奶奶担心外人会觊觎他们家的钱财。

作为波拿巴家族的一员，玛丽对暴力的故事并不陌生，而且很快她便对那个时代的无政府主义者和"炸弹客"产生了浓厚的兴趣。开膛手杰克就是她儿时痴迷的人物之一，她称之为一个"超级杀人犯和超级无政府主义者"。晚年的她还声援过卡罗尔·切斯曼（Caryl Chessman）——此人是美国的一名绑架犯、强奸犯和抢劫犯，最终于1960年在圣昆汀监狱的毒气室被执行死刑。

第七章　百无禁忌

玛丽的父亲罗兰非常重视她的教育，在玛丽很小时就给她上英语课和德语课。但是他的最终目的和他的母亲一样，是为了让玛丽嫁入豪门，并借此收获更多的财富与声望。他对玛丽积累的学识兴趣寥寥，并且与她感情疏远，经常无视玛丽为了讨好他所做的努力。他的女儿非常渴望成为他生活的一部分，她记得在巴黎的一个罕见的下雪天，她恳请父亲陪她一起坐雪橇，却遭到了拒绝，这件事情令她无比伤心。虽然她参加了1889年的埃菲尔铁塔落成典礼和世界博览会，但是却没能出席世博会期间在她家举办的招待会，这成了她最大的遗憾。

出席宾客的名单上有托马斯·爱迪生的名字，玛丽迫不及待想要一睹他的"说话机器"——也就是留声机。为了迎接这位美国名人，派对上还安排了几个所谓的印第安人制造气氛——当然，这些"印第安人"很可能和他们的服装一样山寨。对于一个想象力丰富的小女孩来说，没有比这更令人兴奋的事了。但是当她乞求下楼稍微看一看时，却遭到了父亲的狠心拒绝。"哦爸爸，残忍的爸爸！"后来她在给父亲的信中这样写道。她抗议说自己不是一个"普通女人"，并尖锐地指出："我是你的头脑的女儿。我和你一样对科学充满兴趣。"

1924年，在父亲去世多年之后，玛丽发现了她在1893年父亲拜访美国时写给父亲的一沓信件。他在信封上注明了收件日期，但是这些信件他从未启封。很显然,对于远在巴黎、孤独寂寞的十岁女儿想要对他说的话,他没有任何兴趣。

用今天的话来说,玛丽基本上属于在家上学(homeschooled)。她接受成年人的教育,也和成年人生活在一起。与此同时,她生命中最重要的两个人对她的感受依旧漠不关心。大约八岁那年,玛丽在迪耶普[①]观看帆船赛时被炮声吓得直往后缩,并因此遭到了奶奶的训斥。"你像什么话?"她呵斥道,"波拿巴家的人不可以害怕大炮。"在她很小的时候,父亲就会严厉地教育她要学会存钱,尽管凭借从妻子那里继承来的遗产,足够他们一家舒舒服服地过上上层阶级的生活。

玛丽主要的情绪宣泄口就是写作。她称用笔蘸墨水在纸上写字的过程"对我而言有种肉体上的快感"。她从小就把笔记本写得满满当当,十几岁时就创作她所谓的《月刊杂志》——所有这一切都为她后来的高产创作做好了铺垫。她还迷上了歌剧与戏剧,对法兰西喜剧院上演的《俄狄浦斯王》既着迷又不解,而且这部剧她在1896年反复观看了好几遍。巧的是,也就是在这一年,弗洛伊德开始在出版作品中使用"精神分析"一词,不过,彼时他

---

① 迪耶普(Dieppe),法国北部城市,是重要的旅游港口、渔港和商港。

第七章　百无禁忌

尚未发展出那套俄狄浦斯情结理论。

随着她逐渐长大,玛丽明确获知她无法过上和同龄人同样的生活。负责给她上课的是拉辛女子高中的优秀教师,他们告诉玛丽,她足以和他们班上的尖子生相媲美。但是到了报名参加高中毕业会考(法国学生进入大学前必须参加的最后一次考试)的时候,玛丽的奶奶却告诉她,她不可以参加这个考试。表面的理由是:在共和制时代,波拿巴这个名字很容易惹祸上身,考官可能仅仅因为她的姓氏而让她落榜。用奶奶的话来说,她是在帮助她免受"不必要的羞辱与失望"。

但是玛丽很快便认识到这只是一个借口,用来为奶奶和父亲从一开始就做好的一个决定做辩解。这个决定就是:她可以学习,但只能点到为止。她并不否认自己的姓氏、社会地位和财富可能对她不利,但是真正的原因是她的性别的"诅咒"。她说:"如果我是男孩,你们就不会阻止我参加毕业会考。这和我的姓氏无关。爸爸也曾经参加考试,而且他并没有落榜!"

玛丽感觉她遭受这个"诅咒"已经很久了。正如她多年之后写道:"在一个由男性创造的文化中,女性没有她们应有的地位、自由和幸福。我觉得自己就是受压迫的一员。"

和大部分少女一样,玛丽也开始谈恋爱。但是,其中的一段恋情让人愈加觉得她很容易遭人利用。而欺骗她的这个人,正是他父亲的第二任秘书——安东因·林德里（Antoine Leandri）。玛丽后来回忆称自己太过天真，居然会相信这个男人对她的示好是发自真心。玛丽写道，他是"来自科西嘉的秘书，头发乌黑，双眼湛蓝，留着尖胡子。那年我 16 岁，他 38 岁。我丑陋难看，他英俊潇洒"。玛丽这样描述，就是为了和事件令人愤怒的后续发展形成强烈的对比。

林德里当时已婚，他的妻子也经常和他们一起出入。但是当他感叹"这个少女令我痴狂！"时，玛丽依然天真地相信了他。获得玛丽的信任后，林德里要求她送他一束头发和一张字条作为定情信物。玛丽答应了他的要求，这为后来林德里敲诈她的父亲备好了充足的弹药。虽然玛丽并未与林德里发生关系，但是两人的"奸情"一旦揭露，玛丽就永远没有机会嫁入豪门了。林德里借此一再要挟玛丽一家，直至他收到十万法郎现金的封口费。玛丽并不在乎这个数额，但是这整起事件粗暴地唤起并加剧了她的各种不安全感。后来当各种追求者对她展开攻势时，她发现自己"对这一切贪婪感到恶心，把贪婪伪装成真爱尤其令人作呕"。

她冷漠的父亲根本无法为她提供安全感。虽然急着想让她嫁出去，但是玛丽记得他曾经残忍地对她说："就算是在妓院里见到你，我也不会选你。"但是，在她 17 岁生日不久前，父亲为她举办了一场舞会。玛丽为这场舞会盛装打扮，并发现自己早已不是

第七章　百无禁忌

那只丑小鸭。"这是我第一次如此美丽。"她写道。但是，1905年奶奶去世后，父亲变得更加孤僻阴沉，与此同时，他又对玛丽出门这件事情非常紧张。玛丽直到近25岁时，才终于有机会去别人家参加舞会。

1907年夏，玛丽的父亲为希腊国王乔治一世举办了一场午宴。乔治一世是丹麦国王克里斯蒂安九世的儿子。和许多欧洲皇室贵族一样，这个家族的血脉早已走出国境，乔治一世的次子——希腊-丹麦王子乔治就是在希腊和丹麦两个国家长大的。宴会上，这位国王向主人表示他很愿意看到乔治王子与玛丽结婚，这令玛丽的父亲喜出望外。虽然一开始心有疑虑，但玛丽发现这位追求者是个"英俊的巨人"，身材高挑苗条，一头金发，而且"最重要的是看上去特别善良，特别善良"。这位王子还提出希望双方财产独立，这无疑给了玛丽父女一颗定心丸，让他们不必担心他觊觎玛丽的财产，也让他们对他更加信任。

经过28天的追求后，玛丽接受了乔治王子的求婚。他们在巴黎举办了一场世俗婚礼，然后又于1907年12月12日，在雅典的大教堂举办了一场盛大的希腊东正教婚礼。但是婚礼当晚并不愉快。她的丈夫"快速而粗暴地"夺走了她的处子之身，然后向她道歉。"我和你一样讨厌这个，"他说，"但是想要孩子的话，我们就非做不可。"很快玛丽便给他生了个儿子，然后是一个女儿。但是子女的诞生只是进一步疏远了两人的关系。大部分时间，这位希腊－丹麦王妃都待在巴黎，即便她的王子去巴黎陪她，两人的感情也非常冷淡。

玛丽发现乔治和他最喜欢的一个叔叔走得很近，并推断他对性生活毫无兴趣应该有更深层的原因。虽然她并没有看到任何证据表明乔治有同性婚外情，但她形容他的身体"抗拒女性的身体，你的身体和你的灵魂一样迷恋男性，忠贞而热情地专注于那一个朋友"。换言之，不论他是否自知，他都喜欢男人胜过女人。玛丽在后来写道："我们是截然不同的两个种族。我们的区别不止在肤色和发色，还在于思想与心灵的回响。"

不久，玛丽就开始寻找其他男人——那些对她的"回响"更有反应的男人——的陪伴。就在一战前夕欧洲局势不断升级之际，她写道："对于一个女人来说，唯一重要的就是自己的心事——一滴泪，一个吻……帝国崩塌与我何干？我在乎的是他今晚吻了我的唇。"——但她并没有明说这个人究竟是谁。她还提到"其他人来了又走"，暗指一系列短暂而又无法使她获得性满足的婚外情。

1913年3月18日，玛丽的公公——国王乔治一世在萨洛尼卡遇刺身亡。但几天之后，她的注意力就转到了自己的私人生活上，而不是这些历史事件，即便这些事件直接影响到了她的家庭。"我的丈夫，"她写道，"他令我厌倦，禁锢我的自由，但他却是唯

第七章 百无禁忌

——一个会爱我至死的男人。"虽然两人感情不和,但是她知道他永远不会离开她。她由此得出结论:"婚姻的压迫是一个普遍的,甚至是必需的痼疾。虽然我相信获得解脱的寡妇比黯然神伤的寡妇更多。"

玛丽提到她一生中有过"两段热恋"。第一段是和阿里斯蒂德·白里安,"他的年纪和威严完全可以当我的父亲"。在1909年至1929年间,白里安接连出任法国总理,担任的其他内阁职位之多也创下纪录。两人相识于1913年,当时玛丽为鲁德亚德·吉卜林举办了一次午宴,结果,玛丽发现自己迷上的是白里安,而不是那位传奇作家。彼时的白里安已经51岁,并且已经四度出任总理。随后两人发展出漫长的恋情,但双方都不是彼此唯一的情人。

白里安在和玛丽交往的同时,依然和情妇贝丝·切尼(Berthe Cerny)保持私情,后者也清楚他脚踏两条船。她抱怨说:"男人啊!你教他们怎么梳头,怎么拿叉子,结果他们却背着你和皇室偷情!"而另外一边,玛丽也没有和阿尔伯特·雷弗丁(Albert Reverdin)断绝关系——雷弗丁是一名来自日内瓦的年轻外科医生,她称他为"另一位情人"。玛丽还有一位情人,她在记事本中简单称之为"X"。这位X是一位著名的内科医生,也是她一位朋友的丈夫,在她父亲的健康状况日益恶化时曾给他看过病。虽然要厘清玛丽的情人并不容易,但她所说的第二段"热恋"似乎是这个 X，而不是雷弗丁。

不论热恋与否，玛丽所有的婚外情最终都因为她的"性冷淡"——无法获得高潮——而走向冷却。1924 年，她以 A.E. 娜嘉妮（A. E. Narjani）为笔名在《布鲁塞尔医学》期刊上发表了一篇关于性冷淡的长文。她指出"性冷淡的女性通过把痛苦归结于女性性爱而获得慰藉"。在其中一段极具自传色彩的文字中，她描述了这类女性的困境。"刚开始性生活时，她们经常把问题怪罪于性伴侣，斥责对方速度太快，不懂方法。"她写道，"但是待她们更换情人之后，依然面临同样的问题，她们甚至会遇上能够持续一个小时的男人，但都无济于事。她们终将明白，问题其实出在自己身上……"

在这篇文章中，玛丽认为像她这样的女性也许可以通过约瑟夫·哈尔班（Josef Halban）教授的手术获得拯救。这位维也纳外科医生尝试把阴蒂移近阴道口，认为这能够提升女性达到性高潮的概率。她称哈尔班教授已经为五名女性成功完成手术。不论情况是否属实，她愿意相信这类说法，就表明她已经在考虑接受类似的手术。

早在她病急乱投医很久以前，玛丽就认识了热内·拉弗格（René Laforgue）。拉弗格原本在他的老家阿尔萨斯当精神病医生，后于 1923 年移居巴黎，并就职于一家精神病诊所。彼时拉弗格研

第七章 百无禁忌

究弗洛伊德的文章已经十年了,并且已经开始直接和弗洛伊德通信。玛丽也开始阅读弗洛伊德的作品,并且很快开始和拉弗格定期见面。当她请求这位精神分析师为她写信向弗洛伊德求助时,对方欣然答应。

在1925年4月9日的一封信中,拉弗格写道:"这位女士患有非常明显的强迫性神经症,虽然这并没有影响她的智力,但却打破了她的心灵平衡。"这一切都是在委婉地表达:玛丽是一个聪明但神经质的女人,是弗洛伊德的完美病例。拉弗格在信的结尾说,玛丽计划去维也纳,希望弗洛伊德能够"为她做一次精神分析治疗"。

弗洛伊德很快回信,称他对这个女人一无所知,但是乐意为她做精神分析,"只要你能保证她确有此意,并且值得信赖"。他提出了一些时间上的限制,并且要求她必须能说德语或者英语,因为他的法语非常生疏。因为玛丽懂这两门外语,所以这并不是问题。

在接下来的通信中,拉弗格解释说玛丽有"明显的男性生殖力迷恋,而且生活中有许多问题"。这使得她很希望接受为期六周至两个月的高强度分析,"尽可能一天两次"。他还指出,除了解决自己的问题外,她还希望能够学习精神分析。弗洛伊德对此提出抗议,称自己没有那么多时间花在一个人身上,特别是这个人没有明确的

"教导或者治疗"目标。但是在玛丽用德语直接写信给他后,弗洛伊德答应在维也纳与她见面。1925年9月30日,她从布里斯托酒店——也就是她在维也纳的固定居所——写信给拉弗格,称她在当天下午第一次见到了弗洛伊德。

玛丽表示,她来维也纳见弗洛伊德,是希望能获得"阴茎与纵欲正常"。从这个角度来看,这次咨询是以失败告终,因为一年多以后,她依然决定尝试她之前提到的阴蒂手术。哈尔班教授为她做了这个小手术,但不出所料,手术并没有解决她的问题。她没有对弗洛伊德隐瞒此事,并向他承认试图通过这种捷径来解决问题非常愚蠢。

玛丽也许依然对于无法彻底尽情性爱感到沮丧,但弗洛伊德的治疗却没有让她失望。从他们相见的那一刻起,她就被这个男人彻底折服,并很快称他为"我伟大的弗洛伊德大师"。

正如弗洛伊德的传记作者彼得·盖伊指出,玛丽是他"在20世纪20年代招募的最有地位的人"。她毫不忌讳地承认自己一直在寻求父亲角色的认可,而弗洛伊德成了她所追求的终极父亲形象,值得她所有的溢美之词。"多么神奇、多么独特的一个人,这样的人已经许久未有过,而且也将不会再有。"她写道,"他的性格与他的思想同样伟大,能和这样的伟人日常交流,实属人生一大幸事。"

第七章 百无禁忌

起初弗洛伊德还担心玛丽的各种要求会过度占据他的时间，而且不太确定像这样的皇室成员会是什么样的人。但是很快他也被玛丽所吸引。马丁·弗洛伊德称她是"父亲余生最好、最亲的朋友"。他认为两人很快就发现和彼此志同道合。"因为她和父亲的大部分特点都有交集——他的勇气、真诚、善良、仁爱，以及他对科学真理的追求。"他说，"从这个角度来看，两人有着惊人的相似之处。"

弗洛伊德刚开始治疗玛丽，就震惊于她的"百无禁忌"。这位王妃（这是弗洛伊德对她的称谓）毫不避讳地谈论她的婚外情和性幻想，没有向他保留任何细节。

她还很乐于探讨自己的童年。她给弗洛伊德看了五本记事本，这些都是她在七岁到十岁之间记录下的想法——后来她就忘掉了这些记事本的存在，直到1924年整理父亲遗物时才重新发现。她宣称："这些小本子里包含的谜题，是促使我寻求弗洛伊德的分析的原因之一。"

记事本的内容都是用英语写的，当时玛丽还在初学阶段，所以里面出现了很多错漏百出的句子："我很伤心，是因为我很伤心，我好可怜？不，好伤心，我从来没有这么……北常伤心！哦！爸爸安慰我，我会好起来……哦！我的腿！疼死我了。"（I am sad, It is because I am sad, Poor me? No, so sad, never I was ... Wery sad am

拯救弗洛伊德

I! oh! Papa console me I will work I will ... Oh! My leg! it hearts me very much!）

弗洛伊德告诉她,这些记事本表明她肯定很小就目睹过"原初场景"①,可能是撞见过她的保姆和情人在一起,这就解释了为什么她很熟悉男性的身体。在首次接受弗洛伊德的治疗后,玛丽在给拉弗格的信中写道:"精神分析是我这辈子做过最'激动人心'的事情。"弗洛伊德去世后,玛丽出版了《五本记事本》(Five Copy Books),除了记事本的内容之外,还加入了弗洛伊德和她自己的评论。根据弗洛伊德对她的分析,玛丽对男性的认识源自她天生是"双性恋"的事实,这就意味着她自身有着强烈的男性元素。这对于玛丽来说并不意外,因为拉弗格之前就表示她的性冷淡,加上她丈夫潜在的同性恋,表明她对自己的性别也抱有类似的感觉。"没人比我更懂你。"弗洛伊德这样说道。

玛丽对私人生活的坦诚令弗洛伊德刮目相看,因此他对她的倾诉也多过其他病人。但是他坦言"在私底下,我只是个小布尔乔亚"——他的观念和生活方式远比她保守。比如,他指出他绝不希望自己的儿子离婚,或者女儿有婚外情。他毫不避讳的另外

---

① 弗洛伊德把小孩目睹父母做爱的场景称作"原初场景"。

一个差异，就是与她巨大的年龄差。他向她讲述自己下颌的癌症，以及到了他这个年纪，"有些东西已经不管用了"。他是在暗示虽然与妻子玛莎依然同床共枕，但是两人的性生活也许早已成为过去式。

弗洛伊德把玛丽当作知心朋友和同事，甚至像自己的亲女儿。但是他警告她不要对他过度产生情感依赖。玛丽哭着告诉弗洛伊德她爱他。弗洛伊德回答说："70岁的时候还能听到这番话！"激动之情溢于言表。

许多年后回首往事，玛丽逐渐认识到弗洛伊德扮演了一个父亲角色。她写道："我这一生都只是在追求几个父亲角色的意见和认可，我选择父亲的门槛原来越高，而最后一个就是我伟大的弗洛伊德大师。"

接下来，玛丽不仅越来越频繁地在维也纳接受治疗，而且还从病人转变成为精神分析的学徒，并最终成长为这一全新领域的从业者。马丁·弗洛伊德指出："在父亲的指引下，这位王妃把精神分析变成了她毕生的兴趣。"

马丁越来越喜欢玛丽。他将自己一战期间为奥地利而战的亲身经历改编成小说，并把此书献给玛丽。玛丽甚至还赢得了玛莎·弗洛伊德的喜爱，要知道玛莎通常都和丈夫的病人及朋友圈保持距离。"弗洛伊德夫人告诉我，丈夫的工作曾经让她十分震惊，因为它对性欲的态度过于坦率。"玛丽回忆说,"所以她几乎是故意不想了解他的工作。"玛莎极少向外人袒露心声,但这是个例外。正如弗洛伊德对玛丽所说:"我的妻子非常布尔乔亚。"

这位大师与王妃之间的共同之处远不只局限于专业工作,两人都痴迷埃及、希腊和罗马雕像,摆在弗洛伊德书房里的一些雕像就是玛丽给他找来的。另外,两人都很喜欢宠物。马丁写道:"在王妃的影响下,西格蒙德·弗洛伊德变成了一个爱狗人士。"两人都很喜欢松狮犬,玛丽还专门写了一本书叫《托普西》(*Topsy*),讲述的就是她对爱犬托普西的深厚感情,以及她对生与死的思考。这也是一部精神分析作品。在人生的最后时光里,弗洛伊德还和安娜一起把这本书译成了德文,足见他对松狮犬和对玛丽的感情之深。

玛丽的治疗和她与弗洛伊德日益深厚的友情也对她的其他关系产生了影响。1925年下半年从维也纳回到巴黎后,她又去私会"×",两人继续保持婚外情,但玛丽依然饱受性冷淡之苦。她仍然迷恋着他,但是并不打算接受他给的人生建议。玛丽在维也纳期间,他就劝她打消当精神分析师的念头。他说:"你是一个上流社会的女性,而不是医生,你去搞精神分析实在荒唐透顶。"玛丽把这番话记在了记事本上,并倔强地写道:"我一定会掌握精神分析的方法。"

第七章　百无禁忌

她的丈夫乔治王子与她的关系虽然已经生疏到了极点，但就连他也劝她放弃对弗洛伊德和精神分析的执念——当然，他的劝诫也以失败告终。她的儿子彼得，尤其是她的女儿——被胸膜炎和其他疾病缠身的欧也妮，也很反感她经常不在身边。

玛丽常年不在家的原因不只是精神分析：她的生活中又出现了一个新的男人——鲁道夫·罗温斯坦（Rudolph Loewenstein）。罗温斯坦是一位波兰裔内科医生，在巴黎学习精神分析，后来又自己教授精神分析。这个新欢比她小16岁，很快她便开始用"狮子"代称他。不过，虽然两人都热衷于弗洛伊德的理论，但他们的感情却并不长久。她指出，不管她和他，或者X，或者其他人做多少努力，"工作容易，得到性快感却很难"。

回到巴黎后，玛丽继续扮演上流社会女性的角色，出入于权贵名流之中。查尔斯·林德伯格（Charles Lindbergh）独自驾驶飞机横跨大西洋，并于1927年5月21日降落巴黎附近后不久，她就去会见了这位一夜成名的25岁飞行员，他的壮举不仅赢得了她同胞的钦佩，也赢得了其他地方人民的赞赏。不过，玛丽思考的不是他的成就的意义，而是他是否还是个处男。

很快，玛丽便成为弗洛伊德核心集团的一员，并且在法国积极传播他的"教义"。在维也纳，玛丽会去弗洛伊德家中参加周三晚间研讨会，不仅是以听众的身份，而且是直接参与谈论。

拯救弗洛伊德

1926年11月24日，她还参加了巴黎精神分析协会的正式成立仪式。协会的首任主席是拉弗格，秘书兼财务主管是罗温斯坦，而她是创始成员之一，也是该协会出版的法语精神分析刊物的供稿人和赞助方。在玛丽的坚持下，这本刊物的封面印上了"承蒙西格蒙德·弗洛伊德教授大力赞助"的字样。

玛丽也忙于翻译弗洛伊德的作品——这是一项复杂而棘手的任务——并发表了关于部分作品的演讲，而且她还在继续写关于精神分析的论文。在她向弗洛伊德倾诉的同时，弗洛伊德也向她吐露了更多的心事。当她开始讨论潜意识时，他提起了他经常做的一个梦，这是一个他一直都无法理解的梦。在这个梦中，他站在一个啤酒花园门前，但是却进不了门，只能被迫回头。后来他才意识到，他曾在拜访帕多瓦①时也被一扇类似的门挡住。他告诉玛丽，每当他被难题困扰时，就会做这个梦。

不论是在维也纳还是巴黎，用弗洛伊德的话来说，玛丽就是个"精力狂魔"，好像对这份新事业永远不知疲倦。1929年，当弗洛伊德的出版公司临近倒闭时，是她从破产中拯救了它，并在随后的经济困难时期继续提供关键性的资金支持。她还会出席国

---

① 帕多瓦（Padua），意大利北部城市。

第七章 百无禁忌

际精神协会的会议。而且在弗洛伊德 75 岁生日的那天,她还在索邦大学向 500 多名观众做了关于他的讲座。

与此同时,尽管她的阴蒂手术造成了持续并发症(哈尔班还为她做了后续手术,并切除了她的子宫),但没有什么能阻止她继续发展婚外情,哪怕性爱已经变成了一件痛苦的事情。她依旧和"×"(她有时也称他为"朋友")保持关系,有时甚至还会和他们夫妇俩一起度假。×的妻子肯定知道她不只是一个朋友和一个旅伴那么简单。但是一行三人中真正妒火中烧的反而是玛丽。她说:"他的妻子一周都能有两次,我也就区区三次啊。"

对她而言,在性的领域,不管发生什么都是可以理解的。她的儿子彼得在 20 岁出头的时候也接受过精神分析,对于母亲在生活中频繁缺席这件事,彼得的感受明显很矛盾。1932 年 4 月,在和她讨论这些感受时,彼得宣称:"如果能和你睡一晚,也许能治好我。"玛丽照惯例咨询弗洛伊德,并承认自己也一度考虑过这种可能性。弗洛伊德警告她:乱伦的后果可能"会比我们预想的更严重,越界之后就会被罪疚缠身,非常绝望"。

玛丽显然认同他的观点。在写信给弗洛伊德咨询之前,她很可能已经打消了乱伦的念头。她说道:在彼得坦白想和她睡觉过去一天后,她心中的任何冲动都"在'朋友'的怀抱中消失殆尽"。以她的性格,她也不可能无视弗洛伊德的建议,而且弗洛伊德居然会告诫她遵循直觉行动会招致危险，这也实属罕见。

弗洛伊德和他的爱徒并非没有任何分歧。两人最大的分歧在于弗洛伊德留在威尔海姆·弗里斯那里的信件。弗里斯就是那位柏林的耳鼻喉专家，也是弗洛伊德眼中最早的"密友"之一。在20世纪伊始，两人的友谊就宣告结束。弗里斯于1928年去世。但是在1936年下半年，玛丽听到了一些令人震惊的消息：弗里斯的遗孀把丈夫与弗洛伊德的大批信件，连同他的一些手稿，一起卖给了一个名叫莱恩霍德·斯塔尔（Reinhold Stahl）的柏林书商。这就意味着很多被弗洛伊德视作非常私人的通信记录依然存在，并且将流入市场。这位书商联系上了玛丽，告诉他美国那边有人想要买下这批信件，但是他希望这些资料能留在欧洲。为了确认信件的真实性，玛丽检查了其中一封信，并立刻认出了弗洛伊德的字迹。

弗洛伊德并没有保留这些信件，他主动提出和玛丽分担一半的收购费用——斯塔尔开价12 000法郎，相当于当时的500美元。弗洛伊德告诉她，这些信"要多私密有多私密"，讨论内容涵盖一切，包括他早年在工作中遇到的挫折，以及第五个孩子出生后他和玛莎禁欲一年，以便为最后一个孩子安娜做准备。弗洛伊德称他"任何一封信都不希望被所谓的后代注意到"。他的目标就是获得这些信件，并将它们全数销毁。

第七章 百无禁忌

但是斯塔尔另有打算——玛丽也是一样。她写信给弗洛伊德说:"对方把这些信件和手稿交给我,是希望我不会以任何价格直接或非直接地卖给弗洛伊德的家人,以免这些对于精神分析历史有着重大意义的材料遭到销毁。"虽然她可以和他讨论如何处理这些信件,比如在弗洛伊德死后一段时间内都不让任何人接触它们,但是她补充道:"一想到要销毁你的信件和手稿,就让我产生一种奇怪的抵触感。"

玛丽料到弗洛伊德肯定会反对,所以她晓之以理、动之以情,让他相信她是对的。"亲爱的父亲,你可能意识不到自己的伟大,"她写道,"你在人类思想史中的地位堪比柏拉图,或者是歌德。"她向弗洛伊德保证,这些信中没有任何东西"能够贬损你"。她指出,不管这些信中暴露出多少他的缺点,最终只是呈现出一个更加有血有肉的弗洛伊德。"亲爱的父亲,你的那些精彩作品,就是在反对不惜一切代价把伟人理想化的行为。"

玛丽把这些信件保存在维也纳罗斯柴尔德银行的一个保险箱里,但是德奥合并迫使她把这些信带到了巴黎,并通过存放在公使馆内,才把它们在战火中保存下来。最终,这些信在1945年被送达伦敦。在弗洛伊德去世六年前,他似乎承认了玛丽保存这些信件是正确的选择,而且从未因为玛丽违抗他的意愿而责怪她。

至于玛丽,毫无疑问她这么做完全是出于对弗洛伊德的热爱。

拯救弗洛伊德

解决完这些信件的问题后,她写信给弗洛伊德说:"我人生最大的幸福就是遇见了你,并且能与你生活在同一个时代。"在煞费苦心拯救他的信件不久之后,玛丽又把更多的精力放在了拯救弗洛伊德本人。

第八章　剧痛

马克斯·舒尔在 1915 年从维也纳大学医学院毕业时年仅 18 岁。那年，在他的一个表姐（她因为战争无法返回日内瓦老家）的劝说下，他们一起去听了弗洛伊德的讲座。在 1915—1916 和 1916—1917 这两个学年，弗洛伊德每周六晚都会举办讲座，这些讲座内容后来被汇编成为《精神分析引论》(*Introductory Lectures to Psycho-Analysis*)出版，该书也成了这一全新科学的基础教科书。但根据舒尔回忆，这些周六讲座的大部分听众都是"弗洛伊德的学生，'知识分子'和好奇者"。像舒尔这样的医学生反而相对较少，零零星星——很可能是因为医学院教职员对于弗洛伊德的理论依然褒贬不一。

医学生们需要弗洛伊德在他们的"索引"(Index)——也就是他们的课程记录——上签字，才能获得出勤学分。舒尔第一次找弗洛伊德签字时，弗洛伊德与学生寒暄以及握手的方式给他留下了深刻的印象。"最令人难忘的是他握手时打量人的眼神。"他写道。

"我做梦也想不到，13年后，我将成为弗洛伊德的私人医生。"他更想不到，他将负责弗洛伊德人生最后十年的看护工作，并成为弗洛伊德救援队的关键成员。而且，除了安娜和弗洛伊德的其他家人外，他是救援队里唯一的犹太人。

自从参加弗洛伊德的讲座后，舒尔便一次不落地听完了他在这一时期的所有讲座。弗洛伊德的课令他如痴如醉。他讲课从来不用讲稿，但是他说的话几乎不用编辑修改就能印成文章。舒尔坦言当时很难理解弗洛伊德所说的一切，但是"讲课内容与表述方式的绝妙和谐形成的冲击力"，以及在长达两小时的课程中全场听众"鸦雀无声"的场景，都令他深受震撼。"很难解释为什么这段经历如此独特和难忘。"他写道，但是毫无疑问，事实就是如此。

舒尔的专业是内科而不是心理学，但是他在1924年接受了私人分析，希望能更好地了解自己以及弗洛伊德阐述的概念。三年后，一位老同事让舒尔帮他的一位病人采集血样。这位病人就是玛丽·波拿巴，彼时她正频繁造访维也纳。正是这次接触，让舒尔和弗洛伊德再次产生交集，并建立起了全新的关系。

根据舒尔的回忆，两人第一次见面时，玛丽"见到一个热衷精神分析的内科医生十分惊喜"。1928年，玛丽在造访维也纳时

第八章 剧痛

突然病重,舒尔为她治疗了数周时间,并全权负责她的看护。这又给玛丽留下了深刻的印象,她开始确信舒尔的医术精湛,而且性格非常好。同时,她也认为弗洛伊德需要这样一个人来负责照看他。

弗洛伊德接受了诸多医生和专家的治疗,但是多年来,他始终没有聘请一个私人医生负责监管和协调他复杂的护理工作。玛丽认为必须要有人来填补这个空缺,并且坚持把舒尔推荐给弗洛伊德。在她看来,舒尔是这份工作的理想人选。

对于舒尔来说,接受这份工作自然乐意至极,但是他也担心弗洛伊德会介意他太过年轻,缺乏经验,因为他当时只有31岁。虽然他一节不落地听完了弗洛伊德的讲课,这一点是个加分项,但是他还没有完成自己的私人分析。对于弗洛伊德来说,如果他准备聘请私人医生,那么这个医生必须对他的观点和理论有深刻的认识。舒尔指出,一个年轻医生和一个"像他这样的高大父亲形象"之间的关系,将会变得非常微妙。

在玛丽的劝说下,弗洛伊德同意试一试。1928年下半年,两人第一次见面。弗洛伊德通过赞赏他处理玛丽病情的方法,让舒尔迅速放松下来。舒尔回忆说:"这位大师在和一个比他小40多岁的年轻医生见面时,没有摆出一点儿高高在上的姿态。"但是在深入讨论他的过往病史之前,弗洛伊德先定下了两人相处的规矩。

拯救弗洛伊德

首先，他要求舒尔必须把他的病情如实告诉他，因为在此之前，他和"前任有过不愉快的经历"。这指的是1932年一件令弗洛伊德非常愤怒的事情。弗洛伊德在那年摘除了下颌的一个肿瘤，但是在一开始，弗洛伊德当时的私人医生菲利克斯·多奇虽然一早就知道这是恶性肿瘤，却并未告知弗洛伊德实情。事后，多奇辩称当时的弗洛伊德"尚未准备好"接受确诊癌症的事实。在舒尔看来，多奇"显然认为弗洛伊德有自杀想法"，但弗洛伊德并无此念头。因为病人已经不信任他的医生了，弗洛伊德于是与多奇分道扬镳。

多奇的妻子海琳回忆说："弗洛伊德之所以生气，是因为他认为我的丈夫小看了他。"琼斯的安慰也无济于事，据这位威尔士人表示，他也是这一"最可怕的秘密"的知情人之一。后来琼斯承认多奇把诊断结果告诉了他和另外几个人，却把病人蒙在鼓里，对此弗洛伊德"满眼怒火"地质问道："你们有什么权利这么做？"但是，弗洛伊德和琼斯之间的友情并没有因为此事而破裂，恰恰证明了两人关系坚不可摧。

舒尔保证他会实话实说，这令弗洛伊德颇为满意。但是，弗洛伊德的心里还有另一大担忧，于是他向舒尔提出了第二项要求，他说："你要再和我保证一件事情——在我大限已至的时候，不要让我遭受不必要的折磨。"根据舒尔回忆，他说这句话时"若无其

第八章 剧痛

事,没有一丝悲意,但带着十足的决心"。因为下颌频繁接受手术之故,加之假体给他带来长期的不适,弗洛伊德经常要承受各种痛苦,所以他想要舒尔向他保证:当这一切已经到了无法忍受的地步时,舒尔能够立刻结束他的生命。最后,双方握手达成一致。

据琼斯所说,"舒尔是完美的医生人选。他能和病人确立极好的关系,而且他的体贴周到、不厌其烦的耐心,还有他的聪明才智都无人能及"。弗洛伊德也非常配合。"他(弗洛伊德)在最短的时间里,表达出了在互相尊重与信任的基础上建立医患关系的意愿。"舒尔写道。

除此之外,弗洛伊德的新医生还迅速赢得了他们全家的信任与尊敬,尤其是负责父亲日常护理的安娜。"他和安娜是一对最理想的守护者,他们照顾着这个痛苦的人,为他减轻各种不适。"琼斯写道。

在这份医患关系建立伊始,只出现过一次小摩擦。弗洛伊德曾告诉舒尔,他不希望他出于行业礼貌而减免收费。1929年,在照顾这位明星病人已满一年之际,舒尔向他提交了费用账单,但弗洛伊德当即抱怨收费太低。"我感觉你背离了我们之间的契约——我们之前的关系就是建立在这份契约之上,"他写道,"我不会支付这笔钱,我建议你再发一份更合理的账单给我。"

舒尔的第一项任务,就是尽其所能了解这位新病人的过往病史。弗洛伊德很早就开始近乎着魔似的担心自己的健康问题，他自然很乐意与舒尔详细讨论病情。但是两人见了好几次面才厘清了所有问题，因为弗洛伊德的下颌手术和他戴的假体让他很难长时间说话。

除了下颌之外，还有许多需要讨论的问题。根据舒尔记载，弗洛伊德一直有在"严重压力"下晕厥的毛病。最严重的一次发生在1912年11月，当时他在慕尼黑和卡尔·荣格共进午餐，彼时两人的关系已近濒临破裂。午餐期间，弗洛伊德深信荣格日益与他的观点针锋相对，甚至盼着他早点儿死。据当时在现场的琼斯回忆，弗洛伊德突然"晕倒在地板上"。荣格将他扶起来，让他躺在一张沙发上，很快弗洛伊德便恢复过来。在后来写给荣格的信中，弗洛伊德依然希望能够缓和两人之间的分歧，因此把这起意外归结于"神经症发作"。

19世纪90年代弗洛伊德还在定期给弗里斯写信时，就频繁提到自己其他的健康问题。他抱怨时常"偏头痛发作"，以及肠胃问题不断——这也成了他往后几十年的一个顽疾。他最担心的是他所说的"心脏之苦"。这种种担忧时不时会让他心情低落。在1894年4月19日给弗里斯的信中，他写道："对于一个每时每刻都在努力理解神经症的医学人士来说，不知道自己究竟是患有普通抑郁还是疑病性抑郁，实在苦不堪言。"

第八章 剧痛

根据弗洛伊德提供的信息,舒尔推断他患有"心动过速反复发作"——就是心跳速率超过每分钟100次——以及"最严重的"心律失常。这些症状可能一连持续好几天,会造成剧烈的胸痛,并导致他的左臂出现灼烧感,使他坠入严重的情绪低谷。这也迫使他"带着一颗沉重的心"放弃爬山,他在给弗里斯的信中这样写道。即便在谈论这样的话题时,他依然嘻嘻哈哈地加了一句:"双关语真有意思!"

但是最严重的问题,也是持续最久的顽疾,还是他下颌的癌症。在1923年第一次手术后,弗洛伊德接受了一些X光治疗,但是在如此敏感的区域,这种治疗的成功概率微乎其微。舒尔总结称:"辐射只是给弗洛伊德带来了组织损伤和剧痛。"

舒尔查阅了汉斯·皮克勒(Hans Pichler)大量的记录。皮克勒是一名口腔外科医生,从1923年开始治疗弗洛伊德,一直到1938年弗洛伊德离开维也纳。从这些笔记中,舒尔发现他们耗费了大量的时间和精力去抑制这块区域的疼痛。他写道:"我查阅了皮克勒1926年的笔记,那是非常'典型的'一年,没有大型手术,只有不断的尝试,只为了追求最微小的舒适感。"也就是在这一年,弗洛伊德迈入了70岁。"那一年共看病48次,接受一次活检,两次烧灼术,并尝试了三个不同的假体,设法保住剩余的牙齿。"

但是,当舒尔成为弗洛伊德的私人医生后,初期的发现却令

拯救弗洛伊德

他备受鼓舞。虽然他把弗洛伊德的消化问题归结于"结肠痉挛易激"（为了缓解这一问题，弗洛伊德经常去卡尔斯巴德[①]做温泉疗养），但是并非所有的消息都是坏消息。"除了口腔之外，弗洛伊德的情况好得出奇。"舒尔报告说，"虽然咀嚼和吞咽非常困难，但他非常注重摄取营养。他的心脏并未显示出心绞痛造成的不良影响，心脏和主动脉都没有出现明显增大。虽然他烟瘾很重，但是他也没有慢性支气管炎或者肺气肿。"

舒尔称弗洛伊德是一名极少抱怨的"模范病人"。舒尔说他们两人建立了一种"非语言形式的交流"，在这种交流中，"他只会偶尔用煎熬的表情、恳求的手势表示他的痛苦。"他还补充说，弗洛伊德待他如家人，经常表现得非常慷慨。"这种能够关爱、付出和感受的能力一直伴随他至人生的终点。"舒尔说。

弗洛伊德对自己的健康问题表现出了合理的担忧，另外，他从一开始就有意识地表现出对这位年轻医生的关心。1930年夏，舒尔邀请他来维也纳参加婚礼，彼时正在柏林接受进一步治疗的弗洛伊德给他写了信，他在信中热情祝福这对新人："在照顾我这

[①] 卡尔斯巴德（Karlsbad），现称卡罗维发利（Karlovy Vary），是捷克著名的温泉小镇。

副老身子骨时,你表现出难能可贵的善良与负责,对此我铭记在心。衷心希望我的祝愿能够全部成真。"他写道。

在这封信中,弗洛伊德并没有避谈他的健康问题,但却借此表达出他对舒尔的护理工作的满意。"在这种时候,我实在不应该用诊断报告扰人兴致,"他最后写道,"我只想说,我永远不会忘记你对我的诊断总是精准无误,为此我甘心当一名听话的病人,即便这对我来说并不容易。"

虽然弗洛伊德很想要配合医生的工作,但是他有个不管怎么努力都没办法戒除的坏习惯,那就是他的烟瘾。舒尔提到:"我很快就看出(弗洛伊德自己也意识到),他在这个地方无法建立'自我的支配地位'。"他并非不愿承认吸烟的危险:弗洛伊德相信自己早年的心脏问题,至少有一部分要归咎于这个恶习。他的下颌手术也在不断提醒着他,这么做要付出何等痛苦的代价。但他依然执拗地认为,离开了心爱的雪茄他就无法生活,更无法工作。

1929年2月12日,就在舒尔正式成为他的私人医生后不久,弗洛伊德在一份问卷中简述了自己的吸烟史。他写道:"我从24岁开始抽烟,起初是香烟,但很快就只抽雪茄。我现在(72岁)依然在抽,而且极不情愿放弃这份快乐。"他还提到30多岁的时候,他曾因为心脏问题戒烟超过一年,但是他最后认为是流感的残留影响导致了这些问题。"自此以后,我就一直忠于这一习惯或恶习，并相信我的工作能力和自控能力之所以能提升，很大程度上要归功于雪茄。"他接着说，"在这一块，我的父亲就是我的榜样。他是一个老烟枪，一直抽到 81 岁。"——这也是他父亲去世时的岁数。

他曾告诉过许多朋友和医生，抽烟对他的创作至关重要。"根据他的个人经验，弗洛伊德坚持认为（后来我也证实了这一点）在进行写作或者准备写作期间，他非需要尼古丁不可。"舒尔报告说，"而弗洛伊德什么时候不在这种状态？"言外之意是，他永远都需要抽烟，因为他永远都在工作。

在弗洛伊德看来，手淫是"主要的瘾"，而"其他的瘾，比如酒精、吗啡、烟草等等，只是作为一种手淫的替代品和一种戒断（症状）进入我们的生活"。虽然一针见血地指出原始成瘾和后续成瘾之间的关系，但这并没有帮助他自己戒掉抽烟的恶习。

在查阅弗洛伊德的病历期间，舒尔看到了一位病理学家的报告。这位病理学家检查了弗洛伊德一系列手术中的口腔切除物，并直言不讳地指出了这些问题的原因。他在一份报告中这样写道："这一次最值得注意的，是覆盖了整个黏膜的大面积炎症，这是过度抽烟的后果。"

但是，当舒尔给弗洛伊德看这些诊断报告以及关于尼古丁危害的医学文章时，弗洛伊德只是耸耸肩。有一次，他甚至递给舒

第八章 剧痛

尔一根哈瓦那雪茄,舒尔勉强接过,并把烟点燃。眼见舒尔并不会抽烟,而且并未享受其中,弗洛伊德特意强调这种高档雪茄有多昂贵——而且从此之后,他再没有给他递过第二根。

在写给柏林同事麦克斯·艾丁根的信中,弗洛伊德提到了自己为戒除恶习而断断续续做出的努力。"我已经连续六天没有抽过一根雪茄,不可否认戒烟确实给我带来了健康。"他在1930年5月1日写道,"但这太难过了。"随后的通信证实,所谓的戒烟不过是昙花一现,因为很快他便开始请求艾丁根给他寄在维也纳买不到的品牌雪茄。"我又开始犯戒了。"他写道,并表示他的雪茄存货已经"快要见底了。"

不久,口腔外科医生皮克勒也回来了。他和舒尔在弗洛伊德的口腔中不断发现新的病变,皮克勒则负责切除这些病变。其中一些虽然是癌前病变,但是看上去很不乐观。1931年4月,皮克勒注意到一个"柔软、不规则、部分颜色发暗"的新肿瘤"长得又快又大",他建议进行进一步的"切除和移植"。同月,在写给艾丁根的信中,弗洛伊德承认"假体周边的情况持续恶化,而且我的整体健康状况也出现明显下降"。

但仅仅在写完这封信九天后,弗洛伊德就在另一封信中再次聊起他最钟爱的话题。"关于雪茄,我想告诉你那种小支的珍珠雪茄抽起来非常爽。"他写道,并提到他又要补货了。他说,如果艾丁根找的卖家"不能供应主权雪茄（Soberanos），我愿意接受曾经用作替代品的雷纳卡巴纳（Reina-Cabana），那款雪茄也品质不俗"。

艾丁根答应了他的请求，但也毫不掩饰自己的不情愿。在回信中，弗洛伊德告诉艾丁根，他很明白自己在做什么。"你问起关于雪茄的问题，我必须承认我又开始抽烟了。"弗洛伊德在1931年6月1日写道，"考虑到我这个年纪，以及日复一日的痛苦，戒烟和它的好处（阻止新的病变）于我而言已经没有太多意义。"

彼时威廉·布利特正在和弗洛伊德合作伍德罗·威尔逊的传记。得知这位联合作者依然没有戒烟，布利特火冒三丈。他指出他也曾经抽雪茄，但是最终戒掉了恶习。舒尔很感激布利特的劝诫，但是最终还是向失败低头。他写道，布利特"就像我们所有人一样无功而返"。

有时，弗洛伊德对抽烟的态度会让人感觉他对自己的身体已经漠不关心，他更在乎的是享受雪茄，而不是健康长寿。早在他和威尔海姆·弗里斯还是好朋友的时候，弗里斯也曾劝他戒烟。但在1893年11月17日写给他的一封信中，弗洛伊德毫不客气地宣布："我不会听从你的禁烟令。你真觉得漫长而痛苦的人生是一种福气吗？"

弗洛伊德这样的言论很容易让人产生误解：事实上，他既决

第八章 剧痛

心要死守这项简单而危险的爱好，又非常在意自己的寿命，希望能尽量长寿，直至不堪忍受为止。这需要他不断思考自己的死亡，计算死亡可能到来的时间，并做好充分的准备。

在 20 世纪 20 年代的某个时间，弗洛伊德用他优雅的艺术字体起草了自己的讣告。今天，这份讣告和他的文稿一并存放在国会图书馆。讣告上写道："192× 年 × 月 × 日，西格蒙德·弗洛伊德教授逝世于此。遗体将于 × 月 × 日火化。"后面附上一串家属名单。结尾写道："192× 年 × 月 × 日，于维也纳。"到时候他的妻子或子女只需填写那些 × 就行。

在弗洛伊德迈入七旬之前，他很早就开始自称老人。即便有时是带着自嘲的语气，他也明白无误地告诉对方：他确实是这么想的。1900 年 5 月 7 日，就在他生日的第二天，他写信给弗里斯说："好吧，我真的已经 44 岁了，已经是个犹太糟老头子了，等你见到我就知道了……"他当然知道自己算不上"糟"，他也清楚自己并不"老"，但是随后，他在自身依然精力充沛之时就急于任命荣格为接班人，此举表明在他眼中，自己远比实际年龄更老。

助长这种看法的是他对死亡的思考，或者更准确地说，是他对所剩时日的计算。舒尔发现："弗洛伊德无法被归类为强迫性神经官能症患者，但是他对死期的执念确实有强迫症的特点。"

支持这一论断的一项证据，就是弗洛伊德在 1909 年 4 月 16

日写给荣格的信。在这封信中,他详细讲述了自己的想法。"多年前,我发现在内心深处,我已经认定自己会在61岁至62岁之间死去。在那时,我还感觉这是很久以后的事(但距离现在只剩八年了)。"他写道,"然后有一次,我和弟弟一起去希腊,结果发现在各种带有数字的物品上,尤其是那些和交通有关的物品上,61或60这两个数字频繁地和1或2这两个数字一起出现。我非常敏锐地注意到了这点,并因此陷入抑郁……"

他承认笃定自己会在这个年龄去世是一种"迷信想法",并猜测荣格会不屑地认为:这些念头"再次证明了犹太人与生俱来的神秘主义"。但是他指出,这些念头"与我的想法不谋而合,即在完成《梦的解析》后,我的毕生事业已经宣告结束,我已经无事可做,不妨躺下等死"。

临近他预测的死亡年龄时,弗洛伊德又带着类似的听天由命口吻给他的匈牙利同事桑多尔·费伦齐(Sándor Ferenczi)写信:"每每想起'我的生命将在1918年2月份结束'这个迷信的念头,都让我十分愉快。"这个确切日期是他在61岁生日的时间上再加九个月算出来的——这是弗里斯之前告诉他的算法。

弗洛伊德完成自己的毕生事业已经很久了,但是在他内心深处,他还有别的事情想做。1896年,在他的父亲临终之际,弗洛伊德写信给弗里斯称:"顺带一提,我并没有因为老爷子的情况感

第八章 剧痛

到难过。这是他应得的休息，他自己也期盼如此。现在他并没有多少痛苦，他正带着体面和尊严离去。"

但实际上，只要弗洛伊德还有一口气，他就不愿思考离去的事情。"我无法安心面对没有工作的人生，"1910年3月6日，他在写给瑞士路德教会牧师、同为精神分析师的奥斯卡·菲斯特（Oskar Pfister）的信中说道，"对我来说，工作和释放想象力是一回事，我对除此之外的任何事情都不感兴趣……用麦克白的话来说，就是死我们也要捐躯沙场。"虽然他的下颌手术偶尔会影响他的工作安排，但是他仍然尽量保证每天接诊六位病人。

过完62岁生日后，弗洛伊德又想出了一套关于自己死期的新理论。他的父亲和他同父异母的哥哥埃曼纽尔（埃曼纽尔长居曼彻斯特，并于1914年死于一场火车事故）都活到了81岁半，于是他开始相信死亡将在这个年龄等候他的到来。但是如果他还记得之前的推测，就会知道这种迷信根本不靠谱。1921年过65岁生日之时，弗洛伊德在写给费伦齐的信中坦言："死亡的念头尚未离开我，有时我感觉五脏六腑都在争抢终结我性命的荣耀。"

1931年，就在弗洛伊德75岁生日之前，露·安德烈亚斯－莎乐美获知皮克勒又给弗洛伊德的下颌做了一次手术。她写信表达了她的绝望。"一想到你将无法摆脱痛苦与身体的折磨，我就痛不欲生，"她写道，"你真该找个出气筒，在他身上发泄所有的怒火。我

211

知道这听上去很幼稚，但是凡事都有个限度……我真的没法写出一封像样的祝寿信。"

弗洛伊德回复称她的信令他感到意外和不安，因为这表明她对他的命运过于愤慨。"为什么？"他问道，"就因为我在人生的石头路上多走了一步？"他说此前与死亡擦肩而过的经历只是进一步证明，每一起手术不过是在拖延时间，该来的迟早会来。他写道："实际上，我从未像现在这样清醒地认识到——苟活是暂时的，离开才是必然。"

对同样送来生日祝福的玛丽·波拿巴，弗洛伊德回复说："我的状况依然不佳，这一次我肯定朝终点迈出了一大步。"

弗洛伊德毫不避讳讨论死亡和死亡催生的仪式与神话——以及大部分人避谈这一话题的行为。死亡是"自然的、不可否认的和不可避免的"，他在一战期间创作的论文《论战争与死亡的时代》中写道："但在现实中，我们却习惯了对死亡抱持完全相反的态度。我们无疑都想把死亡隐藏起来，把它从生命中清除，对它闭口不谈。"但是当沉默已经不再可能的时候，他说，"我们习惯于强调死亡的偶然原因——意外、疾病、感染、衰老。这就表明我们想方设法想把死亡从必然事件变成随机事件。"

当主体变为个人时，对死亡这一现实的否认就会变得更加强烈。"我们确实无法想象自身的死亡。每当我们试图这么做的时候，就会发现其实我们依然是作为旁观者而存在。"他写道,"因此精神分析学派可以断言——实际上,没有人认为自己会死,或者换句话说,在潜意识中,我们每个人都认为自己会永生不死。"

弗洛伊德认为,坚持这种幻想就要付出巨大的代价。"当生命这场游戏最高的赌注——生命本身——没有风险时,生命就变得贫乏,失去了乐趣。打个比方,它会变得像美国式露水情缘一样肤浅空洞,因为双方从一开始就知道只是玩玩而已;相比之下,在欧洲式婚外情中,双方都必须牢记这么做的严重后果。"

这段话写于弗洛伊德拜访美国六年之后,它再次体现出弗洛伊德对美国式生活居高临下,甚至是蔑视的态度。但是他想传递的讯息远比这更加宏大:任何人想要过上充实而富有意义的人生,就必须接受死亡的现实。

据弗洛伊德回忆,六岁那年,他的母亲就曾和他探讨过死亡。"她告诉我,我们生于尘土,也终将回归尘土。我并不接受这种说法,并对此表示怀疑。"为了让他相信,他的母亲"把手掌放在一起揉搓——就像包饺子那样,只不过她手上并没有面团——然后给他看手上搓出来的黑泥,证明我们是用泥土做的"。

弗洛伊德认为,自此以后他就接受了"你我都欠自然一死（Thou owest Nature a death）"这句老话。这句话其实是改自莎士比亚的《亨利四世》中的台词:"你我都欠上帝一死（Thou owest God a death）。"但是作为一名无神论者，弗洛伊德并不想提起上帝。

在 1927 年的《幻象的未来》(*The Future of an Illusion*)一书中，弗洛伊德认为：是心理学为人类提供应对自然力量——比如疾病，以及"死亡的痛苦谜团，对此目前尚无解药，也许永远都不会有解药"——的最佳手段，而不是他所说的"站不住脚的宗教信仰"。他希望个体在面对自己无法掌控的事情时，能从"无谓焦虑"中解放出来。"也许我们依然手无寸铁，但是我们不再是绝望无助——至少我们可以做出反应。"

有一次，他想起那句熟悉的谚语："若想守护和平，必先武装备战。"并把它改成："若想延年益寿，必先备战死亡。"

这一切并不意味着他在贬损生命的价值，事实恰恰相反。他在论文《论无常》(*On Transience*)中说："我不知该如何辩驳世事无常……但我确实反对悲观主义诗人的观点，即美好的事物因其无常而掉价。"他还说，正是生命的稍纵即逝使得它更加美丽动人，"也许一朵花儿只绽放一晚，但在我们眼中，它的姿色并不会因此减少半分。"

虽然他认为每个人都否认死亡，但他本人对死亡并不抱有幻想。不过，他也想要尽可能长久地享受人生。1933 年 5 月 6 日，也就是在他的 77 岁生日那天，当舒尔在给他做检查的时候，他明确无误地表达了这个态度。

第八章　剧痛

当时，同为医生的海琳·舒尔（Helene Schur）正在等候他们第一个孩子的降生。因为海琳已经过了预产期，所以夫妻俩非常焦急，因此弗洛伊德催促舒尔赶紧回到妻子的身边。他说："你将从一个不愿意离开这个世界的男人身边，奔向一个不愿意来到这个世界的孩子面前。"

这个名叫彼得·舒尔（Peter Schur）的孩子最终在三天后降生。后来彼得在美国长大，并追随父母的脚步成为医生。他骄傲地宣称弗洛伊德送了三枚奥地利金币庆祝他的诞生。"而且，我依然留着这几枚硬币。"他在2013年宣布说。他自己留了一枚，并给两个女儿一人一枚。如此一来，马克斯·舒尔的孙女便会记得"舒尔与弗洛伊德的这份联系，虽微不足道，却影响了历史"。

事实上，马克斯·舒尔在弗洛伊德人生最后十年的传奇故事中扮演的角色绝非微小。舒尔确保了弗洛伊德的身体健康，让他能够考虑逃离维也纳，不管他有多么不情愿。当时他的生命无疑处于危险之中，但依然有活下去的价值。舒尔远比他的明星病人更早意识到危险迫在眉睫，但他依然推迟了自己一家人的逃亡，直至弗洛伊德安全脱险。

第九章　政治性失明

随着 20 世纪 30 年代的到来，大萧条接踵而至。在一战伊始的经济危机中，诞生了许多激进政治运动，这些运动在 20 世纪 10 年代末逐渐失去动力，但又在大萧条开始后焕发生机。在德国，希特勒的纳粹党在 1928 年只获得了 2.6% 的选民支持，并最终转化为区区 12 个议会席位，证明它不过是一场边缘运动。但在 1930 年 9 月的选举中，它赢得了 577 个席位中的 107 个，使之成为继社会民主党之后的第二大党派。1932 年 7 月，纳粹党赢得 37.3% 的选票，以压倒性的优势获得了 230 个席位。至此，舞台已经搭好，为 1933 年 1 月 30 日希特勒上台的一系列戏剧化事件做好了准备。

曾经在一战中率领本国军队走向战败的老将军、时年 85 岁的德国总统保罗·冯·兴登堡并不确定该如何应对纳粹党的崛起和魏玛共和国的土崩瓦解。他把与争吵不休的各政党协商改组的任

第九章　政治性失明

务交给了弗朗茨·冯·帕彭。帕彭曾在 1932 年短暂担任过德国总理。正是他说服兴登堡任命希特勒为新总理，满足其追随者的愿望。而他本人则担任副总理一职，希望能够对这个从未担任过一官半职但却擅于煽动民心的新人加以约束。帕彭告诉他的朋友们："我们雇用了希特勒。"在一长串对希特勒的错误判断中，这个误判位列榜首。

对于弗洛伊德而言，德国并不遥远。和许许多多同时代的维也纳人一样，弗洛伊德对奥地利和德国都有认同感。1926 年，在接受德裔美国作家乔治·希尔维斯特·威尔雷克（George Sylvester Viereck）采访时，弗洛伊德宣称："我的母语是德语。我的文化、我的成就都属于德国。我曾在思想上自认为是德国人，直到我发现反犹情绪在德国和德意志奥地利日益增长。自那以后，我就更愿意自称为犹太人。"

虽然从这样的言论中，可以看出弗洛伊德敏锐地嗅到了隔壁希特勒和纳粹党散发出的毒气，但是他的第一反应却是淡化危险——既是为了德国，也是为了奥地利。1923 年夏，弗洛伊德收到一位年轻的犹太裔德国退伍军人的来信，此人自称莱文斯，他自认为是一名坚定的爱国主义者，但却对德国的民族主义充满矛盾心理。"我建议你不要浪费精力对抗当前的政治运动，在集体狂热面前，理性辩论是没有效果的。"弗洛伊德回信说，"德国人本应该从一战中吸取教训，但他们好像做不到。随他们去吧。"

除了这一建议外，弗洛伊德还附上了一段更加明确和私人的讯息："尽你所能帮助犹太人摆脱这种愚昧。对于我的建议也不要见怪，这是一个过来人的经验之谈。不要急于加入德国人。"

这不仅仅是在警告他不要和德国民族主义党派沆瀣一气，更反映出弗洛伊德天生不愿意直接参与政治，以及他对革命运动基本保持怀疑态度。同时，这也体现出他坚信人必须关注内在，在许多情况下应该借助精神分析找准自己的人生道路。他认为政治斗争和宣言只能给个体提供不切实际的解决方案。

1926年《民众》杂志编辑麦克斯·伊斯特曼拜访他时，布尔什维克革命依然是个热门辩题。

当伊斯特曼询问他在政治上如何定义自己时，弗洛伊德回答说："我在政治上什么都不是。"当然，他夸大了自己与那个时代政治斗争的脱节程度，但是也并没有那么夸张。他并非对政治完全不感兴趣，他只是决定要把政治放在一边，专注于他自己打造的世界。

弗洛伊德口中的"真实世界"——特别是在他频繁的下颌手术几乎让他无缘旅行之后——基本被限制在伯格街19号的两间夹层公寓。1933年，美国诗人希尔达·杜利特尔（Hilda Doolittle，笔名H.D.）移居维也纳接受弗洛伊德的分析治疗，她的治疗一

第九章 政治性失明

直持续至次年。和大部分病人与客人一样，杜利特尔很快就发现弗洛伊德的这个世界遵守着严格的秩序，包括他给她安排的时间也是如此。她每周有四天的治疗时间是五点至六点，另有一天是十二点至一点。

从这幢建筑的一楼顺着一条石阶拾级而上，会看到一个有两扇门的平台。"右边是教授办公室的门，左边是弗洛伊德的家门。"杜利特尔说。这种安排能够避免混淆私下的弗洛伊德和治疗病人的弗洛伊德。"一边是属于我们（病人和学生）的教授，一边是属于家人的教授。"

其他访客也注意到，弗洛伊德在生活与工作上的安排极大地反映出了他的性格与品位。"伯格街19号是一间宽敞的大房子，摆满了书籍和照片，整个夹层的地板上铺满了厚厚的地毯，脚踩在上面宛如骆驼蹄子陷入沙漠。"伊斯特曼写道，"墙上挂着所有医生办公室的标志性油画：伦勃朗的《解剖学课》。当我看见这幅画的旁边挂着一幅《梦魇》——一个恶魔般的生物大笑或是淫笑着蹲坐在一位熟睡少女的裸胸上——时，我一点儿也不感到意外。"

客人们所观察到的内容，通常也反映出他们自身的背景和期待。身为一名激进分子，令伊斯特曼印象深刻的是厚实的地毯；相比之下，约瑟夫·沃提思（Joseph Wortis）回忆起1934年刚开

拯救弗洛伊德

始接受弗洛伊德分析时,他的印象和伊斯特曼形成了强烈的反差。沃提思是一名美国人,彼时正在接受培训,准备从事精神病医师工作。他指出,伯格街19号是一座"位于维也纳普通街区的普通房子"。伯格街19号也是一家肉店的地址,这家店就在弗洛伊德公寓台阶的入口旁边。

大楼的入口"十分破旧,就像那个时期大部分维也纳建筑的入口一样"。沃提思说。弗洛伊德办公室的等候室凌乱不堪,墙壁上"挂满了照片、证书和各国颁发给他的荣誉学位"。这些照片中,还有一张弗洛伊德和荣格于1909年访问克拉克大学时和美国东道主们的合影,由此可见他对自己在那里获得的认可非常骄傲,尽管他经常对美国颇有微词。房间里还摆着各种语言的书籍,"其中许多都写着对弗洛伊德的溢美之词"。所有这一切都在彰显弗洛伊德的非凡成就与国际声誉。

对于像沃提思这样的新人来说,弗洛伊德是一个令人望而生畏的人。这位年轻的美国人称弗洛伊德是"我当前的主人和大师",他端坐"如《旧约》中威严的耶和华,而且似乎并不愿费心去表现友善或者给人安抚"。当沃提思躺在沙发上说话时,弗洛伊德——他经常坐在病人身后,这样就不用看着病人的脸——频繁抱怨他讲话声音不够大,口齿不清。"你总是像美国人那样嘟嘟囔囔,"弗洛伊德说,"我相信这是美国人在社交时态度散漫的普遍

第九章　政治性失明

表现。"他还认为这是沃提思对治疗的一种抵触。沃提思有个更简单的解释：他确信弗洛伊德"有点儿重听，只是他不愿承认"。

"弗洛伊德也非常守时。一位女佣在沃提思第一次来时就告诉他："教授做任何事情都非常守时。"但沃提思偶尔还是会无视这个警告，弗洛伊德认为这也是他潜意识里抵触治疗的表现。

在收费方面，尤其是面对美国人等高收费对象时，弗洛伊德也同样严格。因为沃提思还是个学生，所以他必须让弗洛伊德相信他研究精神分析的奖学金足够支付他的治疗费用。但弗洛伊德却向他推荐他的女儿安娜，称她是一个"非常优秀的分析师"，且价格远比他更加实惠。沃提思急忙联系奖学金资助人，确认没有必要更换医生，并带着几分愠怒指出弗洛伊德"在费用问题得到解决之前不愿意开始治疗"。

虽然态度严厉，但弗洛伊德也时常露出他幽默讽刺的一面。在他们做分析时，弗洛伊德的松狮犬通常都在场，安安静静地在一旁躺着或坐着。有一次它被关在了门外，于是便开始挠门。弗洛伊德让它进来，结果它一进门就躺在地毯上，大大方方地舔起了自己的私处。弗洛伊德没法让它停下来，无奈说道："就好像精神分析一样。"

虽然起初对沃提思颇为苛刻，但后来他的态度也温和下来，就像他对待许多既来分析又来学习的人一样。"我喜欢学生比精神病人胜出十倍。"弗洛伊德大笑着告诉他。

弗洛伊德对于在精神分析以外的话题的私人观点也很坦率。一经追问，他便会全盘托出，并推翻他对伊斯特曼所说的话，即他对政治"一无所知"，也不了解布尔什维克革命之类的重大事件。尽管此前他坚称："说真的，这都是我的知识盲区。我对此一无所知。"

弗洛伊德也毫不掩饰对资本主义的看法："我认为金钱的出现是文化的一大进步。"但是他也承认"财富的生产与分配应该得到更好的规范"。不过他坚持认为政府经营不应该完全取代私人企业。"政府经营的东西没一样是好的。"他宣称，并以意大利政府生产的劣质火柴为例："不划三根火柴根本点不着火。"这是与他息息相关的问题，就像奥地利的烟草垄断一样，正是本地生产的劣质烟草迫使他去别处寻找优质雪茄。

沃提思指出美国政府把邮局经营得非常好，但是弗洛伊德不以为然。"也许吧，"他说，"但是我向你保证，私人经营做得不会比它差。"

在类似的讨论中，我们再一次看到弗洛伊德在自身领域中的革命性思想家形象，往往与他在谈论其他各种话题时的保守观点格格不入。他的自信也意味着他不会条件反射性地屈服于当时的流行观点，尤其是知识分子之间的流行观点。

第九章　政治性失明

沃提思发现弗洛伊德"在道德方面保守得令人意外",他试图通过论证婚姻中性别平等的必要性向他发出挑战。

"这基本是不可能的,"弗洛伊德回答说,"必须要有不平等。两害相权,男性应该保持优越性。"他认为美国离婚率高的原因,就是因为许多夫妻搞不清楚各自在婚姻中的角色。"在欧洲,情况很不一样:男性占主导地位,这才是该有的样子。"他说。但是弗洛伊德又被强势、聪明的女性所吸引,比如露·安德烈亚斯 – 莎乐美和玛丽·波拿巴,这是两位绝不会屈从于男性的女性。

沃提思还问到为什么社会如此敌视同性恋。"社会一向如此,就连在古希腊也是一样。"弗洛伊德回答说,并解释称每个人都有同性恋的一面。"人们会压制自身的同性恋倾向,只要这种压制足够强烈,就会变成一种敌视态度。"

他形容同性恋是"某种病态的东西"和"发育停滞",但是也警告不能对这种病例乱用精神分析。他说:"你只能去治疗那些真正想要改变的同性恋,"并表示,"我们经常会发现在给同性恋做分析时,他们会逐渐感受到身为同性恋没有什么不好,最终放弃分析,继续当同性恋。"但他的语气中没有一丝反对。

在早期研究一位被称作朵拉的病人时,弗洛伊德就曾更详细地解释自己的观点。"考虑到种族和时代的不同,所谓正常性生活的界限并无定论,这就足以给狂热的犹太信徒浇一盆冷水。"

他写道,"我们当然不能忘记,大部分人所抵触的性变态,即男人对男人的情欲,不仅被远高于我们的希腊文明所接受,更被他们视作具有重要的社会功能。"

对于现代读者来说,"性变态"这样的措辞不免刺耳,但是弗洛伊德想说的是,这就是社会对同性恋的定义。但他本人的理解远比这更加复杂。他声称:"我们每个人的性生活都会在狭隘的正常标准的基础上稍有延伸,有时是往这个方向,有时是往那个方向。"

和他的许多病人一样,弗洛伊德也很难被轻易归类:他总是在走自己的路。

弗洛伊德之所以能如此自信,其中一个原因在于他的名气依然在不断上升,而且精神分析的地位已经在许多国家稳稳地确立下来。回想起20世纪30年代初在维也纳的时光,年轻的美国记者、后来同样成为名人的威廉·谢勒(William Shirer)写道:"当时精神分析正在全世界遍地开花,弗洛伊德就是它的先知。毫无疑问他是个天才,并且对20世纪产生了不小的影响,但是他无法接受学徒的批评。这些学徒会违抗他,并开始脱离和质疑他的一些理论与方法。"谢勒所指的自然是卡尔·荣格、阿尔弗雷德·阿德勒等等与他分道扬镳的人。

不过,虽然存在内部矛盾,但弗洛伊德的精神分析早在一战

第九章 政治性失明

后即赢得了广泛认可。精神分析协会和机构在欧洲和北美各地生根发芽，弗洛伊德的理论和方法也得到了各地的讨论。更有不少跟风效仿者出现，希望从中分一杯羹。琼斯曾看见一则广告，发布者是所谓的"英国精神分析出版公司"，广告写着："想要成为一名年薪1000英镑的精神分析师吗？我们能助你一臂之力！"

在美国也出现了类似的骗局。《纽约时报》在1926年写道："对于弗洛伊德的声誉而言，最大的不幸就是他的理论可以被无知者和庸医轻松利用。"弗洛伊德并没有把这种效仿视作真诚的赞美。他谴责那些未经训练就自称掌握他的方法之人。但是他也知道，试图阻止这些骗徒打着他的名号赚钱，终究只是徒劳。

但是总的来说，精神分析已经成为人们茶余饭后的话题，足见弗洛伊德理论的力量。与此同时，他的理论还渗透到了当时的文学作品之中，这再一次证明了他的影响力。

在今天，H.G.威尔斯是以他的科幻小说而闻名，但在当年，他也会写关于英国社会的喜剧小说。1922年，他的《心之秘境》（*The Secret Places of the Heart*）出版。这部小说的主角里士满·哈迪爵士为了解决他和妻子以及其他女人的问题，与精神病学家马蒂纽医生周游全国。哈迪就是威尔斯自己的化身，而马蒂纽则是弗洛伊德——两人第一次见面是在1931年。旅途的开始，医生就阐述了他的方法，他说："如果问题出在精神层面，那为什么要脱离精神层面寻求治疗？谈话和思考才是你需要的疗法。"他还提供了一些弗洛伊德的妙方："分析心结才能解开心结。"

弗洛伊德的名气日益增长的另一个结果，就是同时代的其他名人都迫不及待想要见他。1926年年末，弗洛伊德和妻子玛莎前往柏林去看在那里定居的两个儿子和他们的家人，和他们一起过圣诞和新年。这是三年前开始做下颌手术以来，弗洛伊德第一次出行。他们住在当建筑师的恩斯特家中，而阿尔伯特·爱因斯坦赶在他们1927年1月2日返回维也纳前，和妻子一起去拜访了弗洛伊德。

弗洛伊德和爱因斯坦聊了两个小时，双方显然都聊得很尽兴。谈及比自己小23岁的爱因斯坦，弗洛伊德说他"开朗、自信、讨人喜欢"，并开玩笑说："他对心理学的了解和我对物理学的了解一样多，所以我们聊得非常开心。"

实际上，爱因斯坦对心理学的了解可能比他自称的更多，因为他的儿子爱德华是苏黎世大学的医学生。爱德华在卧室挂着弗洛伊德的照片，并且尝试用他的理论进行自我分析。爱因斯坦的第一段婚姻有三个孩子，爱德华年纪最小，身体和情绪上都非常脆弱。在父亲与弗洛伊德见面之前不久，爱德华写道："有时候，有一个如此伟大的父亲是很痛苦的，因为你会觉得自己一无是处。"后来他还试图自杀，并被确诊精神分裂症，最终住进了苏黎

第九章 政治性失明

世附近的一家精神病院。

弗洛伊德与爱因斯坦相谈甚欢，但也指出了各自事业的差异。"这个走运的家伙比我顺利多了，"弗洛伊德说，"在他之前，有从牛顿到今天一长串的先辈为他铺路，而我是独自一人在一片密林中砍出一条路。也难怪我的路并不宽广，而且我也没走出多远。"弗洛伊德没有点明的是，比他年轻的爱因斯坦早在1922年就获得了诺贝尔奖。而弗洛伊德虽然多次获得提名，但始终未能折桂。

虽然两人在柏林一聚之后便再也没有见面，但在1932年夏天，爱因斯坦联系上了弗洛伊德向他求助。当时纳粹和其他极端运动再次兴起，国联的国际知识合作委员会邀请爱因斯坦选择一位名人就"文明必须面对的最顽固的问题"这一话题交换意见。他在信中对弗洛伊德说道："这个问题就是——有没有办法能让人类逃离战争的阴影？"

爱因斯坦自称是一名和平主义者，弗洛伊德的观点也和一战爆发时全力支持己方的态度大相径庭，在1915年的论文集《论战争与死亡的时代》中，他就已经开始谴责战争冲突的"盲目狂怒"和无差别破坏。1932年夏天，就在收到爱因斯坦的信之前不久，他还签署了由法国小说家亨利·巴比塞（Henri Barbusse）发起的一份呼吁。巴比塞是一名和平主义者兼共产党员，他号召医学人士出席一次旨在阻止新的世界大战的代表大会。呼吁书上写道：

拯救弗洛伊德

"作为人民健康的卫士,我们大声疾呼,警告各国不要陷入一场新的无休止杀戮,其造成的灾祸将无可估量。"虽然弗洛伊德并未出席这次大会,但这依然是他与政治活动的一次罕见交集。

不过,弗洛伊德并不认为自己是一个政治活动家或者思想家,这就意味着爱因斯坦必须投其所好,才能让他打开话匣子。这位物理学家表示自己"对于人类意志和感情的阴暗面并无多少深刻理解",因此希望弗洛伊德能"用你在人类本能方面的渊博知识来处理这个问题"。

爱因斯坦还说,最显而易见的解决方案,就是建立一个"超越国家的组织,该组织要能够以不容置疑的权威做出裁决,并且能够确保其裁决得到强制执行"。这就需要每一个国家"在一定程度上""无条件地放弃"其主权。但是他也承认"强大的心理因素会发挥作用,使这些努力陷入瘫痪"。比如民族主义热情很容易被转化为"集体疯狂",并导致武装冲突。

爱因斯坦故意在信中加入此类措辞,就是担心弗洛伊德会以这个问题与他的专业关系不大为由而婉拒。但实际上,弗洛伊德对受邀一事倍感荣幸,不大可能以任何理由拒绝他。但是在回信中,弗洛伊德声称,如何让人类摆脱战争这个问题让他"颇为意外",而且他"惊讶地发现,我居然觉得我(我几乎要写成'我们')没有资格探讨这一问题,因为我的第一反应是:这是一个政治问

第九章 政治性失明

题，是政治家们应该研究的事情"。

弗洛伊德意识到爱因斯坦并非向他寻求政策建议，而是想要了解"心理学家会如何看待阻止战争这一问题"。弗洛伊德在信中详细阐述了他此前的理论，并回应了爱因斯坦在信中提到的"核心问题"：在赋予任一机构维系和平的权力时，会面临怎样的障碍。

"人与人的利益冲突，原则上是通过诉诸暴力解决的。"弗洛伊德写道，"动物世界就是如此，人类也不例外。"新式武器证明智慧比蛮力更重要，但是其最终目标依然保持不变，即不管出现任何争端，都要消灭对手。大部分时候，这都意味着杀死对方，这也"满足了一种本能欲望"。但在其他情况下，这也可能导致奴役。"这种情况下，暴力的表现形式不是杀戮，而是征服。"

在他看来，全人类都受两种本能的影响：一种寻求保护与结合，也被称作"情欲"和"性"；一种则是寻求摧毁和杀戮，也被称作死亡本能。弗洛伊德认同爱因斯坦的观点，他认为要阻止战争，就只能依靠一个获得广泛认可的"中央控制机构，它必须在任何利益冲突中享有最后决定权"，并被授予"足够的执行力"。

但是，弗洛伊德的结论比爱因斯坦更加直言不讳，他认为这种机构无法获得足够的认可去实现其目的："今天，在世界各国高涨的民族主义思潮显然正在起到完全相反的作用……我们不可能压制人类的侵略性。"

弗洛伊德所指的不仅仅是纳粹和各种右翼团体，他认为任何人"意图通过满足物质需求来消除人类的侵略性，在我看来这都是妄想"。他写道："与此同时，他们又忙于完善军备，对外仇恨是他们内部凝聚的重要因素。"

虽然他提到"像我们这样的和平主义者"无法容忍战争，但在信中，弗洛伊德并未表现出对和平主义事业的绝对忠诚。他宣称只要每个国家都在准备无情地消灭对手，那么"并非任何形式的战争都要遭受无差别谴责"。这就意味着"所有人都必须为战争做好准备"。

1933年，两人的通信内容以小册子的形式出版，但是弗洛伊德对于这篇文字并不满意。诚然，他对消除战争持悲观态度是完全可以理解的，他也在信中表达出了比以往更多的政治观点。但是他并没有满足读者的期待，即至少从中获得一些如何控制死亡本能的指导。

弗洛伊德自知并没有在爱因斯坦的想法之上提出多少高见，他说这些信并不能让他或者爱因斯坦拿诺贝尔奖——鉴于他对一直无缘诺奖一事非常敏感，这番话多少有点儿自嘲的味道。在后来的评论中，他还称这是"与爱因斯坦一次冗长而无意义的所谓讨论"。

所有这一切只是更加凸显出一个事实：对于弗洛伊德来说，

第九章 政治性失明

精神分析才是他的太阳系中心，其他的一切几乎都被他置于星系的边缘。虽然他偶尔也会偏离这一中心，比如和爱因斯坦的讨论就是个例子，但是面对这些努力收效甚微，他既不惊讶，也没有表现出明显的失望之情。他的首要任务是完善精神分析的理论与实践，不论政治和经济形势如何，都不能动摇他，这才是他衡量自己成功或失败的标准。

这也是为什么当整个欧洲在危机的泥潭中越陷越深时，弗洛伊德依然把那么多的时间和精力放在与他的追随者进行看似无关痛痒的争论上。当时，他的长期合作伙伴——匈牙利人桑多尔·费伦齐已经开始在治疗中尝试一些新的方法，比如通过扮演慈爱父母的角色向病人表达关爱。这与弗洛伊德的想法背道而驰，在他看来，分析师和病人之间应该避免任何情感纠缠。弗洛伊德警告费伦齐，他在各方面的所作所为"在我看来不会有任何好结果"。眼看两人的关系逐渐出现裂痕，费伦齐深感不安。1931年10月下旬，他来到维也纳见弗洛伊德，希望能够讨论彼此的分歧。

双方的谈话一如既往地友好，但是没有解决任何问题。弗洛伊德依旧不满费伦齐的新做法，费伦齐也丝毫没有退让的意思——在这次见面的几周前，他就已经在一封信中清楚地表明了这一态度。在写于1931年12月13日的一封回信中，弗洛伊德也明确表达了自己的反对态度。"我发现我们在一个细节做法上也出现了分歧，这是一个很值得探讨的问题。"他写道，"你毫不掩饰你会亲吻病人，也会让病人亲吻你。这点我从我的一个病人那里也有所耳闻。"

预料到费伦齐会就此做出反驳，他继续说道："我不会出于迂腐守旧或者资产阶级公序良俗的考虑去谴责这种小小的情欲满足，我绝不是那种人。"但是他指出费伦齐可能正在打开一扇危险的大门。"不妨想象一下把你的方法公开会有什么结果，"他继续说，"每一个'革命者'最终都会被更加激进的人赶出自己的领域。大批的独立思想者在思考相关方法时一定会自问，为什么要止步于亲吻呢？于是便会有人开始采取'抚摸'的做法，毕竟摸一下又不会怀孕。"然后，刚刚还自称并不迂腐守旧的弗洛伊德，此时又设想出了一个耸人听闻的场景：如果不对这种做法加以约束，接下来就会出现"偷窥和裸露"以及"乱摸派对"。

对于费伦齐来说，这种不留情面的训斥一定让他非常震惊。但是弗洛伊德坚称自己这么做，纯粹是想敦促他遵守基本的行为规范，避免以任何形式干涉病人的冲动。他义正词严地说："到目前为止，我们一直坚持拒绝满足病人的情欲需求。"他还向当时的国际精神分析协会主席——身在柏林的麦克斯·艾丁根抱怨说，费伦齐之所以感觉被冒犯，是"因为没有人高兴听到他和女病人玩母子游戏"。

第九章 政治性失明

虽然双方并没有因此而公开决裂，但是两人的关系明显比以前更加冷淡，这种情况一直持续到1933年5月22日费伦齐在布达佩斯去世。

虽然弗洛伊德一心扑在这类内部纠纷上，但是他无法对席卷欧洲的经济和政治危机视而不见。这些危机正在各国投下阴影，其中德国受影响尤其明显，而在此之前，这个国家一直都在传播他的理论和方法上扮演重要角色。弗洛伊德在德国早期的成功，很大程度上要归功于卡尔·亚伯拉罕（逝于1925年）和艾丁根。艾丁根是一个在纽约开皮草店的富商之子。1920年，艾丁根和别人一起在柏林创建精神分析诊所并成为资助人。这家诊所既接诊病人，又提供精神分析师培训。负责该设施内部设计的是弗洛伊德最小的儿子——在一战后就一直定居柏林的恩斯特。

在艾丁根对柏林精神分析研究所的慷慨资助下，精神分析在柏林发展势头强劲。根据一份报告，在1920年至1930年间，该研究所共提供了1955次咨询，其中近三分之一发展成为精神分析。这里共有94名治疗师，其中大部分都成了国际精神分析协会的成员。随着研究所的名气越来越响亮，不少胸怀抱负的精神分析师慕名而来，这些人不仅来自德国，还有来自英国、法国、瑞典、美国等等其他国家。这又形成了一种乘数效应，因为其中一些人毕业回国后又创办了自己的研究所。

拯救弗洛伊德

1929年股市崩溃时，艾丁根的父亲亏得倾家荡产，并于三年后去世。艾丁根再也无法继续慷慨资助柏林的研究所和弗洛伊德在维也纳的出版社维拉格（Verlag）。就连弗洛伊德的著作销量也急剧萎缩，而这原本是一笔巨大的收入来源。1932年1月，艾丁根来到维也纳，和弗洛伊德商讨柏林研究所和出版生意的未来。他不仅对财务问题表示担心，也对希特勒的纳粹运动深感忧虑，而且他已经在考虑移居巴勒斯坦。弗洛伊德则把目光都放在财务问题上，这时的他仍未意识到更大的危险正在一步步逼近。因此他建议艾丁根尽可能地维持柏林研究所的正常运作，并敦促他留在原地。

为了维系出版社的运作，弗洛伊德的长子马丁接管了经理的工作。他向债权人请求延期付款，并削减开支。同年4月，弗洛伊德给国际精神分析协会和各国协会写信求助。差不多同一时间，艾丁根患上了"轻微脑血栓"，所以向来精力充沛的欧内斯特·琼斯接替了他的位置，负责监管书籍的翻译、发行和后续事宜。面对全球经济萧条，弗洛伊德对这些努力能有多少收获并不乐观。"我不指望能获得任何结果，"他说，"也许我们只是在重复同一个可笑的举动——整座房子都着火了，我们还在忙着抢救一个鸟笼。"

但是琼斯指出，事实证明弗洛伊德想错了，因为他的求助信

第九章 政治性失明

获得了"迅速而令人满意的回应",特别是大西洋彼岸的援助。他报告说:"美国同僚的慷慨解囊无异于雪中送炭,我们应该好好谢谢他们。"

虽然这让他们暂时远离了破产的威胁,但是弗洛伊德运动的大前景,特别是其中大量的犹太从业者和所有犹太人的未来,都越来越黑暗。虽然弗洛伊德不愿意去思考更广阔的政治图景,但他也不能对此视而不见。不过他依然坚持认为没有必要恐慌。1930年,布利特来到柏林与他商量为威尔逊作传的事情时,弗洛伊德对他说:"一个诞生了歌德的国家不可能走向野蛮。"

但是很快,弗洛伊德就在自己的家中感受到了时局的影响。1932年,和恩斯特一样定居柏林的奥利弗丢掉了土木工程师的工作。在接下来的时间里,奥利弗一直需要父亲的救济,直到他离开这座都城。早在1933年希特勒上台之前,就开始有越来越多的犹太精神分析师逃离欧洲,其中一些人选择美国、巴勒斯坦或其他地方开始新生活。

但是弗洛伊德没有离开的想法。这主要是因为他十分依恋维也纳的生活,而且他认定自己年事已高,身体太差,根本不适合考虑这种事情。这并不意味着他看不起犹太复国主义运动——因为欧洲日益严重的反犹情绪,这项运动吸引了越来越多的关注。毕竟他和爱因斯坦一样,都是耶路撒冷希伯来大学第一届理事会

235

成员，而且原则上他支持为犹太人寻找一个新家园的想法。1930年下半年，他写信给负责翻译他的作品的耶路撒冷译者时写道："复国主义唤起了我最强烈的共鸣。""当前局势下，这似乎是一种正当行为。"他继续说道，但"我也希望是我想错了"。

但是对于犹太复国主义运动，弗洛伊德的心情比他所说的更加矛盾。就在前一年，阿拉伯人和犹太人爆发暴力冲突，最终导致130名犹太人丧生。事件发生后，犹太基金会（Keren Hayesod）——一个由犹太复国运动组建的筹款团体，致力于帮助巴勒斯坦的犹太移民——在维也纳的代表查伊姆·柯福乐（Chaim Koffler）致信弗洛伊德，希望他能公开支持他们的事业。"我不能如你所愿，"弗洛伊德在1930年2月26日的回信中写道，"想要影响大众，就应该给他们一些煽动。但我对复国主义的冷静判断不允许我这么做。"

弗洛伊德礼貌而坚定地解释说，虽然他同情暴乱中的受害者，但是"我们的人民无来由的狂热，是唤起阿拉伯人不信任的原因之一"。他还站在更高的角度声称：我不认为巴勒斯坦会成为一个犹太国家。基督和伊斯兰世界绝不会看着它落入犹太人手中坐视不管。在我看来，在一个历史背景没有那么复杂的土地上建立一个犹太人的家园才是明智之举。但我也知道，理性的观点永远得不到大众的热烈拥护和富人的金钱支持。"

第九章　政治性失明

这可不是柯福乐期待的回应,他在这封回信上用铅笔写道:"不得将此信给外国人看。"根据保存该信件副本的以色列国家图书馆表示,这封信直到60年后才得以公开。

1933年1月27日,也就是在希特勒被任命为总理的三天前,艾丁根再次来到维也纳,与弗洛伊德商量他们的运动事宜。彼时琼斯已经接替艾丁根成为国际精神分析协会的主席,但是弗洛伊德依然把艾丁根当作柏林的负责人,并依靠他维系在德国的一切。在4月3日的一封信中,他敦促艾丁根尽量在德国坚持下去。但他也承认在维也纳也能感受到纳粹上台产生的连锁反应。"他们不遗余力地制造恐慌,但是和你一样,我将坚守至最后一刻。甚至到最后一刻,我也不会离去。"他写道。

那时,要在维也纳避免恐慌自然比在柏林容易得多。2月27日的国会纵火案成了限制公民人身自由的借口,也让希特勒在《授权法》的条款下获得充分的独裁权力。琼斯就在3月3日在给弗洛伊德的信中写道:"你肯定很庆幸奥地利不是德国的一部分。"

希特勒上台后,反犹太主义成了官方政策,医学界首当其冲成为打击目标。非雅利安人的医生——包括精神分析师——都不得再参加私人或公共医疗保险,这就使他们无法谋生。艾丁根被迫辞去柏林精神分析研究所所长的职位,取而代之的是卡尔·波姆(Karl Boehm)——理事会仅有的两名"雅利安"成员之一。

同年年底，艾丁根移居巴勒斯坦，并迅速成立了巴勒斯坦精神分析协会。德国的大部分犹太精神分析师也纷纷逃往国外。在伦敦，琼斯协助了一些人逃跑，甚至拿出自己的积蓄帮助安置卡尔·亚伯拉罕的遗孀和女儿。他还定期和身在维也纳的国际精神分析协会的秘书安娜·弗洛伊德联系。他还会联系其他地方的同事，既给他们警告，也寻求他们的帮助。4月份，琼斯在一封写给纽约精神分析师史密斯·伊莱杰利弗（Smith Ely Jelliffe）的信中描述了当时的情况：

我们这里的政治难民不计其数。约有七万人在形势恶化时逃离德国，其中包括德国精神分析协会的大部分成员……那里的迫害比你想象的严重得多，已经和中世纪没什么区别了。"

纳粹的宣传机器不仅瞄准了德国的精神分析师，还对准了整个精神分析运动和它的创始人。"精神分析再一次证明，犹太人搞不出什么有利于我们德国人的名堂，哪怕他（弗洛伊德）打造了所谓的'科学成果'，"《血与土德国公共卫生》（*Deutsche Volksgesundheit aus Blut und Boden*）杂志在1933年的8/9月刊上这些写道，"哪怕这里面有5%的东西对我们有好处，他的学说的95%只会给我们带来破坏和毁灭。"

5月10日晚，数以千计的学生参加了一场火把游行。最后他们聚集在柏林大学对面的一座广场上。在那里，他们堆积

第九章 政治性失明

并焚烧了一座书山,并不断地往里面投入更多的书。这些都是纳粹痛恨的作者的作品,从托马斯·曼①、埃里希·玛丽亚·雷马克②、莱昂·孚希特万格③,到 H.G. 威尔斯、杰克·伦敦和海伦·凯勒,无一幸免。当然,弗洛伊德也在名单之上。在他的书被投入火堆之前,主持人特地作了一番解说:"为反对对性生活的可怕高估,我谨代表人类灵魂的高贵,为烈焰献上西格蒙德·弗洛伊德的作品!"

宣传部部长约瑟夫·戈培尔向学生宣布:"德国人民的灵魂终于可以再次表达自我。这些火焰不仅照亮了一个旧时代的末路,也点亮了一个全新的时代。"类似的焚书活动在其他德国城市纷纷上演。

弗洛伊德的第一反应是淡化这些可怕的事件。"我们的进步多么大啊,"他对琼斯这样说道,"要是在中世纪,他们肯定得把我烧了。现在他们只是烧我的书。"正如他的传记作者彼得·盖伊

---

① 托马斯·曼(Thomas Mann, 1875—1955)德国小说家和散文家,诺贝尔文学奖获得者,代表作为《魔山》。
② 埃里希·玛丽亚·雷马克(Erich Maria Remarque, 1898—1970),德国小说家,代表作为《西线无战事》。
③ 莱昂·孚希特万格(Lion Feuchtwanger, 1884—1958)德国犹太小说作家和剧作家。

所说："这绝对是他说过最没有先见之明的金句。"

但是弗洛伊德至少还是明白其中的危险的，特别是那些与他关系亲密且依然生活在德国的人所面临的危险。他赞同艾丁根和其他同事在纳粹政权开始限制移民——尤其是犹太移民——之前离开德国的决定。他也完全支持在德国的两个儿子赶紧逃命。在写给身在曼彻斯特的侄子塞缪尔的信中，他指出对他们而言，"在德国生活已经是不可能的"。身为建筑师和室内设计师的恩斯特移居到了伦敦，而土木工程师奥利弗搬去了法国。

弗洛伊德的诸多同事和好友都对德国发生的一切忧心忡忡，他们也开始催促弗洛伊德移民。"在我们的圈子里已经出现了巨大的恐慌，"他在1933年3月16日给玛丽·波拿巴的信中写道，"人们担心德国的民族主义狂热可能会波及我们这个小国。他们建议我赶紧逃往瑞士或者法国。"但是他坚称这些建议全都是"无稽之谈"："我不认为在这里会有任何危险，即便危险来临，我也一定会坚守在这里，等着它到来。如果他们要杀我，那也无妨。人难免一死。但或许这只是说起来容易。"

十天后，弗洛伊德回信对波拿巴邀请他去她在巴黎圣克卢的房子里生活表示感谢，但他写道："我已经决定不去打扰了；根本没这个必要。德国的野蛮行径似乎正在减少。"并举了一个例子证明他一厢情愿的猜想。但就在同一封信中，他又非常现实地承认

第九章 政治性失明

"对于犹太人的系统性镇压,剥夺他们各种职位的行为,尚未真正开始"。他还指出,"迫害犹太人和钳制知识自由是希特勒的计划中唯一可以实施的内容,剩下的都是懦弱和空想"。

身在布达佩斯的桑多尔·费伦齐在5月份去世前和弗洛伊德的最后通信中,坚决要求弗洛伊德尽快逃离维也纳。但是弗洛伊德的回信也同样坚决,他拒绝了他的建议——他称之为"逃亡母题"——就像他拒绝波拿巴一样。"我很高兴能够告诉你,我没有考虑离开维也纳。"他在4月2日写道。他为这个决定列举了多个现实原因:"我已经不能到处走动,也太过依赖于我的治疗,依赖于各种缓解病痛和获取舒适的方法。而且,我也不想丢弃这里的工作。不过,就算我身体健康,年轻力壮,也许我还是会留下来。"

问题的关键在于,弗洛伊德相信不论德国发生什么,自己都能够在维也纳度过余生。"对我来说不存在个人危险。"他对费伦齐说,"当你在想象我们犹太人遭遇打压的生活是何等痛苦时,不要忘记流亡国外——不论是瑞士还是英国——的生活会多么难受。在我看来,只有在生命面临直接危险时,才有必要逃离。"

在柏林焚烧他的书籍四天后,弗洛伊德写信给露·安德烈亚斯-莎乐美,信中的语气更显深思,暗示他不再像往日那样因为危险并未迫近而盲目乐观:"在这样的疯狂时期,我们的处境不难想象。就连安娜有时都会陷入抑郁。"

拯救弗洛伊德

知名奥地利犹太作家斯蒂芬·茨威格的书也在柏林遭到焚烧。他曾在多个场合与弗洛伊德讨论起"希特勒世界的恐怖"。茨威格回忆说:"作为一个仁爱之人,他对兽行的爆发深感忧虑,但是作为一名思想家,他一点儿都不感觉意外。"他说,因为弗洛伊德"不认为文化高于我们的本能驱力",所以纳粹的崛起"以最可怕的方式证明了他的观点(但他并不引以为豪):人类不可能从精神中根除最基本的、野蛮的破坏驱力"。

弗洛伊德能够如此客观地分析问题,却没能为自身的处境得出一个符合逻辑的结论。在这一块他并非个例,尤其是在奥地利,许多人都天真地认为这些野蛮的、破坏性驱力带来的危险离他们还很远。"对于我们当时的政治性失明,我们不觉得有什么光彩,对于它造成的结果,我们深感恐惧。"茨威格在后来写道,"任何试图解释它的人都要对它做出指责,可试问我们之中谁有权力这么做?"

虽然有些德国人——比如在希特勒登台前夕,就于1932年12月移居美国的爱因斯坦——早早地认识到危险的规模,但他们都是个例,而非普遍现象。在重看文献记录时,茨威格写道:"我必须承认在1933年和1934年间,身在德国和奥地利的我们对于即将降临的灾难,连百分之一乃至千分之一的可能性都预料不到。"

第九章　政治性失明

  但是茨威格的政治性失明的持续时间远没有弗洛伊德那么长。不同于弗洛伊德，茨威格很快就意识到奥地利也无法从希特勒的恐怖中幸免，于是他在1934年移居英国。1940年，他和第二任妻子移居美国，不久便在巴西的彼得罗波利斯定居。在那里，茨威格倍感孤独寂寞，并对德国在战争初期的胜利势头深感忧虑，他完全可以想象在纳粹控制下的欧洲正在经历什么。最终，在1942年2月22日，茨威格和妻子服下过量的巴比妥酸盐自杀。在遗书中，茨威格表示如今"我的精神家园已经自取灭亡"——其中也包括他的德语世界——因此他已无力前行。

第十章　奥地利的囚牢

弗洛伊德坚信他可以继续在维也纳生活和工作，他的依据在于：奥地利的领导人在坚持走自己的路，也就是说，不论隔壁发生什么，他们都会保护这个国家的独立。希特勒正以惊人的速度巩固自己的权力，将德国变成一个极权主义国家，践行关于种族纯洁性的思想。他的文章和演讲也明白无误地告诉大家，他有野心要打造一个全新的德意志帝国。但是弗洛伊德依然选择相信：奥地利不会被汹涌的纳粹浪潮所淹没。

"虽然报纸上都是关于暴民、游行之类的报道，但是维也纳一片安宁，生活井然有序。"他在1933年4月7日给琼斯写道，"我们可以肯定希特勒的运动将会蔓延至奥地利，实际上它已经在这里出现了，但是它不可能带来像德国那样的危险。"

他认为纳粹只是右翼政党联盟的一部分，这些政党正在把这个国家向"右翼独裁"的方向推进，这将标志着"社会民主"

第十章 奥地利的囚牢

的死亡。但是他接着又说,虽然事态的发展"不会让我们犹太人有好日子过",但是任何对犹太人的"迫害合法化"都将招致国联的干涉。另外,正如他之前和玛丽·波拿巴所说,"我们的人民没有那么残暴"。他坚持认为,只有德国吞并奥地利,才能让这里的犹太人真正陷入危险,但是法国及其盟国决不会允许德国踏出这一步。

在7月23日给琼斯的信中,弗洛伊德写道:"我们迟早也会出现法西斯主义、一党独裁、清剿异己、推行反犹太主义。但是我们将保持独立,而且和平条约的存在使得少数族裔的权利在法律意义上无法被剥夺。"他坚称这就足够让他安心留在维也纳。回头去看,弗洛伊德对条约的信赖幼稚得可怕,但是在那时,他不是唯一一个相信"德国的混乱状态"——尤其是德国的领袖——不会失控的人。

但是,弗洛伊德偶尔也透露出他对更为黑暗的未来的担忧。"这个世界正在变成一个巨型监狱,"同年夏天,他在给波拿巴的信中写道,"德国是最可怕的囚牢。至于奥地利的囚牢里会发生什么,没人说得准。"

弗洛伊德口中的这个"奥地利的囚牢",在公众眼中已经是个奄奄一息的国家:它不过是在一战结束时被胜利国肢解的古老而庞大的奥匈帝国的残余。哈斯堡王朝统治下的5000万人口,如今只剩650万，奥地利远比它的盟友德国损失惨重。然而面对《凡尔赛和约》所强加的和平条款，反抗最激烈的却是德国。虽然失去了13%的欧洲领土和大约10%的人口，但是德国在很大程度上保持了完整。

一战结束后，这两个曾经的盟友经历了许多同样的问题：恶性通货膨胀，大范围的社会动荡，以及极端右翼和左翼政党的崛起。这些政党得到准军事力量的支持，他们互相争斗，让原本就脆弱的联合政府为了维持秩序而忙得焦头烂额。不论是柏林还是维也纳，都出现了政客轮流坐庄的情况，新的总理以令人目眩的速度来了又走，还没等大家记住他们的名字，便消失在了公众的视野中。

但是奥地利又有其明显的特殊性和不同的政治环境，使其没有走上和德国相同的道路。例如，不论情况有多糟糕，奥地利人依然可以拿他们的处境开玩笑。根据维也纳当时流传的一句话："德国的情况很严重但并不绝望；奥地利的情况很绝望但并不严重。"这种黑色幽默的存在，加上首都的日常生活依然保持文明与魅力，让弗洛伊德产生了错觉，认为不论风暴有多猛烈，他都能安全挺过去。

就连奥地利的社会分化也和德国并不一致。奥地利的首都被称作"红色维也纳"，因为这里是社会党的堡垒，他们拥有一支名

第十章 奥地利的囚牢

为"保卫队"(Schutzbund)的准军事力量。这座城市生活着17.5万名犹太人,约占总人口的10%,其中大部分都是社会党最可靠的拥护者。而稍小的城市和农村则是保守的天主教徒的要塞。他们的准军事力量被称作"护国团"(Heimwehr)。有时,这两支实际意义上的军队会爆发直接冲突;另一些时候,一些不知该效忠于谁的小型联邦军队也会参与冲突。1927年7月,三名右翼分子向游行的社会主义者开枪,打死一名工人和他七岁的儿子。在法庭宣判这三人无罪后,愤怒的抗议者在司法大厦纵火,并阻止消防员救火。警方则多次以齐射作为回应,最终共有84人在事件中死亡,另有500多人受伤。

然而,双方的斗争目标都非常模糊,尤其是在奥地利的存续这一基本问题上。相比于保守党派,社会党更加认同德国身份。一战后奥地利的第一任总理卡尔·伦纳(Karl Renner)既是一名社会民主党领袖,又大力鼓吹与德国统一。他在1928年说道:"奥地利人从来都不是,也永远不会是一个单独的民族。"1931年,德国和奥地利提出建立关税同盟的想法,导致法国从奥地利银行撤走资金,并加深了经济危机。在那时,法国政府依然决心要把这两个德语国家强行分开。

奥地利在一个又一个危机中艰难前行,到了1933年2月,国内的失业率已经上涨了27%。而与此同时,希特勒在德国上台,这对于他的故乡奥地利来说也不是什么好兆头。在《我的奋斗》一书中，这位纳粹领袖宣称他"对位于德奥边陲上的家乡爱得深沉"，但又"对奥地利这个国家深恶痛绝"。换句话说，他唯一可以接受的结果就是德奥合并，也就是让德国吞并奥地利，形成一个国家。而小小的奥地利纳粹党，注定要成为他实现这一野心的工具。

从理论上讲，大部分奥地利人是接受德奥合并的。当时驻扎在维也纳的美国记者约翰·甘瑟（John Gunther）估计，在1932年，80%的奥地利人赞同德奥合并，但是情况很快就发生了改变。"到了1933年年末，至少有60%的奥地利人表示反对，"他写道，"原因：希特勒的恐怖政策。"纳粹党并没有耐心等待赢取奥地利的民意，而是发起了一系列恐怖活动，包括轰炸、射杀等等暴力行径。这让包括右翼在内的大量群体感到恐慌，并触发了强烈的反抗行为。

最重要的是，维也纳出现了一位全新的政治领袖，组织起了日益壮大的抵抗势力对抗纳粹。1932年5月，农林业部长恩格尔伯特·陶尔斐斯（Engelbert Dollfuss）被基督社会党任命为总理。他之所以被选中，很大程度上是因为许多更有经验的政治家并不愿意接手这个引领国家摆脱重重危机的棘手任务。彼时只有40岁的陶尔斐斯毫无魄力可言。他是一个信奉天主教的农民家庭中的

第十章　奥地利的囚牢

私生子，他的演讲磕磕绊绊，而且他身高只有区区 4 英尺 11 英寸，这让他成为各种笑话的主人公。其中一个笑话是这样的：警方挫败了一起针对陶尔斐斯的政变计划——他们发现并移除了偷偷安放在他房间里的捕鼠夹。但是，正如甘瑟所说，"他成了挑战纳粹歌利亚的大卫[①]"。

希特勒一直在加大对奥地利的施压，通过对前往奥地利的德国人加收一笔费用来限制旅游业，与此同时，他们的恐怖活动也没有停止。负责实施这些恐怖活动的既有奥地利国内的纳粹党，也有位于巴伐利亚的奥地利纳粹准军事力量"奥地利军团"（Austrian Legion），他们时常会发起跨境袭击。1933 年 6 月 19 日，在多瑙河畔瓦豪葡萄酒河谷的克雷姆斯镇发生了一起手榴弹袭击事件，共造成 1 人死亡 29 人受伤。事件发生后，陶尔斐斯取缔了奥地利的纳粹党，并号召包括社会党在内的国民反对希特勒，放弃德奥合并的想法。

这些举措源于他的坚定信念。"陶尔斐斯真的相信奥地利，"犹太作家乔治·克莱尔（George Clare）写道——克莱尔出生于德

---

① 此处借用了大卫战胜巨人歌利亚的故事。根据《圣经》记载，歌利亚是一名巨人战士，但最终被少年大卫击败。后来常用"大卫和歌利亚"来表示以弱胜强。

奥合并前的维也纳，二战期间加入了英国军队——"他并不把自己的国家看作是德国的一个省份。"

这位总理个头虽小，却有胆量如此雷厉风行，其原因有二。首先，他利用前一年3月份三位议会领导人辞职的机会解散了议会，并独揽大权。他取缔了所有的政党，并发起了一项"祖国阵线"运动，声称这是一次广泛的爱国主义运动。其次，他已经和意大利总理贝尼托·墨索里尼联手。当时的墨索里尼决心要让奥地利维持一个缓冲带的角色，挡在意大利和希特勒的德国之间。

这三位领导人也许都算得上是法西斯主义者，但在那时，三人的利益并不一致。因为担心生活在南蒂罗尔说德语的民众造反，墨索里尼不想刺激他们转投希特勒。正如甘瑟指出，这就意味着这位意大利独裁者"已经成了奥地利实际意义上的守护神"。

希望墨索里尼来扮演这一角色的不只有陶尔斐斯，许多奥地利人都欢迎任何人来支持他们挫败希特勒觊觎他们国家的企图。有一起有趣的事件表明弗洛伊德或许也是其中一员。1933年，意大利精神分析师爱德华多·韦斯（Edoardo Weiss）带了一个病人来找弗洛伊德咨询。这位病人的父亲也一同前来，而他恰巧是墨索里尼的一位密友。他希望弗洛伊德能送一件礼物给这位意大利独裁者，并附上题词。弗洛伊德欣然同意，他送上的礼物是一本《为何要战争？》（*Why War?*），也就是他和爱因斯坦的那次对话，其内容也算得上是一份尖锐时评。他的题词写道："请允许一位老人献上诚挚的问候，他在您这位统治者身上看到了一个文化英雄。"

韦斯认为弗洛伊德所指的，是墨索里尼支持意大利雄心勃勃的考古挖掘项目一事，这让他可以避谈政治，但又不至于无话可说。不过，虽然弗洛伊德并不支持法西斯独裁者，但对于这句话还可以有另外一种理解：和陶尔斐斯一样，弗洛伊德也认为墨索里尼在这一时期站在奥地利这边——此时距离这位意大利独裁者和希特勒联手还有很久。弗洛伊德还认识到，在奥地利，努力抵抗希特勒的是右翼天主教政客。在后来给露·安德烈亚斯－莎乐美的信中他写道："只有天主教在保护我们不受纳粹侵犯。"

陶尔斐斯继续面临着来自社会党和纳粹党的双面攻击。墨索里尼和护国团（陶尔斐斯视其为一支后备军）的领导人都要求先铲除社会党。1934年2月，在维也纳和其他省份爆发了新的冲突，护国团、联邦军队和警方向社会党准军事势力保卫队发起进攻，位于首都的大型工人住宅区卡尔·马克思大院和歌德大院遭到炮击。抵抗者投降后，九名社会党领袖被绞死，另有许多人被监禁。在这个国家的各种冲突中，有近千人遭到杀害。

随着社会党的失败，纳粹加紧了他们的恐怖活动。希特勒被所谓的《罗马议定书》激怒，这是意大利、奥地利和同样在独裁统治之下的匈牙利之间签订的一项协议，目的是协调它们的外交政策。在这位德国领导人看来，这是陶尔斐斯为了维护奥地利的独立所做的另一项努力。7月25日，奥地利的纳粹分子企图发起政变，此举就算没有得到希特勒的直接支持，至少也得到了他的默许。

当时陶尔斐斯已经感觉到自己的政府处在危险之中。当天中午，他取消了原定于联邦总理府内举办的内阁会议。不到一小时后，趁着卫兵换岗之际，144名纳粹分子冲进总理府，围捕了他们能找到的所有官员。陶尔斐斯当时正在私人书房，他命令军队保持忠诚，然后试图从袭击者的包围中逃跑。但是一群纳粹分子发现了他。他们的领导者奥托·普拉尼塔（Otto Planetta）近距离向他开了两枪，子弹分别打在他的腋窝和脖子上。陶尔斐斯痛苦挣扎了两个半小时，最终因失血过多而身亡。而这些袭击者们拒绝叫医生，甚至连牧师都不联系。护国团和警方最终赶到现场支援，但因为不知道里面究竟发生了什么，他们在总理府外就究竟应该如何行动争论不休。现场一片混乱。

讽刺的是，陶尔斐斯的死并不意味着纳粹政变者获得了胜利。因为寡不敌众，加上看不到任何希特勒会来营救他们的迹象，政变者们要求安全前往德国。在自认为已经得到对方许诺后，他们在当晚投降。但是教育部长柯特·冯·许士尼格（Kurt von

Schuschnigg)另有打算——他是陶尔斐斯的忠实追随者,兼任司法部长一职,并在次日被任命为陶尔斐斯的继任者。最终,包括普拉尼塔在内的13名政变者全部被绞死,其他人被监禁。

许士尼格上台,意味着政府将延续被刺杀的前任总理的政策:对内实行右翼独裁,但是对外也将继续抵抗纳粹侵略。这位新总理最早是在因斯布鲁克当律师,他对于奥地利身份——而非德国身份——的概念更加矛盾,并且希望能和希特勒达成某种和解。但是,他继续依赖于墨索里尼帮助他避免德奥合并,而且他把护国团并入了祖国阵线,以便结束武装势力的分裂。

对于弗洛伊德和其他奥地利的犹太人来说,局势依旧一片混乱,前途未卜——但还没有到危急关头。在1934年2月发生暴力事件时,弗洛伊德写信给身在伦敦的儿子恩斯特称"在一个枪声四起的城市中,要从报纸上了解真相大概并不容易"。他又说,"未来充满不确定,结果要么是奥地利法西斯主义,要么是德国纳粹。倘若是后者,我们就必须离开。如果是本地法西斯主义,那我们愿意在一定程度上坦然接受。他们对我们再坏,也不至于像德国人那般残忍。"

既然弗洛伊德提到"后者",就表明他知道不能排除奥地利被德国人接管的可能性,但是他依然固执己见,认为这种情况不可能发生。

谈及陶尔斐斯的命运，当时人在维也纳，还是个少年的犹太作家克莱尔声称："这位小个子总理的遇害是一个警告，但我们对它视而不见。在解读预示命运的征兆方面，我们没比德国的犹太人敏锐多少。"

琼斯、弗洛伊德等人最担心的是他们的运动在德国受到影响。虽然大部分犹太精神分析师已经逃离德国，但还是有些人选择留下。在希特勒掌权初期，他们依然是德国精神分析协会的成员。但是对他们来说，要想继续行医已经越来越艰难了。身为国际精神分析协会的主席，琼斯并未选择逆流而上，而是认为要尽可能地挽救德国的精神分析。1933年12月1日，琼斯飞往柏林主持了一次会议。据他表示，在会上，"仅存的犹太会员自愿辞职，以便拯救协会不被解散。"

事实证明，他们中的一些人还能再坚持一会儿。但是到了1935年9月15日，纳粹全面推行纽伦堡种族法令。该法令剥夺了犹太人的所有权利，以法律形式将纳粹的种族主义学说正当化。在随后的一个月中，他们逮捕了柏林研究所的犹太精神分析师伊迪丝·雅各布森（Edith Jacobson），因为她接诊共产主义者，而且没有向盖世太保举报。琼斯再次前往柏林，在那里，他不仅讨论了伊迪丝的问题，还讨论了其他犹太精神分析师应该怎么做。他们和琼斯一样，依旧不确定是否应该从协会辞职。但是琼斯一回

第十章 奥地利的囚牢

到伦敦，就发电报给其中一名成员称："建议尽快自愿辞职。"他认为这么做也许能拯救德国协会。

仅剩的犹太人成员在12月1日全部辞职。雅各布森依然被关在监狱。但在1938年，雅各布森因病入院，她借此机会成功逃跑，后来移居美国。

虽然纳粹瞧不起弗洛伊德和他的理论，但对于他们所说的"精神治疗"还是有一定的兴趣。其中，希特勒的左右手赫尔曼·戈林的堂兄马蒂亚斯·戈林（Matthias Göring）还在柏林创办了德国精神研究和精神治疗研究所。1936年，当琼斯见到这位名声稍逊的戈林时，他发现他是一个"非常亲切友善之人"，但是他很快得出结论：虽然马蒂亚斯·戈林承诺会尊重任何并不完全服从纳粹教义的人，但他无法兑现这个承诺。

1937年1月，德国精神分析协会主席卡尔·波姆拜访了弗洛伊德，并向他解释他和其他雅利安精神分析师在当前的新形势下应该怎么做。他表示，他们必须替换掉"俄狄浦斯情结"这类名词，避免纳粹政府注意到他们的职业是以这位犹太创始人的理论为基础。

波姆滔滔不绝地讲了三个小时后，弗洛伊德毫不客气地打断了他。"够了！"他说，"犹太人因为自己的信仰已经受了几百年的苦，现在轮到我们的基督徒同事品尝这滋味了。只要我的理论在德国不受歪曲，我不在乎是否提及我的名字。"

但实际上，戈林的研究所很快就吞并了德国精神分析协会及其研究所的残余。这个受到纳粹控制的机构并没有致力于正确呈现弗洛伊德的理论，更别说一些新兴的近似理论。相反，它的目的是宣传雅利安品牌的精神病治疗法去治疗德国人。它拒绝弗洛伊德的理论，尽管弗洛伊德的影响依然存在。

德国协会在之前出版的书籍都存放在莱比锡[①]，其中还包括维也纳协会的出版物，但这些书籍全部遭到收缴。15名犹太分析师没有和其他同事一起赶在为时已晚之前逃离德国。不久，他们便全部死在了集中营里。

面对20世纪30年代初期和中期种种令人不安的事态发展，弗洛伊德依然镇定自若，并没有让自己的日常生活和研究工作受影响。他继续接诊病人，并且一如既往地对几乎所有的来信进行细致的回复。例如，在1935年，他收到一位美国母亲寄来的匿名信。这位母亲认为自己的儿子有很严重的问题，希望弗洛伊德能给她一些建议。弗洛伊德在4月9日用英语回信称："从你的信中

---

① 莱比锡，德国东部第二大城市，也是著名的"书城"，早在15世纪初就已经是德语地区的出版印刷中心。

所给的信息来看,你的儿子应该是同性恋。"并对她一直在信中避用这个词表示震惊。

弗洛伊德询问这位母亲为什么不愿意用这个词,并再次搬出了此前和他的精神分析对象——美国人约瑟夫·沃提思讨论时提出的观点。他说:"诚然,同性恋没有什么好处,但是这并没有什么可耻的,它既不邪恶,也不卑劣。"他并不认为同性恋是一种疾病,相反,"我们认为它是一种不同的性功能,是由某种性发育停滞所导致。"和之前一样,他又提到了历史上一些著名的同性恋者——柏拉图、米开朗琪罗、达·芬奇。"把同性恋当成一种犯罪进行迫害是一种严重的不公,也是一种暴行。"

这位女士在信中寻求他的帮助,弗洛伊德理解为她是希望他能够"根治同性恋,用正常的异性恋取而代之"。虽然个案有差异性,但他解释称:"大部分情况下这都是不可能的。"但是精神分析也许能为她的儿子带来"和谐、平静和活力,不论他的性取向是否能被改变"。他甚至主动提出愿为她的儿子做精神分析,前提是她能带他来维也纳。他心里清楚这不大可能,他指出,"我并没有打算离开这里"。他非常擅长这样的交流。他很享受分享自己的观点和见解,特别是想到这些东西也许能帮到像这位美国母亲一样的人,更令他倍感欣慰。

另外,各方对他的认可也让他获得了更多的满足感。1935年

5月26日，他写信告诉琼斯，皇家医学会一致投票推选他为荣誉会员。他写道："既然他们不可能是'因为我眼睛好看'才推选我，那就证明在英国官方，我们的精神分析已经获得了相当的尊重。"这种不正经的语气更突显出他的高兴，加上他是一个老英国迷，令这份喜悦愈加强烈。

但是，不管他如何努力，都无法彻底沉浸在自己的世界中，无视邪恶势力早已渗透他周围的方方面面。5月2日，他在写给德国作家阿诺德·茨威格（此人与斯蒂芬·茨威格并没有关系）的信中承认："形势一片灰暗。"但他又说道："幸运的是，照亮这个时代不是我的工作。"

有时候，他提供的建议也暗示他对包括许多知识分子在内的德国人迅速默许纳粹统治十分忧心。1932年，小说家托马斯·曼第一次来到维也纳拜访弗洛伊德，次年希特勒上台后，他便离开了德国。自此之后，两人一直保持联系。1935年6月，弗洛伊德写信向刚迈入60岁的托马斯祝寿。他在信中说道："我想告诉你，我坚信你永远不会做出或说出——毕竟一个作家的语言就代表他的行为——任何懦弱或卑劣之事，即便在一个黑白不分的时代，你也将选择正道，并为他人指路。"

不论弗洛伊德的身体状况和政治担忧有多严重，在女儿安娜的细心照料下，他的生活都变得更加乐观和轻松。两周后，他写

第十章 奥地利的囚牢

信给露·安德烈亚斯-莎乐美说:"我当然越来越依赖安娜的照顾。"他引用了靡菲斯特[①]的话——"我们终将依赖于/我们所造的生物",并表示"生下她是个明智之举"。

琼斯很清楚弗洛伊德非常依赖安娜,所以同年夏天,当安娜抽身来到巴黎和他还有麦克斯·艾丁根会面一起讨论培训方法时,琼斯认为这是一个很好的迹象,他说:"很显然,弗洛伊德目前的状况很好,可以好几天不需要她的服侍——这实属罕见。"

1936年5月6日是弗洛伊德的八十大寿。随着生日的临近,弗洛伊德不断劝阻各位不要办什么奢侈的庆祝活动。他写信给琼斯说:"不,目前的情形不适合庆祝。"他给玛丽·波拿巴写信说:"我已经听到了要为我庆生的风声,这些消息就像报纸上传我要拿诺贝尔奖一样让我不舒服。"他还声称他很清楚"社会对于我本人和我的工作的态度并没有比20年前友好多少"。

但实际情况并非如此。不管弗洛伊德如何抱怨自己怀才不遇,彼时他的名声和影响力都是不容置疑的,而像八十大寿这样的大生日是不可能无人挂记的。络绎不绝的贺词和寿礼接踵而至,最值得一提的便是由197位作家和艺术家联合署名的贺词,其中包

[①] 靡菲斯特(Mephispheles),歌德所著的《浮士德》中的魔鬼。

括托马斯·曼、罗曼·罗兰、弗吉尼娅·伍尔夫、H.G.威尔斯和斯蒂芬·茨威格。根据贺词的文风，琼斯相信这"毫无疑问"是托马斯·曼的手笔。

这份贺词对弗洛伊德不惜溢美之词，称他是"勇敢的先知和医师……通往迄今为止人类灵魂未知领域的向导。"随后的赞美越来越卖力，并在文末达到了顶峰：

"在人类科学的方方面面，在文学与艺术研究上，在宗教与史前历史、神话、传说和教育上，乃至在诗歌上，他的成就都留下了深深的烙印。我们可以确信，如果人类有任何事业能够永世长存，那一定是他对人类心灵的深度探索。

"我们，即在下面签名的各位，无法想象如果没有弗洛伊德伟大的毕生事业，我们的精神世界会是什么模样。看到这位伟人依然精神矍铄与我们同在，并且依然孜孜不倦，精力未减分毫，我们不胜欢欣。愿我们的感激之情永远陪伴我们崇敬的这位伟人左右。"

弗洛伊德频繁指出他的精力根本算不上"未减分毫"，但是这个形容词用来描述他的决心再精准不过。只要能应对身体的限制和疾病，他就决心要继续研究，保持高产。而就像他和马克斯·舒尔交代的那样，一旦病情加重，痛苦难耐，他就不想再苟延残喘下去了。在1935年6月给托马斯·曼的一封信中，弗洛伊德写道：

第十章 奥地利的囚牢

"我的亲身经历……让我认为如果仁慈的命运能够及时结束我们的生命,那未必不是件好事。"

但是在接受命运的安排之前,弗洛伊德还有一项急于完成的大计划。自从1901年在罗马圣伯多禄锁链堂见到米开朗琪罗的摩西雕像以来,他就被犹太人的《出埃及记》故事中的这一中心人物深深吸引。1914年,他匿名发表了一份关于这尊雕像的研究。此前的解读普遍认为米开朗琪罗呈现出的摩西是"看见他的人民自甘堕落、围着一尊(金牛)偶像跳舞的荒唐景象后情绪激动",并准备砸碎他从山上带下来的写有《十诫》的石板。弗洛伊德推翻了这种观点,他认为这尊雕像"巨大的身体力量""成了一个人可能获取的最高精神成就的具体表现"。因为他为了自己所投身的事业,成功地克制住了内心的冲动。换句话说,摩西控制住了自己的愤怒,以便能够拯救他的人民。

当然,这既是对摩西,也是对米开朗琪罗的一次心理解读。弗洛伊德写道:"创作者在自身体内感受到了(和他描绘的对象)同样的狂暴力量。"虽然弗洛伊德承认在谈及专业艺术问题时,自己不过是个"门外汉",但他也表示这些艺术品确实"对我产生了强烈的影响",而且很明显,他对这些艺术作品的鉴赏水平远比他自称的更为高深。

同样明显的是,弗洛伊德对摩西的关注——确切地说是迷恋——绝不仅仅是因为他对艺术感兴趣。他经常在思考如何以写作的方式深入分析这个形象，但是直到20世纪30年代，他才开始形成大致的想法。在1934年9月30日给阿诺德·茨威格的信中，弗洛伊德表示他目前正灵感迸发，这也和当时日益激增的反犹情绪有关。"面对全新的迫害，人们再次扪心自问：为什么犹太人会走到今天这一步？为什么他们总是在吸引无休无止的仇恨？"他写道，"我很快便发现了原因：摩西创造了犹太人。"弗洛伊德原本打算以此为基础写一本"历史小说"，对《圣经》故事进行重新解读，并对其更广泛的宗教和历史背景提出独到见解。

弗洛伊德计划围绕摩西写出三篇文章，他深知这三篇文章，尤其是第三篇，将会阐述他对犹太教以及其他一神教——基督教和伊斯兰教——的看法。这些观点看上去会"很有颠覆性，并会给外行人带来冲击"。作为一个"在正统天主教环境下"生活的人，他向茨威格进一步解释说，这样的文章将会连累精神分析在维也纳被禁，所有精神分析相关出版物也会随之遭禁。为了避免这种后果，他计划写完这些文章，但是不发表第三篇，即在可预见的未来最容易引发争议的那一篇。

弗洛伊德的前两篇文章于1937年发表于德国精神分析杂志《意象》(*Imago*)上。这两篇德语文章甫一刊登，就引发了不小的争议。弗洛伊德在文中提出摩西并非像《圣经》中所说，是埃

第十章 奥地利的囚牢

及皇室所收养的犹太男孩。相反，他原本就是一个埃及人，后来才成为犹太人的领袖。他也很认同一个普遍被否定的理论，即犹太人不仅与摩西反目成仇，甚至有可能是杀害摩西的凶手，这非常符合他提出的弑亲理论和随之产生的愧疚感。弗洛伊德很清楚这会激起多么强烈的反应，所以他在文章开篇的第一句话就说道："要证明被一个民族赞颂为其最伟大子嗣的人并非其族人，这并不是一件轻松的事情——特别是当证明者本人也是这个民族的一员时，更是如此。"

弗洛伊德愿意接受摩西是一个真实的历史人物，而不是一个神话角色。但是他推测摩西借用了埃及法老阿肯那顿（Akhenaten）的信仰。阿肯那顿严格执行"一神教，这也是世界历史上的首次尝试"。他的这一做法和其他埃及法老要求崇拜多神的规定形成强烈对比。换句话说，摩西不仅是一名埃及人，他的教义也来自埃及，虽然这种教义所反映的信仰在当时的埃及并不常见。这和犹太教以及基督教教义中关于一神教信仰起源的说法都是相矛盾的。

第二篇文章的标题叫《假如摩西是埃及人……》（"If Moses was an Egyptian…"）。从标题就足以看出，弗洛伊德很清楚这个假设站不住脚。

弗洛伊德被这种"心理可能性"所吸引，但也承认它们"缺乏客观证据"。这使得它们看上去就像"建在陶土基座上的钢铁巨碑",他说:"即便某个问题的所有部分都能像拼图一样完美拼凑在一起,但是你必须记住:可能事件并不代表事实,事实也并非都是可能事件。"在维也纳剩余的时间里,弗洛伊德一直苦苦思索如何写出第三篇文章,希望在这篇文章中阐述自己更广泛的宗教理论。但是直到逃往伦敦后,他才真正得偿所愿。

弗洛伊德的这些文章离经叛道、特立独行,而且有时如迷宫般复杂。不论这些文章有哪些优点或缺点,他在剩余的人生中如此执着于这些工作,恰恰揭示出了他当时的心境。对他而言,这不仅仅是为了完成对摩西的研究和思考,更是一种逃避现实的途径,因为越来越多的证据表明,他所处的世界正极速堕入梦魇之中。

在1935年10月14日写给阿诺德·茨威格的信中,弗洛伊德形容马克斯·舒尔是一个"很有才干的医生,他对德国发生的事情深感愤慨,因此拒绝开任何德国药"。他和所在医院的另一名犹太医生一起呼吁抵制德国药,两人还制作了一个清单,列出了各种可以作为替代品的瑞士、奥地利和法国药品。舒尔回忆称,此举导致两人被医院的纳粹组织列入黑名单。他指出,一旦纳粹控制了奥地利,就意味着他们"注定要被送进集中营"。

令人吃惊的是,弗洛伊德对舒尔的政治立场似乎非常不解。他认为奥地利人民绝不会像德国人一样采取如此残暴的行为,而

第十章 奥地利的囚牢

这样的观点反过来又令舒尔感到不解。他挖苦道："他忘了希特勒就是个奥地利人。"随后他又更严肃地总结称："看来，弗洛伊德发现了个体的攻击驱力，却无法相信这种驱力会在整个民族身上释放出来。"

不同于他的病人，舒尔对时局感到真切的担忧，他不愿意眼睁睁看着局势恶化而无动于衷。于是他开始寻找移民的机会，并且申请包括开罗在内的海外工作。1937年，舒尔为家人申请前往美国的签证。因为舒尔在奥匈帝国的出生地在二战前被并入波兰，所以他能够再获得波兰的签证配额。最后他们的签证顺利签发，但是因为弗洛伊德坚持留在维也纳，所以舒尔只能留下来陪他。他推迟了所有的逃亡计划，同时又不停鼓励他的病人也考虑逃亡。

舒尔不是唯一一个担心弗洛伊德安危的人。威廉·布利特——迟迟未能出版的伍德罗·威尔逊传记的联合作者——同样深感忧虑，并且愿意尽其所能保护弗洛伊德。

1937年夏，在布利特的强烈引荐下，他在莫斯科大使馆时期的二号人物约翰·威利（John Wiley）被任命为美国驻维也纳总领事。回头去看，这是布利特在欧洲棋盘上精心策划的一步棋。如此一来，当他的联合作者弗洛伊德陷入危机时，他便可以将手中的骑士移至有利位置，并迅速发起行动。

多年以后，布利特向舒尔解释了自己扮演的角色。据舒尔回忆，布利特告诉他，他安排威利驻扎维也纳，"他的特殊'任务'就是盯紧弗洛伊德一家，并在外交允许范围内给予他们保护"。

9月7日，布利特从巴黎致信弗洛伊德，宣布"我的挚友约翰·C.威利先生"即将抵达维也纳。"威利先生曾与我一起在美国驻莫斯科大使馆共事并担任参赞，他是一个非同寻常的伙伴。"他写道，"我已经嘱咐他一到维也纳就立刻找你谈谈。"

布利特还提到了另一位与弗洛伊德关系密切的巴黎人。他写道："我偶尔会从玛丽·波拿巴那里听说你的消息，她告诉我你状态很好。"虽然布利特的语气轻松乐观，但是毫无疑问，这绝不是一封例行公事的普通介绍函。它释放出了一个信号：一旦希特勒突然展开一系列危险行动、需要采取行动营救弗洛伊德时，在威利的协助下，布利特将快速做出反应。

不同于因为反对纳粹而丢掉性命的前任，许士尼格总理急于通过与德国达成协议来缓解国家面临的压力。继为希特勒上台助一臂之力后，德国政客弗朗茨·冯·帕彭又通过担任纳粹政权的驻维也纳大使，躲过了希特勒上台后的第一轮血腥清洗。担任这个职位期间，他勤恳工作，为德国占领奥地利创造条件，同时避免激起抵抗情绪，引发类似1934年的政变未遂事件。他们的计划就是以和平和让步为名诱使奥地利人做出妥协，将他们骗入设好的陷阱。

第十章 奥地利的囚牢

到了 1936 年 6 月,弗洛伊德似乎已经认识到危险迫在眉睫。

"看来奥地利对国家社会主义①的态度已经不可阻挡,"他写信给阿诺德·茨威格说,"命运正与乌合之众相互勾结。我已日渐不觉痛惜,只待帷幕为我落下。"但是他依然心怀侥幸,希望许士尼格能够力挽狂澜,阻止纳粹占领。

7 月 11 日,当奥地利总理签署之前和冯·帕彭商定的奥德协议时,他也认为自己在阻止纳粹占领奥地利。理论上,这个协议让双方各有所得,并使得两国关系正常化。但是协议中刻意含糊其词的措辞和具体的条款都表明,冯·帕彭几乎已经得手了。

协议中的一些内容确实能让人感到安心。比如它宣称:"德国无意也不希望干涉奥地利内政,吞并奥地利或者使之成为德意志帝国的一部分。"但是其他内容本应引起警觉:"奥地利联邦政府将以奥地利承认自己是德国的一部分这一基本事实为基础,制定其总体政策,尤其是与德国有关的政策。"这一协议再一次证明,奥地利人自己也不知道到底想当哪国人。许士尼格还同意释放大部分在奥地利被囚禁的纳粹分子,人数约 17 000 人。他还同

---

① 国家社会主义是由德国工人党,即纳粹党提出的思想,由法西斯主义与种族主义构成。——编者注

意纳粹分子加入祖国阵线——这就相当于让他们渗透进政府机构当中。正如约翰·甘瑟所写，这代表着冯·帕彭的"麂皮手套"策略的成功："下个月就要娶回家的姑娘，没必要现在霸王硬上弓。他的政策就是建立在这样的道理之上。"

许士尼格自感必须接受冯·帕彭的条件，原因之一在于他知道墨索里尼不会保护他。这位意大利独裁者曾是冯·帕彭前任的坚定支持者，但是陶尔斐斯遇刺一事严重打击了他的威望，更重要的是打击了他维持奥地利作为缓冲国的构想。希特勒的势力日益崛起，把墨索里尼衬托得像个又小又弱的独裁者。许士尼格仅存的希望，就是这一轮妥协能够让奥地利作为一个独立的日耳曼国家存在，就像冯·帕彭在协议中承诺的那样，不管这一切听上去有多么矛盾和天真。

即便弗洛伊德逐渐认识到局势险恶，他依然更愿意把目光转向别处。又或许正是因为时局险恶，他才越这么做。1936年下半年，玛丽·波拿巴给了弗洛伊德一个逃避现实的绝佳机会。她寄给他一份书稿，这本书的英文版后来以《托普西：一头金毛松狮犬的故事》(*Topsy: The Story of a Golden-Haired Chow*)为名出版。弗洛伊德对自己的松狮犬乔菲（Jofi）感情很深，所以读到波拿巴讲述与托普西的关系，以及她不惜一切为爱犬治疗癌症的故事，令他大为感动。

第十章 奥地利的囚牢

"我太喜欢了，这本书非常真挚动人，"他在 12 月 6 日写信说道，"诚然，这并不是一部精神分析作品，但你依然能够从它背后感知到分析师对真理与知识的渴望。"波拿巴在书中思考了为什么她——或者他——会"带着如此非同寻常的强烈感情"热爱自己的狗，这深深地吸引了弗洛伊德。正如弗洛伊德总结她的主题时所说：狗为我们提供了"生活的简单质朴，让我们可以逃离难以忍受的文明冲突"。虽然人与狗在"生物发展"上有差异，但是他们能建立"一种亲密无间、患难与共的感情"。

弗洛伊德对这份书稿爱不释手，他和安娜主动提出要把它翻成德语。安娜解释说，他迫不及待要这么做，是想"回报她（波拿巴）对他的不懈帮助"。这本书的法语版于 1937 年出版，弗洛伊德父女则是在 1938 年 4 月完成了德语版翻译。

但弗洛伊德这么做的动机，远不只是为了报答波拿巴的忠诚与支持那么简单。这既是一本关于狗的书，也是关于生与死的书，无关物种。弗洛伊德对这个主题再熟悉不过。他的第一只松狮犬是由多萝西·伯林翰在 1928 年相赠。这只松狮犬只和他生活了 15 个月，随后便在萨尔茨堡火车站失踪，后来被发现死在铁轨上。他的第二只松狮犬乔菲在 1937 年 1 月做了一个手术，切除了两个卵巢囊肿。一周后，乔菲便突然死于心脏病发作。这些经历令弗洛伊德痛苦万分，正如琼斯指出，弗洛伊德对狗的感情是"他对孩子的喜爱之情的一种升华。这种喜爱之情已经无法得到满足"。波拿巴也写道："狗就是不会长大、不会离开你的孩子。"

至少这是狗能够提供的美好图景——直到它们生病或死去。当托普西的嘴唇下面长了一个肿瘤，并且很有可能在几个月后以"最痛苦的方式死去"时，波拿巴立刻做出决定："只要托普西能被治愈，那它就和我一样有活下去的权利。"她开始带它去巴黎的居里研究所接受 X 射线治疗。波拿巴对居里研究所并不陌生。"12 年前另一个身体也躺在射线之下，那就是我的父亲。当时的他正遭受着同样的痛苦折磨，只不过位置不同罢了。"她写道，"但是后来我才知道，射线日复一日穿透他的身体，其实不过是徒劳。"

但是托普西不一样，X 射线治疗确实治好了它，也给它的主人带来新的希望。波拿巴说："托普西的身上似乎散发出一种力量，宛如一个生命的护身符。"但是整件事让她开始思考自己的死亡，"托普西，我的生命就如同你的一样，正在走向衰弱。当你不能再守卫我的房门之日，便是死亡来临之时……"

针对这样的文字，弗洛伊德回应道："如果你尚在 54 岁这样的大好年华，就禁不住频繁思考死亡，那你还会惊讶于 80 岁过半的我担心活不到父亲与兄长的年纪吗……"在 1937 年 8 月 13 日写给波拿巴的一封信中，他要求"让我活在你友善的记忆之中——这是我唯一认可的有限的永生"。但是，仿佛是为了转移关于死亡

第十章 奥地利的因牢

的话题,他又加了一句:"托普西知道我们在翻译它的故事吗?"

在父亲去世几十年后,当安娜·弗洛伊德与美国儿童精神病学家罗伯特·科尔斯讨论那段时期时,她谈到了对那个关键时期的看法。她说:"到 1936 年,很明显已经没有什么能够阻止希特勒夺取奥地利——或者也可以说,阻止奥地利加入德国。"并强调他们一家当时就认清了这一形势,而不是她事后诸葛亮。"我们并没有否认现实,但我们也没有向恐惧与担忧屈服。"

既然如此,为什么当时他们还不离开维也纳呢?"答案很简单:我的父亲病得很重,大部分时候都在忍受病痛。他已经接近生命的终点——80 多岁,还身患癌症,而且他无法想象在其他地方开始'新生活'。他只知道沙漏中只剩寥寥几粒沙——仅此而已。"她还为自己辩护似的说道:"事情发生之后,你当然知道什么才是对的,应该采取什么行动,以及何时采取行动。"

安娜完全有理由指责这种马后炮的行为,她把父亲的年纪与健康问题视作一家人优先考虑的重点也无可厚非。但是她认定弗洛伊德在 1936 年已经清楚地认识到纳粹德国将会吞并奥地利,则可能有点儿言过其实,或者至少还是有点儿事后诸葛亮了。到了 1936 年,形势当然已经很明朗,但是弗洛伊德依然不愿意承认这种结果的必然性。

或者更准确地说,在某些情况下,弗洛伊德是可以保持清醒的政治判断的，但是他却依然执着于寻找越来越渺茫的希望之光，这很容易影响他的判断。

1937年3月2日，弗洛伊德在写给琼斯的信中承认"纳粹侵略可能无法被遏制"，并表示他希望"不会亲眼见到这一天的到来"。他把当时的局势和1683年作比较，那一年奥斯曼土耳其帝国的军队包围了维也纳。但在最后，波兰国王扬·索别斯基（Jan Sobieski）率领翼骑兵大军击溃侵略者，拯救了维也纳。弗洛伊德指出，这次不会再有奇迹出现了，没有人会骑着战马前来营救。"如果我们的城市沦陷，那么那些普鲁士野蛮人将会彻底吞没欧洲。"他总结道，"不幸的是，到目前为止一直在保护我们的墨索里尼，现在也好像要对德国坐视不管。"

但是直到1938年2月6日，当希特勒已经逼近奥地利时，弗洛伊德依然愿意相信许士尼格总理可能有机会扭转他向琼斯描绘的黑暗图景。在写给艾丁根的一封信中，他说："我们勇敢而优秀的政府比以往任何时候都更加奋力抵御纳粹，虽然从德国最近发生的事情来看，没有人知道明天会怎样。"

但是很快，许士尼格和包括弗洛伊德在内的奥地利国民就会知道答案了。

第十一章　弗洛伊德行动

1938年3月10日，就在弗洛伊德称赞奥地利的"优秀政府"和它"抵御纳粹"的壮举约一个月后，他在伯格街19号公寓的电话突然响起。管家宝拉·费希特拿起电话，她并没有听出对方的声音，另一头也没有做自我介绍。"告诉教授希特勒明天就要来了！"对方说完电话就挂了。费希特把这则简短的信息报告给弗洛伊德，弗洛伊德听罢后只是说了一句："这可糟了，宝拉。"

实际上，许士尼格保卫奥地利独立的努力早在一个月前——确切地说是2月12日——就已经开始崩溃，只是包括弗洛伊德在内的绝大部分国民并未意识到这点。在那一天，这位奥地利总理与希特勒在贝希特斯加登——也就是这位德国独裁者在阿尔卑斯山的住处——见面。就在这位客人出于礼节称赞这里风光旖旎的环境与宜人的天气时，希特勒毫不客气地将他打断。"我们来这儿可不是聊风景和天气的。"他说。

接下来，希特勒向他的客人发起了一通愤怒的谴责，指责他的"一切所作所为都破坏了友好政策"。他明确表示自己不仅是因为许士尼格而愤怒，更是因为奥地利作为一个独立国家存在而愤怒。他宣称"整个奥地利的历史"就是"一次不曾间断的叛国行为"，并恶狠狠地说道："我绝对要结束这一局面。德意志帝国是一个大国，当它要解决边境问题时，没有人可以对它说三道四。"

这番正面攻击让许士尼格目瞪口呆，他提醒希特勒奥地利对德国历史也做出过不少贡献，但是希特勒称这些贡献"等同于零"。为了缓解房间里几乎摸得到的紧张气氛，许士尼格向他保证奥地利会努力"消除一切障碍，推动两国更好地理解彼此"。但他的示好同样遭到希特勒的无视。希特勒斥责许士尼格下令在德奥边境加筑防御工事，并向他直接发出威胁："只要我一声令下，你那些可笑的防御工事都将在一夜之间被炸成灰。如果我真要动手，你难道以为你能撑过半个小时？"

为了打消许士尼格寻求外援的念头，希特勒又说："不要指望这世界上会有人阻挠我的决定。意大利？我已经和墨索里尼达成一致了……英国？英国不会为奥地利挪一根指头。"至于法国，他指出，法国在两年前就没能阻止他撕毁《凡尔赛和约》协定，让军队进入莱茵兰不设防区。希特勒承认当时的法国军队军力之强，足以逼退德军，但是如今时代已经变了。"法国大势已去。"他说。

第十一章 弗洛伊德行动

随后许士尼格被交给外交部部长约阿希姆·冯·里宾特洛甫（Joachim von Ribbentrop）和弗朗茨·冯·帕彭（彼时冯·帕彭刚刚被解除德国驻奥地利特使的职位，但他依然热衷于参加希特勒的政治游戏），并发现有一连串的要求正等着他，而且这些要求被视作两国政府之间"协议"的一部分，他非接受不可。

这些要求中有不少都确保了纳粹对奥地利的绝对控制：任命亲纳粹律师阿图尔·赛斯－英夸特（Arthur Seyss-Inquart）为内政部长，并掌控警察权；停止取缔奥地利纳粹党；以及由德国"同化"奥地利经济。许士尼格自知别无选择，只能接受冯·帕彭的虚假承诺——这项协议将让"奥地利不会再有任何麻烦"——并签署了该协议。

但是这位奥地利总理手上还有一张牌。他告诉希特勒，除非奥地利总统威廉·米克拉斯（Wilhelm Miklas）也接受这项协议，否则协议无效。随后，米克拉斯反对其中一些条款，为许士尼格争取了一定时间，为阻止或者至少延迟德国占领做最后准备。愤怒的希特勒命令他的将军们在边境展开军事演习，并加大了恐吓力度。2月20日在国会讲话时，他宣布自己绝不容忍生活在纳粹德国边境之外、因为渴望"与全民族统一"而遭受压迫的德国人的"民族自决权"遭受侵犯。这番话的对象就是生活在奥地利和捷克斯洛伐克苏台德区的大批日耳曼人。

许士尼格鼓起最后的勇气做出回应，他指出奥地利愿意做出让步，但是让步"到此为止，不得再得寸进尺"。3月9日，他还宣布全国将于3月13日举行全民公投。所有奥地利人必须回答这样一个问题："你是否支持一个自由的和日耳曼的、独立的和社会的、信奉基督教的和统一的奥地利？"这个表述承认了奥地利人的日耳曼血统，但其实际目的是给奥地利人一个机会支持自己的国家继续存在下去。

希特勒知道绝大部分奥地利人都会表示支持，这不是他想要的结果。于是他下令军队准备向奥地利进军。也就是在那时，那个匿名人士致电弗洛伊德，并向他发出警告。

3月10日，也就是在收到电话的同一天，弗洛伊德在日记中写道："美国大使馆的威利。"他所指的是约翰·威利，也就是被布利特安排驻扎维也纳的那位外交官。威利打电话给伯格街19号，标志着这支新成立的弗洛伊德营救小队的成员已经开始做好准备，应对迫在眉睫的危险。

第二天，德军关闭奥地利边境。在希特勒爪牙的强大压力之下，许士尼格被迫叫停公投，并决定辞职。在当晚的广播道别讲话中，他谴责声称各地发生动乱、到处"血流成河"的不实报道，这些都是纳粹为接下来的侵略行动提供借口而编造的谎言。"即便在这个可怕的时刻，我们也不准备流血。"他说，"我们决定命令

第十一章 弗洛伊德行动

军队不作任何抵抗。"最后他用一句"天佑奥地利!"结束了他简短的讲话。

3月12日清晨,大批德军涌入边境。因为奥地利政府在之前已经投降,所以在希特勒的军队现身前,一些海关人员就帮助拆除了边境上的障碍物。凌晨4点,驻维也纳的CBS[①]记者威廉·谢勒在日记中写道:"最糟糕的情况发生了!许士尼格下台。纳粹登场。希特勒打破了十几项庄重承诺、保证和条约。奥地利完了。美丽、悲情、文明的奥地利!一去不返!"

还没等希特勒的军队抵达维也纳,这座城市的景象就已经令谢勒目瞪口呆。从卡尔广场的地铁站出来后,谢勒发现自己被"大吼大叫、歇斯底里的纳粹暴徒所淹没……这些面孔!我曾经在纽伦堡见过这样的面孔——疯狂的眼睛、张大的嘴巴、狂热的模样"。谢勒跟随着高唱纳粹歌曲的人群前行,他看见一群警察在一边袖手旁观,他们已经戴上了红黑白三色的卐字符袖章。"所以他们也已经变了。"他写道。而且城市里已经出现了针对犹太人的袭击事件。"强壮的年轻人搬起铺路砖砸碎犹太人商店的窗户。民众兴奋地发出吼叫。"

---

① CBS:即美国哥伦比亚广播公司(Columbia Broadcasting System),成立于1927年。

谢勒和一位同事前往美国公使馆会见威利。他发现这位外交官"正站在他的办公桌前，手中紧握着他那根万年不变的雪茄烟嘴，脸上挂着一种奇怪的笑容——那是刚被打败并且深知败局已定的人才会露出的笑容"。威利向两位客人轻声道出一个显而易见的事实："全完了。"

就在德军不费一枪一弹进入奥地利之时，弗洛伊德有感而发，写下了他那篇著名日记《奥地利的终结》（"Finis Austriae"）。同日下午，伯格街19号的居民已经能听到楼下街上卖报人兴奋的叫卖声。弗洛伊德对管家说："快点儿，宝拉，去给我买份《晚报》。"他所说的《晚报》（Abend），指的是一份一直坚定支持奥地利独立的报纸。费希特回来时，马丁看着父亲接过报纸，扫了一眼头条，便将其揉成一团，然后一言不发地把它扔到房间的角落。马丁指出，这种罕见的情绪外露，更加凸显出了他的"厌恶与失望"。

马丁拾起这团报纸，将其摊开抚平，并立即意识到这个国家的悲剧即将对某个群体产生最直接的冲击。"我们犹太人将会成为第一批受害者。"马丁说。报纸上已经写满了刺眼的反犹太宣传。

第二天晚上，也就是3月13日星期天，德国正式宣布"德奥合并"。正如新法律所宣布的，奥地利已经变成了"德意志帝国的一个省"。同日，维也纳精神分析协会董事会成员在伯格街19号碰头，商量接下来该怎么办。讨论的结果是：他们都应该逃离维

第十一章 弗洛伊德行动

也纳,远离新的纳粹统治者。创始人在哪里落脚,协会就在哪里重建。

然后,弗洛伊德向大家讲述了罗马皇帝提图斯摧毁耶路撒冷圣殿的故事,以及当狂热的犹太教徒准备决一死战、宁死不向罗马统治屈服时,拉比约哈南·本·萨卡伊(Jochanan ben Sakkai)是如何提出反对。后来这位拉比不仅活下来,还说服罗马人让他在加利利开设一所新学校,供犹太人学习犹太律法。"我们也要这么做。"弗洛伊德发誓说,"毕竟我们已经在我们的历史和传统中习惯了迫害,我们中的一些人甚至已经有过亲身经历。"他并非想要完全效仿萨卡伊,因为他知道纳粹不可能容忍他建立一个宣传精神分析的新中心。他只是想强调自救比牺牲更重要。

表面上看来,弗洛伊德好像已经愿意放弃自己的长久居所,去别处继续发展精神分析事业,但是国际精神分析协会主席欧内斯特·琼斯以及其他外国同事根本不相信他真的转变心意,也不认为他们能够劝说他转变心意。琼斯回忆说:"我知道他有多不情愿,也知道在过去这些年里,他多么频繁地表达过要在维也纳坚守到底的决心,所以我对结果并不抱太大希望。"

他的悲观是可以理解的。正如马丁·弗洛伊德指出的那样,他的父亲多年来一直有机会随时离开这座城市,"那时希特勒的阴影尚未笼罩维也纳明媚的天空。但是他从未离开,而且就我所知,他也从未认真考虑移民这件事"。德奥合并之后,要解救弗洛伊德变得更加艰难。说服他接受逃亡计划只是第一步,但光是这一步就已经够棘手了。琼斯意识到他需要各方的协助才能够克服这第一个障碍。他需要动员他的"部队"。

当希特勒在狂热民众的欢呼声中骄傲地穿过维也纳时,琼斯正在伦敦疯狂地给所有可能帮得上忙的同事打电话。他联系了多萝西·伯林翰,正如他所说,伯林翰"现在几乎就是弗洛伊德家的一员了"。这位来自美国的蒂凡尼继承人就住在伯格街19号弗洛伊德家楼上两层。在那里,她可以接近她余生的伴侣——安娜·弗洛伊德。伯林翰不仅和琼斯有联系,还和身在巴黎的玛丽·波拿巴,以及最重要的伙伴——被布利特安排在维也纳的约翰·威利保持联络。

3月14日,也就是希特勒抵达维也纳当天,街头的景象提醒所有人要做好最坏的打算。时年17岁、原名乔治·克拉尔(Georg Klaar)的犹太作家乔治·克莱尔(George Clare)后来描绘了印象中这位德国独裁者获得的待遇,他写道:"这座城市就像一个饥渴难耐的女人,颤抖着、扭动着、呻吟着、喘息着渴望高潮与释放。"

伯林翰当时正在生病,大部分时候卧病在床,但是她已经开始扮演中间人和"弗洛伊德行动"的早期吹哨人。因为她在自己的卧室和楼下安娜的卧室之间拉了一条电话线,所以安娜——或

第十一章 弗洛伊德行动

者管家宝拉——可以立即联系上她或者她的孩子。如此一来，只要多萝西感觉弗洛伊德有危险，便可以立刻向其他人传递信息。

3月15日，希特勒在维也纳帝国宫殿——霍夫堡皇宫的阳台上向人山人海的支持者发表讲话。与此同时，纳粹暴徒们正在街头打砸犹太人的店铺、猎捕犹太人。同日，琼斯赶到维也纳，用他的话说，就是来"最后一次劝弗洛伊德改变心意"。伯林翰已经告知他弗洛伊德对于是否离开依然犹豫不决。琼斯认为他必须当面劝说弗洛伊德。玛丽·波拿巴则答应随后就到。

因为当天没有从伦敦飞往维也纳的飞机，所以琼斯先飞到布拉格，然后在那里租了一架小型单翼飞机飞到维也纳，而此时的维也纳已经不再是独立的奥地利的首都。根据希特勒在霍夫堡皇宫所做的演讲，现在它是"德国最年轻的堡垒"。琼斯抵达维也纳的第一印象证明了纳粹对这座城市的控制已经到了什么地步。他回忆说："机场挤满了德国军机，空中也飞满了军机，一个劲儿地吓唬维也纳人。"德军坦克也从维也纳街头隆隆驶过，到处是"希特勒万岁"的口号声。

联系上安娜·弗洛伊德后，琼斯按照她的建议，直奔国际精神分析出版社维拉格。维拉格位于伯格街7号，已经成了新统治者针对的目标。当天上午，出版社经理马丁·弗洛伊德来到社里，决定销毁一切可能被作为罪证的证据。这些证据可能危及他的父亲,或者是其他向他寻求律师服务的客户。特别是他为他们在海外开了银行账户,投资了比奥地利货币更稳定的外汇。马丁指出,在德奥合并之前,这都是完全合法的行为,"但是我知道在这些贪婪的纳粹眼中,这将是一种犯罪"。

那天早上,一位客户亲自来取他的个人材料,耽误了马丁处理其他材料的时间。没等马丁处理完多少东西,十几个武装暴徒便冲进了屋里。他们之中"混杂着各种人,全都打扮寒酸",大部分人都带着步枪,但没有明确的领头人。这群人当中气焰最嚣张的是一个身材矮小、面容憔悴的男人,他只带了一把手枪。马丁记得每当他不太听话的时候,这个男人"就表现得非常嗜血,他会掏出手枪,故意大声地上膛退膛,一边嚷嚷:'咱们干吗不毙了他?咱们应该当场毙了他。'"

其中两名男子端着步枪抵住马丁的肚子,其他人则在保险箱和现金抽屉里搜钱。很快桌上便堆满了各种货币的钞票和硬币。但是马丁赶在这帮人出现前拿出来的文件材料全无人注意,现在这些材料就摆在一个架子上,无人问津。马丁迫不及待想要把他们全部赶走,但是又很担心那个挥舞着手枪的家伙,正如他所说,"如果处理不慎,这个人可能会被一种歇斯底里的冲动所控制"。

当琼斯赶到维拉格时,他一眼就看到那群"一脸反派长相"的武装入侵者正在清点一个抽屉里的钱,而马丁则被人看守着坐

第十一章 弗洛伊德行动

在一旁。琼斯原本希望通过向他们解释这家出版社是一家国际企业来唬住他们，没想到却被他们一并扣押了。琼斯请求让他和英国大使馆联系，但遭到他们轻蔑的拒绝，这不禁让他反思"在希特勒成功后，我们国家的威望究竟降到了什么地步"。但在约一个小时后，他们放走了他。琼斯连忙沿着街道奔向伯格街19号，去确认弗洛伊德及其家人的安全。

与此同时，马丁依然被扣押在维拉格。不过到了下午，因为他们已经搜不到钱了，看守他的人数明显少了很多。最后，守卫只剩下一人——据马丁表示，这个人看起来就像个脏兮兮的失业服务员领班——威胁的气氛逐渐消散。这名守卫不再用步枪指着马丁，并允许他站起来活动一下身子。然后他开始聊起了自己艰难的经济状况，马丁很快就明白了他的用意。之前的暴徒们并没有想到要搜他的口袋，于是马丁从口袋里掏出一些金币和钞票递了出去。

获得看守的感激后，马丁提出要上厕所。对方同意了，并跟着他穿过一条走廊，而马丁想要销毁的文件就堆在这里。在他们经过走廊的时候，马丁偷偷抓起一把文件。进入厕所后，他就把文件撕碎，用水冲走。接下来他又屡次以上厕所为由，多次重复这个方法。

在马丁用计顺走文件的过程中，其他的暴徒也时不时溜回来，顺走之前堆在桌子上的钱。与此同时，有个住在附近的纳粹分子一直在窗外暗中观察里面的情况，并给附近的冲锋队，即武装组织褐衫队的总部通风报信。该区域指挥官立刻赶来，要求马丁的看守交出马丁给他的钱——当然他并没有把钱还给马丁。在私闯民宅开始的第一天，这些暴徒缺乏计划，更多的是即兴发挥；没有什么有组织的敲诈勒索，更多的是恐吓和抢夺贵重财物。对于被他们洗劫的目标来说，这就意味着要随机应变。

就在马丁被扣押在维拉格的同时，一群褐衫队成员闯入了附近的弗洛伊德家中。为了保护正在休息的丈夫，玛莎·弗洛伊德决定以礼相待，邀请闯入者们就座，要求他们把步枪放在通常用来放伞的走廊置物架上。他们拒绝了她的好意，但是玛莎的礼节确实让他们有点儿不知所措，而她随后的做法更让他们吃了一惊。玛莎拿出了家里的一些钱摆在桌上，然后礼貌地说道："先生们请自便吧。"随后安娜领着他们来到另一个房间的保险柜前，打开保险柜，取出了6000先令（约合840美元）交给他们。闯入者们对这番收获颇为满意。

就在这时，弗洛伊德出现在了门口。他看上去十分虚弱，却依然用尖锐的目光将闯入者们死死"钉"住，令他们不敢动弹。彼时琼斯已经扔下维拉格的马丁来到了公寓，他指出："他有一种特别的皱眉方式，配合那双目光如炬的眼睛，能让《旧约》中的

第十一章 弗洛伊德行动

先知也感到嫉妒。"相比于维拉格的那群暴徒,这群闯入者更训练有素,但是他们依然被眼前这个老人的气势所震慑,领头的还称呼弗洛伊德为"教授"。很快他们便退出了公寓,但在离开之前,他们不忘扔下一句:"我们还会回来的。"

这帮人离开后,弗洛伊德才得知他们拿走了多少钱,接着他又一次展现出了他的黑色幽默。"好家伙,"他说,"我出一次诊都拿不到这么多钱。"

与此同时,马丁已经从维拉格被释放,并直接回到家里查看父母的情况。得知褐衫队只是拿走了家里仅有的现金,并收缴了他们的护照,马丁如释重负。他们甚至还为拿走的钱开了一张收据。但是很明显,这两起私闯民宅的行为仅仅是这个新政权各种暴行的序幕。

琼斯自然很清楚这一点,他立刻和弗洛伊德"交心相谈"。琼斯回忆称,虽然那天已经发生了这么多荒唐的事情,"但和我担心的一样,他依然一心要留在维也纳。"琼斯告诉他他并不孤独,世界上还有许多人都在担心他的安危,对此弗洛伊德回答道:"孤独,啊,要是我只是孤独,我早就结束我的生命了。"

但是他也承认琼斯是对的,他不能只考虑自己,于是他又搬出了其他留下来的理由。他说他身体太虚弱,不便远行,更重要的是,因为欧洲各地几乎都强烈反对接受移民,没有人会愿意接纳他。琼斯也指出，失业问题普遍存在，意味着每个国家都对潜在的移民"抱有强烈的敌意"。更不用说，其中的很多敌意是直接针对寻求庇护的犹太人。但是他告诉弗洛伊德，他会回英国看看能否说服当地的官员为他开一次特例。

虽然弗洛伊德并未直接反对，但是他还是提出了不愿意移民的另一个理由：他不能离开维也纳，就像战士不能离开自己的岗位。琼斯用泰坦尼克号二副查尔斯·莱托勒（Charles Lightoller）的例子进行反驳。泰坦尼克号下沉时一个锅炉发生爆炸，热气从风井喷出并将他推上海面，最后他才得以获救。在后来的审讯中，莱托勒解释说："我从来没有抛弃这艘船，先生，是它抛弃了我。"琼斯认为就是这番话说服了弗洛伊德，让他同意只要可以的话就立刻移民。

在那时，能否离开还是个未知数。但是危险迫在眉睫，这一点已经确认无疑。同日，也就是3月15日的早些时候，约翰·威利第一时间得知发生在维拉格和弗洛伊德住宅的突袭事件，他向身在巴黎的布利特发了一封简短的电报："担心弗洛伊德有难，并非年纪与疾病问题。"

布利特立刻展开行动。他致电华盛顿的罗斯福总统说明情况，第二天国务卿科德尔·赫尔（Cordell Hull）便向威利发了一份电报。上面写道："根据总统的指示……"他已经要求美国驻柏林大

第十一章 弗洛伊德行动

使休·威尔逊（Hugh Wilson）"与德国当局交涉此事，并表示希望奥地利当局能够做出相关安排，允许弗洛伊德博士及其家人一道前往巴黎，总统已获知那里有他的朋友准备接收他"。赫尔还表示他明白威利要在维也纳采取类似行动"或许不太可能"，但是他敦促对方随时汇报关于弗洛伊德的最新情况，并报告"他们正在为弗洛伊德一家离开奥地利做哪些安排，或者能做哪些安排"。

与此同时，布利特向柏林的威尔逊发了一份私人电报："如果威利通过电话或电报与你商量协助弗洛伊德教授及其直系亲属在巴黎寻求庇护的事宜，还请提供包括经济援助在内的一切可能援助，届时我将承担所有相关费用。"这则信息的最后一句表明布利特非常清楚纳粹很可能会索要赎金，而他已经做好了支付一切必要费用的准备。

由于弗洛伊德的处境已经越来越危险，所以布利特和威利想要让纳粹明白事情的严重性：弗洛伊德的事情已经得到了最高层的关注，任何针对他的公然行为都可能招致严重后果。布利特致电德国驻巴黎大使约翰内斯·冯·维尔切克（Johannes von Welczeck）伯爵，警告他对于弗洛伊德的任何虐待都将激起国际社会的强烈抗议。据琼斯表示，维尔切克是一个"知书达理之人，也是个人道主义者"，他将这一信息转达给了高层。

在布利特的鼓励下，威利和维也纳的外交官开始去弗洛伊德

拯救弗洛伊德

住处附近"打旗号"。每当伯林翰通报可能有危险时，威利和妻子艾琳娜或者其他使馆成员便会亲自上门拜访弗洛伊德，通常他们会把一辆使馆的公务车停在外面，车上插着醒目的美国国旗。他们知道盖世太保会暗中监视，而且他们猜测在推动帝国崛起的早期阶段，希特勒会尽量避免与美国大使发生直接冲突。而事实证明他们的猜想是对的。

3月17日，另一位知名访客现身维也纳，为保护弗洛伊德及其家人伸出援手，她就是希腊与丹麦王妃玛丽·波拿巴。她既代表着皇室，又背负着一个大名鼎鼎的姓氏。她还可以动用广泛的人脉和巨大的私人财富去支持这次行动。下榻希腊公使馆后，波拿巴联系维也纳其他外国使团的外交官，敦促他们把获知的任何相关信息告知她。最重要的是，她频繁登门造访伯格街19号，给了弗洛伊德、安娜及其家人强有力的精神支持和经济援助。这一切都再一次向当局表明：弗洛伊德不是一个人。

为了强调这一点，波拿巴有时甚至会亲自坐在弗洛伊德公寓冰冷的楼梯上，用身体挡住任何试图闯入弗洛伊德家中的人。据管家费希特回忆，波拿巴会紧紧裹着一件黑色貂皮大衣坐在那儿，戴着浅色麂皮手套，头戴一顶精致的帽子，身边放着一个鳄鱼皮手提包，浑身散发出浓郁的香水味。波拿巴在楼梯上看守时，费希特会时不时给她送茶或者热可可。费希特认为弗洛伊德对波拿

第十一章 弗洛伊德行动

巴的这一行为并不知情,因为当时他并不敢贸然出门,但他肯定知道她在竭尽所能保护他和他的家人。正如他所说:"王妃对我们恩重如山。"

琼斯表示波拿巴的到来让他可以在这个危急时刻放心离开维也纳。于是他回到伦敦,"完成一项紧急任务:寻求英国的许可"。这项任务的重要性再夸张都不为过:如果弗洛伊德及其家人想要获救,琼斯就必须成功。

3月22日,琼斯一回到伦敦,就立刻展开行动。他想要拉拢的关键人物是内政大臣塞缪尔·霍尔(Samuel Hoare)爵士。巧的是,两人刚好同属一家滑冰俱乐部,这就意味着他们之前就见过面,但是绝非熟人。碍于礼节,琼斯决定还是不要直接和他联系,而是先找到了自己的妹夫威尔弗雷德·乔特(Wilfred Trotter)。乔特是一名外科医生,也是皇家医学会的成员之一。弗洛伊德曾在1935年被皇家医学会选为荣誉会员。琼斯请求乔特给他写一封推荐信,把他引荐给威廉·布莱格爵士(William Bragg)。布莱格是一名物理学家,也是大名鼎鼎的皇家学会的主席。琼斯计划请求布莱格为他写一封推荐信,把他介绍给霍尔,因为霍尔有权决定批准谁可以进入英国。

这个计划看上去相当完美,但是出乎琼斯意料的是,布莱格居然天真地问他:"你真的认为德国人在迫害犹太人吗?"尽管如此，布莱格还是给琼斯写了推荐信，把他介绍给霍尔。致电霍尔时，琼斯如释重负，因为这位内政大臣"毫不犹豫地表现出他一向的仁慈，并为我提供了一切许可，包括给弗洛伊德、他的家人、佣人、私人医生以及部分学生及其家属的工作许可"。

正如安娜·弗洛伊德所说，琼斯为总共18位未成年人和6个孩子争取到了进入英国的许可，"完成了几乎不可能完成的任务"。这一结果甚至超出琼斯自己的预期。3月25日，在见过霍尔的秘书并确认相关细节后，琼斯在日记中欣喜若狂地写道："成功！"

琼斯为弗洛伊德一行取得入英许可的速度远超所有人的期待，但是这只代表了部分的胜利。接下来更艰巨的任务，是如何说服纳粹允许他们离开维也纳，而当时的一切迹象都不容乐观。

在对维拉格和公寓展开首轮突袭后，纳粹开始了一系列更具系统性的恐吓与勒索行动。他们会挖空心思从任何寻求出境许可的犹太家庭身上榨取钱财，但是，即便一个家庭完成了所有烦琐的程序，支付了一切需要支付的款项，依然没有人能保证他们能够获准移民。

3月22日，也就是在琼斯起身前往伦敦的同一天，安娜被盖世太保传唤，马丁也随时有被传唤的可能。在此之前，兄妹俩一起找过马克斯·舒尔，希望他能给他们开些药，必要时好让他们能痛快了结自己的生命。舒尔回忆说："他们很怕遭受折磨，这样的恐惧是不无原因的。"他给他们开了"足量的佛罗那，这是一种药效极强的巴比妥酸盐"。关于此事，舒尔和兄妹俩都瞒着弗洛伊德。

在伯格街 19 号，马丁透过窗户，看着四个全副武装的党卫军人和安娜坐在一辆敞篷车中离开。事后他写道："她的情况万分危急，但是她没有表现出一丝恐惧，甚至显得毫不在意。她坐在那辆车里，好像坐在出租车上准备去享受购物一样。"但事实上，正如她和马丁之前去找舒尔所暗示的一样，安娜很担心自己的安全，更担心会在审讯时不小心说出什么不利于父亲的话。但是她依然决定不论是在纳粹面前还是在忧心忡忡的家人面前，都不能露出怯意。

弗洛伊德在当天的日记中只写了简短的一句："安娜和盖世太保。"舒尔专程来到伯格街 19 号陪弗洛伊德，并向他保证他的宝贝女儿一定会平安回来。"那是最糟糕的一天，"舒尔后来回忆说，"时间变得漫长难熬，那是我唯一一次见到弗洛伊德如此忧心忡忡。他在房间里来回踱步，一根接着一根地抽烟。"而在他病床的两层楼之上，伯林翰同样心急如焚，她不停地通过电话询问最新情况。此外，时刻保持警觉的威利也通过国务院向布利特发出电报，告知他安娜被捕的消息。

虽然后面还有其他的审讯等着安娜和马丁，但这次的审讯时间最长。安娜被反复盘问她在国际精神分析协会中扮演的角色，直到当天深夜才获准回家。舒尔用极其克制的文字写道："弗洛伊德很少感情外露，但在当晚他流露出了一定的情绪。"至少有一种说法证实，弗洛伊德在见到安娜后如释重负，喜极而泣。几乎可以确定，弗洛伊德就是在那一刻彻底放弃了对移民的犹豫。他意识到他必须抓住一切机会离开这里，这么做主要是为了安娜，因为她的人生还很长——而且她在任何情况下都不可能弃他而去。

伯格街19号的故事不过是一起更大悲剧的冰山一角。和弗洛伊德一样，许多奥地利犹太人都以为他们的同胞不可能会像希特勒统治下的德国人那样，从一开始就如此残暴地反犹。然而，德奥合并后，谢勒和其他记者在街头目睹的情景与德国别无二致，犹太人的幻想很快便被打破。

伊迪丝·劳布（Edith Laub）那年16岁，她依然记得一些同学，甚至包括她眼中的好朋友，都大声叫嚷："把窗户打开，这儿有一股犹太人的臭味。"很快，她和母亲便被强迫和其他犹太女性一起在一处纳粹总部擦地板，这也是对她们的一种蓄意羞辱。

犹太少年乔治·克拉尔则透过家里的窗户目睹了一起令他毛骨悚然的暴力事件。附近一名对他们父子一向彬彬有礼的警察，正在用棍棒殴打"一个可怜人"，只因为他看见人群欢迎希特勒的军队时大声抗议。他写道："短短几分钟……那个昨天还在守护我

第十一章 弗洛伊德行动

们的警察,就变成了明天的迫害者和施虐者。"

这两个孩子是幸运的,因为他们成功地逃离了奥地利。劳布最后来到美国,婚后改名为爱迪·洛克(Edie Locke),并在20世纪70年代成了《小姐》(Mademoiselle)杂志的主编。克拉尔定居英国,后改名乔治·克莱尔,并写下了备受好评的自传《维也纳最后的华尔兹》(Last Waltz in Vienna)。

其他的犹太人则远没有这么幸运。文化历史学家、评论家、卡巴莱演员伊贡·弗里德尔(Egon Friedell)时年60岁。3月16日,当他在公寓里听到冲锋队上楼时,他从窗户跳下,当场死亡。那年春天,有大约500名奥地利犹太人选择了自杀,逃避了被拘捕、被送入集中营的命运,或者新政府为他们安排的任何下场——这一切通常是从没收财产开始。很快,关于自杀人数激增的传言开始四处疯传,纳粹对此非常担心,并辟谣称:"从3月12日至3月22日,在维也纳共有96人自杀,其中**仅有**50起自杀事件与奥地利政局变化有直接关系。"

为了给自己披上合法的外衣,纳粹在4月10日举行了一次关于德奥合并的全民公投,表面上是为了弥补之前被强行取消的许士尼格的公投计划。既然他们现在已经彻底掌控了奥地利,就不用担心遭到投票者的反对了。谢勒去了设在维也纳的一处投票站,他报道称:"投票亭角落巨大的缝隙,让坐在几英尺之外的

293

纳粹选举委员会也能清楚地看到你投了什么票。"他还指出，在农村地区，大部分人都懒得走进投票亭，而是直接在公开场合投票，好让所有人都看见。结果不出所料，官方宣布99.75%的人都支持德奥合并。

纳粹自信已经巩固了政权，便加大了对维也纳的犹太人——尤其是犹太富人——的打击力度。"犹太人在这里的遭遇已经比德国更加可怕，"威利发电报告知布利特，"这是一场经济屠杀；身穿制服的人堂而皇之入室抢劫。"

针对弗洛伊德一家的反复搜查和审讯，表明纳粹视他们为最重要的目标之一。

德奥合并后，纳粹开始安排相关人员负责监管威利提到的对犹太人的资产掠夺。这些人被称作托管人或者监管人。纳粹把他们分派至各个犹太家庭，没收他们的资产。而他们的理由——用纳粹报纸《进攻报》（*Der Angriff*）在希特勒上台之后的话来说——是因为犹太人的财富和企业都是"不当所得"。

犹太人的财产俨然已成为板上鱼肉，但是犹太富人的命运却依旧不明朗。在这个时期，也就是大屠杀的机器正式开始运转之前，托管人有权力决定他们的命运。他们可以让犹太人相对容易地通过贿赂离开这个国家，也可以对犹太人百般刁难，处处使绊，让他们难逃失败的命运。从长远来看，这不仅意味着失去他们的

第十一章　弗洛伊德行动

财产，还有可能失去他们的性命。托管人的一个决定，可能就是生与死的差别。

3月15日，安东·绍尔沃德成了弗洛伊德一家的托管人，这意味着他将负责监管包括维拉格出版社在内的他们的所有财产。绍尔沃德给人的第一印象令人不寒而栗。弗洛伊德的医生舒尔回忆称他看上去像个"恶汉"。

第一次和维拉格的董事会见面时，绍尔沃德表现得像个典型的纳粹分子，满嘴反犹言论。他挑出两名非犹太精神分析师，质问他们为什么和这些"犹太猪猡"为伍。他宣布现在出版社由他接管，命令董事会交出所有财务记录。彼时他们根本不指望能从这个新主人身上获得多少怜悯。

但是，时年35岁的绍尔沃德很快便表现出他并不是一个普通的纳粹政权代表。绍尔沃德是一位药剂师之子。在维也纳大学就读期间，他的化学老师约瑟夫·赫齐格（Josef Herzig）恰好是弗洛伊德的一个朋友。虽然绍尔沃德表面看似彻底接受了希特勒的反犹思想，但他其实非常崇拜这位犹太老教授。赫齐格后来于1924年去世，根据琼斯的推断，绍尔沃德可能把对赫齐格的一些感情转移到了只比赫齐格小三岁的弗洛伊德身上。有一次盖世太保来伯格街19号登门拜访，事后绍尔沃德对他们的粗鲁行为表现出了明显的歉意。"你还能指望些什么？"他对安娜说，"这些普鲁士人根本不知道弗洛伊德是谁。"

绍尔沃德的言外之意是：和他们相比，他更明白弗洛伊德的重要性，毕竟他是奥地利日耳曼人，而不是普鲁士人，而且他接受过非常好的教育。但是他还是面临着来自上面的巨大压力，必须榨干弗洛伊德的出版社和家中的每一分钱。例如，在4月份，赫尔曼·戈林的堂兄、一心想要推广自己的"精神治疗"品牌的马蒂亚斯·戈林写信给绍尔沃德，表示他们需要花钱去重新培训那些维也纳的心理学家，因为在他看来，这些人已经被周围的环境污染了。他写道："我相信在维也纳以及雅利安人的圈子里，你依然能感觉到犹太人的影响，但人们却并不自知。"这显然是在针对弗洛伊德的教义。

然后，在长时间驻守维拉格和弗洛伊德公寓期间，绍尔沃德居然系统性地读完了弗洛伊德的许多作品，并且越来越崇拜他的博学多识与精神分析理论。据舒尔表示，"最终，他成了我们的一个得力助手，并且动用他在纳粹之中的巨大影响力，为弗洛伊德及其家人还有相关人员移民提供便利"。

绍尔沃德要如何解释他自相矛盾的行为？一方面，他信奉纳粹的种族主义学说，另一方面，他又对弗洛伊德如此敬重。舒尔非常想要了解这个人，1939年，他还和弗洛伊德的弟弟亚历山大在伦敦讨论过这个问题。在弗洛伊德一家和舒尔定居伦敦后，绍

第十一章　弗洛伊德行动

尔沃德曾去拜访过这座城市,并与亚历山大见面。从两人的谈话中,舒尔得知绍尔沃德依然坚持认为犹太人不是"人口中的可靠因素",所以必须"消灭"他们。他还说,"这么做也许很过分,但为了正确的目的,就应该不择手段"。但是他又说,纳粹个体可以"在某些情况下宽宏大量",他指的显然是他自己帮助弗洛伊德这件事。

这并不是这次谈话中唯一的惊人收获。绍尔沃德在30年代初曾在维也纳经营过一家化学实验室。据说他告诉亚历山大,在德奥合并之前、纳粹恐怖袭击屡见不鲜的时候,他曾为维也纳警方担任炸弹专家。他还透露了一个惊人的秘密:纳粹分子实施恐怖袭击的那些炸药就是他提供的。因此,他能轻松辨认出被用于恐袭的炸弹类型,并借此在纳粹和警察之间左右逢源。这表明绍尔沃德是一个醉心于当双面人的人,而在接管弗洛伊德之后,他依然在继续做这种事情。但是,奥地利历史学家克里斯蒂安·罗斯兰德(Christiane Rothländer)的一项最新研究指出,没有任何书面证据能够证明舒尔所说的事情属实(奥地利媒体还在战后报道过这些故事)。维也纳市档案馆和省档案馆也证实他们并没有相关文件资料。

无论绍尔沃德在此之前做过什么,德奥合并之后,他都在弗洛伊德悬在天平上的命运中扮演了一个关键性角色。很快他便获得了足以将弗洛伊德的移民之路堵死的证据,一旦证据泄露,弗洛伊德注定在大屠杀中难逃一死。一切都取决于绍尔沃德是否会采取行动,是否愿意让弗洛伊德从第三帝国的指缝中溜走。

3月15日第一次突袭维拉格时,纳粹就缴获了多份重要文件,马丁·弗洛伊德很清楚这些文件将被视作罪证,用他的话来说,这将使他"成为集中营的候选人"。但是他找到了一个被任命为警察局副局长的前科人员,并从他手中买回了部分文件。在德奥合并之初的混乱期,有钱的犹太人依然可以通过行贿来摆脱各种麻烦。这位新上任的腐败警察还向马丁保证:一旦有要抓捕他的风声,他就会提前通知他。

然而,并不是所有问题都能靠钱解决。马丁和玛丽·波拿巴曾试图花钱把维拉格的大部分书籍赎回来,因为他们知道新政府会如何处置这些书,但是他们最后还是失败了。"实际上,纳粹并不满足于销毁维也纳的书,"马丁回忆说,"他们还特意把我运往瑞士保存的书全给打回来了。"更令人寒心的是,负责下令的这位官员表现出了一种"奇怪的幽默感,他们把这些书运至维也纳销毁,还从父亲的账户中扣除了一大笔运费"。

在当时,任何想要离开奥地利的犹太人都必须支付一笔"飞行税",而且要完成一长串的各种手续,其中不少程序都是巧立名目。关键在于他们有多少钱,以及是否有证据表明他们违反了新

第十一章 弗洛伊德行动

政权的规定。绍尔沃德在检查维拉格和弗洛伊德家中的各种文档时，就发现了足以成为罪证的信息。

据琼斯表示，马丁没能及时销毁弗洛伊德的遗嘱，而在这份遗嘱上，提到了他保存在海外的资金。安娜在战后写给堂弟哈利——也就是安娜的叔叔亚历山大的儿子——的一封信中，提到绍尔沃德还掌握了"我们在瑞士的事务"的证据。这就意味着他们在瑞士存放的不只有书籍，还有其他的资金。安娜指出绍尔沃德把这些文件"好好地锁了起来，一直到我们离开"，并表示"他并没有滥用权力，很少有人能够抵住这样的诱惑"。言外之意是，绍尔沃德完全可以为了讨好他的纳粹主子而曝光他们，但是他并没有这么做。

但是在当时，弗洛伊德一家并不确定绍尔沃德是否会一直保持沉默。他们还在律师的帮助下东奔西跑，完成想要移民必须走完的复杂流程。在和这些纳粹官僚以及那些蠢蠢欲动的暴徒周旋的过程中，安娜一直站在最前面。她以父亲年事已高、卧病在床为由，一直避免让他直接参与这些事情。不仅如此，她还努力帮助那些陷入同样处境的熟人。正如弗洛伊德在给琼斯的信中所说："安娜不辞辛劳四处奔波，不仅为了我们，还为了不计其数的其他人。"

就连阿道夫·艾希曼（Adolf Eichmann）——当时"犹太问题"方面的公认专家——也承认维也纳当时的情况相当混乱。"因为系统复杂，要想拿到护照，办理相关手续需要花费两到三个月。"他报告说，"例如，一份证明申请人无犯罪记录的证书就需要6～8周时间才能获得。因此，有钱的犹太人会雇用雅利安律师去办理这些手续。"他还表示，有些必需的文件没等犹太人拿到其他文件就已经过期了。"这些犹太人必须在同一个流程上反反复复折腾，才能获准移民。"那年夏天，艾希曼在维也纳设立犹太人移民中央办公室后写道，"这给政府带来了沉重的工作负担。"毫无疑问，对他来说这些程序给他造成的麻烦，远比犹太人自己遭受的苦难更严重。

在和政府机构打交道的同时，安娜和玛丽·波拿巴还整理了弗洛伊德大量的文件与信件，并烧掉了她们认为不重要的文件，以便在离开的时候能减轻些负担。波拿巴还会定期查看弗洛伊德的废纸篓，并经常拾回被他扔掉的文件。她不仅一心要拯救弗洛伊德，还想尽力挽救他的财产。据费希特表示，波拿巴频繁把东西从公寓中偷运出去。这位管家回忆说："她把所有的东西都藏在裙子里面，每天都把这些东西送去她的（希腊）大使馆。"随后这些文件被装在外交邮件里发往巴黎，以免遭受盘查和收缴。

就连绍尔沃德也参与其中。他和波拿巴一起，把早先没有被收缴的一些精神分析书籍打包好，并送往奥地利国家图书馆。图书馆的馆长同意帮他们保存这些书籍。神奇的是，这些书居然在历经战火后仍被保存了下来。

第十一章 弗洛伊德行动

5月12日,弗洛伊德写信给儿子恩斯特——早在1933年,恩斯特就带着妻子孩子逃离柏林,定居伦敦——说:"我写信给你没有什么特别的原因,只是因为我坐在这儿动弹不得,束手无策,而安娜在四处东奔西走,和政府机构周旋,处理各种业务细节。"他还表示他们一家人希望能尽快收到关于税务和其他问题的"合格"通知。很显然,漫长而充满未知的等待让他们备受煎熬。"在这一严峻时期,只有两件事情在支撑我继续下去——和你们团聚,以及在自由中死去。"

谈及离开维也纳后在新的国家会有怎样的生活等着他,弗洛伊德显得颇为淡然。"和获得自由相比,一切都不重要。"他写道,"安娜的日子肯定会更好过,这才是最重要的。而对于我们这帮73岁到82岁之间的老人家而言,这一切折腾根本没有意义。"他所说的"老人家",指的是他的小姨子米娜、他的妻子以及他自己。

在绍尔沃德签发他们的出境签证之前,波拿巴和布利特都准备好了要帮助支付纳粹索要的费用。布利特愿意拿出10万美元,这在当时可是笔不小的数目。但是因为这位美国人依然在巴黎担任大使一职,所以相比之下,波拿巴更方便处理这些事务。彼时,弗洛伊德在本地的资金要么被收缴,要么被冻结。而对于他的海外资产,绍尔沃德依旧保持沉默。正如费希特回忆说:"王妃(波拿巴)支付了一切费用。"但是弗洛伊德坚持一旦获得自由后就要

拯救弗洛伊德

把钱还给她。

即便不把海外资产计算在内，弗洛伊德的资产——包括他的钱、家具、艺术藏品、书籍等等全部在内——计算下来也价值125 318马克，约合5万美元，考虑到通货膨胀，大约相当于今天的95万美元。这就意味着他要缴纳25%的飞行税，即31 329马克。这时，波拿巴当起了他们的救世主。这不仅仅是因为她提供了他们所需的大部分钱，更因为她还在为他们加油打气。正如马丁·弗洛伊德指出："我觉得，在维也纳最后那几个悲伤的星期里……若是没有王妃的陪伴，我们恐怕熬不过去。"

弗洛伊德家中的部分成员提前离开了维也纳，因为他们拿到了新的德国护照，取代了被收缴的奥地利护照。5月4日，米娜最先获得出境签证。因为她当时正在生病，所以多萝西·伯林翰先把她送到瑞士，之后两人才一起前往伦敦。马丁从警方的联络人那里收到要逮捕他的风声，于是也在5月14日搭乘火车前往巴黎，和几天前已经由他安排过去的妻子和两个孩子团聚。紧接着，马丁的姐姐马蒂尔德和姐夫罗伯特也在5月24日离开维也纳。但是弗洛伊德依然被困在原地，等候当局允许他离开的通知。

剩下就是弗洛伊德的四个妹妹了。这四个妹妹也生活在维也纳，而且都年事已高（还有一个妹妹安娜早在年轻时就已经移居美国）。据马丁表示，弗洛伊德和弟弟亚历山大"已经为她们安排

第十一章　弗洛伊德行动

妥当，让她们能够在这里安享晚年"。其中很有可能借助了波拿巴的帮助。这就表明她们愿意留在维也纳，也许是因为她们误以为相比于远近闻名的哥哥，她们的处境没有那么危险。但也有一个更简单的解释，即他们已经没有时间去和政府机构周旋，协商批准她们离开所需的赎金。不论如何，她们最终都留在了维也纳。虽然波拿巴很快就意识到情况不对，并设法把她们救出来，可惜一切都已是徒劳了。

当他们发现绍尔沃德愿意批准弗洛伊德一行离开时，波拿巴立刻回到巴黎，所有人都开始忙碌剩余的准备工作。玛莎依旧是一个高效率的典范，事无巨细地包办所有的行李打点工作。她甚至帮助和他们一起离开的管家费希特，把一些金币和银币缝进了她的外套中。这些是多年来弗洛伊德一家送给她的礼物，她不舍得扔下她的"财宝"离开。

6月2日，弗洛伊德终于收到了他的"无障碍证明"（Unbedenklichkeiterklärung），证明他已经缴清了所有税务。但是纳粹还要求他做证，证明他并没有遭到刁难。为此，他们拿出了一份声明要求他签字，声明内容如下：

"我，弗洛伊德教授，在此证明在德奥合并之后，我因为本人的科学威望得到了德国当局——尤其是盖世太保——的尊重与关心，让我能够完全自由地工作和生活，可以按照我的意愿继续我的事业，并获得了有关方面的全力支持，因此我没有一丝怨言。"

弗洛伊德知道他别无选择，但是他还是忍不住询问等候他签字的纳粹官员，他能不能再加上一句话："我会衷心向所有人推荐盖世太保。"

在一旁听到这句话的费希特顿时屏住了呼吸。但是据她回忆，"那个警察只是恶狠狠地看着教授，然后一句话没说，便夺门而出"。

6月4日，费希特为弗洛伊德、玛莎和安娜准备了他们在伯格街19号的最后一顿早餐，此时他们已经拿到了当天下午开往巴黎的东方快车车票。早餐期间，安娜的最后要求是费希特给她的父亲一杯苦艾酒，帮助他应对旅途辛劳。马克斯·舒尔原本要和他们搭乘同一班火车，以便能全程照看病人。然而在最后一刻，舒尔却无法与他们一起离开，因为他要接受紧急阑尾切除手术。安娜告诉他情况危急，她的父亲无法久留，于是他们安排了另外一名医生乔瑟芬·施特劳斯（Josefine Stross）代替他当随行医生。6月10日，做完手术尚在恢复期的舒尔也和他的家人离开了维也纳，用他的话说，"可能真的是赶在了最后关头"。

弗洛伊德一家在火车上包下了两个车厢：一个是给西格蒙德、玛莎还有安娜，以及他们的松狮犬卢恩（Lün），另一个是给费希

第十一章　弗洛伊德行动

特和施特劳斯医生。火车驶离车站时，一个男人突然走到费希特面前，询问她是不是弗洛伊德一行的成员，把费希特吓了一跳。她以为这名男子是个纳粹，结果发现他其实是美国公使馆的人，负责密切关注弗洛伊德一家的情况，直至他们安全抵达法国。旅行期间，他始终保持一定的距离，随后便消失不见。这显然是威利的安排，因为布利特一再叮嘱他要保护好弗洛伊德一家。

随着火车进入德国境内，途径慕尼黑和达豪时，两节车厢里的气氛顿时紧张起来。费希特回忆称"这是整个旅途最难熬的部分"。施特劳斯医生非常担心这位年迈的病人，不知道他的心脏能否承受住这样的压力。弗洛伊德在两天后写给好友麦克斯·艾丁根的信中说道："她把我照顾得很好，因为旅途中的舟车劳顿让我的心脏非常疲惫，为此我注射了足量的硝酸甘油和士的宁。"

凌晨3:30，火车靠近法国边境，玛莎邀请施特劳斯和费希特进入他们的车厢。费希特说："当时教授夫人希望我们能待在一块儿。"他们所担心的海关检查最终并未发生，也许是因为德国当局知道车上还有一名美国代表。同样，当弗洛伊德一家把护照和相关文件递给边境守卫检查时，他们只是简单地扫了一眼，就让他们通过了。

然后，火车穿过莱茵河进入法国。弗洛伊德显然如释重负，他往椅背上一靠，说："我们终于自由了。"

第十二章　此地英国

1938年6月5日清晨，东方快车驶入巴黎东站。玛丽·波拿巴、威廉·布利特和从伦敦赶来的恩斯特·弗洛伊德都已经在站台等候，准备迎接来自维也纳的客人。费希特回忆称，波拿巴穿着一身飘逸的私人订制裙，一条貂皮披肩从双肩垂下；布利特则系着一条优雅的领带，单排扣灰色西装的前侧口袋里半塞着一条手绢，头上斜戴一顶礼帽，俨然一副标准的外交官形象。

和接风队伍一起出现的是一大群记者和摄影师。当弗洛伊德一家略显茫然地走下火车时，只听见一片铺天盖地的快门声。在布利特的帮助和恩斯特·弗洛伊德的阻拦下，波拿巴走在最前面，率领他们穿过拥挤的记者和越来越多驻足看个究竟的民众。在火车站前，波拿巴已经安排了两辆由专职司机驾驶的豪车——一辆宾利和一辆劳斯莱斯——等候他们，准备直接送他们去波拿巴在巴黎西郊圣克卢的别墅。

第十二章　此地英国

当天，弗洛伊德一家在波拿巴的别墅里休息、聊天、逗狗和接待访客。他们大部分时候都待在露台或者花园里，波拿巴在那里为这位贵宾备好了一张沙发和用来保暖的羊毛毯。在他的左右两边，玛莎和安娜各自坐在舒适的椅子里。弗洛伊德在次日给艾丁根的信中写道，波拿巴"表现出了前所未有的无微不至，她把我们的一些钱归还我们，还送给我一些新的希腊陶俑，我不收下就不让我走"。她还拍摄下了这次聚会，用镜头捕捉下了经历了数月煎熬的弗洛伊德终于放松下来的珍贵画面（波拿巴拍摄的影片现在保存在国会图书馆）。

一战之后，弗洛伊德的积蓄就因为恶性通货膨胀而蒸发。所以早在德奥合并之前，他一直在储备金币，以便应对日后可能再次发生的通货膨胀。波拿巴除了从伯格街19号偷运出了各种文件和私人物品外，还带出了一部分金币，装进希腊公使馆的外交邮件中寄出了维也纳。在巴黎，她告诉弗洛伊德他的经济状况其实比他想象中更好，这就解释了他为什么提到她归还了"我们的一些钱"。至于他所说的陶俑，指的是弗洛伊德很喜欢摆在身边的雕塑和古董。波拿巴给弗洛伊德的另一大惊喜，就是把他放在维也纳书桌上的雅典娜青铜罗马雕像还给了他。这个雕像也是她从伯格街19号偷偷带出来的。

"在你的巴黎别墅里休息了一天，让我们重拾好心情与尊严感，"事后弗洛伊德写信给波拿巴说道，"被爱包围了12小时后，我们在雅典娜的庇佑下，骄傲而阔气地离开了。"

当天晚上，弗洛伊德一行踏上了旅程的最后一站，搭乘夜间轮渡穿越海峡。在那个时候，火车车厢是可以直接上船的，所以弗洛伊德无须下车便可穿越海峡。弗洛伊德是在轮渡抵达多佛时才终于见到海。在这里，弗洛伊德要和爱犬卢恩分别六个月，因为英国强制要求所有入境的狗都要接受六个月的检疫。但是他们已经提前为卢恩做了特别安排，它将由一位"和善的兽医"负责照顾，而且弗洛伊德获准可以随时来看望它。

为避免在伦敦维多利亚火车站再次引发骚动，弗洛伊德搭乘的火车改道停在和平常不同的另一个站台，以避开等候在那里的大批记者。掌玺大臣特拉华勋爵也为弗洛伊德一家提供了外交特权，所以他们不需要接受海关检查。欧内斯特·琼斯和妻子凯瑟琳，以及弗洛伊德的儿子马丁、女儿马蒂尔德在车站迎接他们的到来，并把西格蒙德和玛莎送上一辆车"迅速离开"。安娜、恩斯特和宝拉·费希特则带着所有的行李搭乘两辆出租车紧随其后。

琼斯开车送弗洛伊德一家穿过市区，来到恩斯特在樱草花山下埃奇威尔路39号租好的一座房子。这里将作为他们的暂时居所，直至他们的家具全部运到，再另找一个安身久居之处。沿途中，每当经过白金汉宫、皮卡迪利广场和摄政街等地标式景点时，

第十二章 此地英国

弗洛伊德都会激动地指给玛莎看。弗洛伊德第一次来伦敦时还是个年轻人,重返这座令他心驰神往的城市令他无比兴奋,但是这份激动之情又被离开维也纳这件事所影响。在写给艾丁根的一封信中,他袒露了这种矛盾的情绪,他写道:"终获自由的喜悦之中,强烈地混杂着悲伤,因为无论如何,我依然深爱着将我释放的那座监狱。"

但是他的精神越来越好。坐在自己房间的窗前,弗洛伊德继续给艾丁根写信道:"目光所及之处只有绿意盎然,这片绿意的起点是一座被绿树环绕的迷人小花园。"并表示"我们好像住在格林津一样"。他所说的格林津,指的是他深爱的维也纳郊野。因为弗洛伊德的卧室在楼上,所以住在附近的安娜、宝拉和他的儿子恩斯特每天白天都要把他搀扶下楼,晚上又要把他送回去,因为他身体太虚弱,无法独自爬楼。但即便如此,弗洛伊德也毫不在意。

弗洛伊德的心情有了极大的改善,最好的证据就是他的幽默感又回来了。弗洛伊德第一次在花园散步是和琼斯一起——琼斯在这段时间经常去看望他——他对琼斯说:"我几乎忍不住要高呼'希特勒万岁!'"在此之前,管家费希特就曾听到弗洛伊德带着同样的调侃语气对琼斯说:"感谢元首把我们逼到这里。"

更令弗洛伊德高兴的是东道主们的热情迎接。弗洛伊德的到来在英国媒体之间引起了轰动,各类医学期刊对他的欢迎更是溢于言表。《柳叶刀》杂志指出，弗洛伊德的理论曾经一直极富争议，经常像当年达尔文的理论一样激起敌对情绪。"但如今，在他步入老年之后，很少有哪个流派的心理学家能否认他的影响。"文章写道，"大英帝国的医学界无比自豪，因为他们的国家为弗洛伊德教授提供了庇护，而且他选择了这里作为他的新家。"

弗洛伊德致信巴黎的波拿巴，告诉她媒体争相报道的结果是铺天盖地的赠花与来信。他解释说，其中一些信是来索要签名的，但是大部分来信者"都是陌生人，他们只想告诉我：得知我们来到英国获得了安全保障和平静生活，他们无比开心"。

6月22日，在写给仍在瑞士的弟弟亚历山大的信中，弗洛伊德面对各种溢美之词似乎有些不知所措："语言无法描述我们获得的热情接待。集体狂热的翅膀带着我们飞上了天。"无数的学术协会和犹太协会授予他荣誉会员资格，而且他还被"成群结队的索要签名的人、怪人、疯子和寄来福音书传单与书本并渴望获得救赎的虔诚教徒"所包围。弗洛伊德似乎并未感到厌烦，反而觉得很好笑。他写道："简而言之，有生以来第一次，我终于在晚年体验到了出名的感觉。"这个说法并不准确，因为他在很久以前就已经出名了。但是，大部分维也纳人对他的名气淡然处之，并未表现出他在伦敦遭遇的狂热。

在写给亚历山大的这封信中，他更加深入——也更加严肃

第十二章　此地英国

地——分析了他们一家的新情况和新环境。他写道,"事实是,我们一切都很好,若不是我心脏和膀胱欠佳,时常提醒我人类的幸福并不长久,这简直可以说是完美无缺"。他还提到,安娜"一如既往地为了自己和他人忙碌",而玛莎"非常享受现在的生活"。琼斯也证实了弗洛伊德对玛莎的观察。他写道:"弗洛伊德夫人从来不会怀念维也纳,她只会满心期待新生活,仿佛她还是 27 岁的年纪,而非 77 岁。"和在伯格街 19 号一样,她坚持自己出门购物,也很快和许多老板熟络起来。正如琼斯所说,"她既是一位亲切能干的主妇,又是一位迷人的朋友,更是一位热情的女主人"。

最重要的是,弗洛伊德相信事实证明他是对的——他确实来到了除维也纳之外唯一一个能给他归属感的地方。"此地英国……不论一切多么令人感到陌生、奇怪和无所适从……终究是一个受到保佑的幸福国度,生活着善良好客的人民。"

安顿下来后,弗洛伊德照例拒绝了几乎所有出门的邀请。但是在 6 月 10 日,就在他抵达伦敦后不久,弗洛伊德出现在了卢恩接受隔离的狗屋。在安娜的搀扶下,满脸憔悴的弗洛伊德艰难地向正门走去。据隔离点主管凯文·F. 奎因(Kevin F. Quin)描述,卢恩一见到弗洛伊德,便高兴地上蹿下跳,不枉弗洛伊德一片苦心。"很难说得清究竟是谁更高兴。"奎因这样告诉一名澳大利亚记者,"我从未见过动物的眼中透露出如此巨大的幸福与善解人意。"他还提到，弗洛伊德和爱犬聊天和玩耍了整整一个小时，并保证会尽量多来看它。后来他也兑现了这个承诺。

弗洛伊德并不经常做出这种破例的行为，即便是两年前授予他荣誉会员资格的皇家医学会也没能请动他。6月23日，皇家医学会的三名官员亲自登门拜访，好让弗洛伊德能在他们的会员名册上签字。《泰晤士报》以《弗洛伊德教授喜获殊荣》为题报道此事，称皇家学会考虑到弗洛伊德身体欠佳不便出门而把会员名册带出皇家学会，这种情况"实属罕见"。通常来说，这是只有国王才能享受的特权。作为皇家学会的赞助人，国王可以在白金汉宫签字。

彼时正在伦敦的玛丽·波拿巴和安娜·弗洛伊德一起见证了签字仪式。安娜向父亲指出了和他的名字写在同一页的一位名人：查尔斯·达尔文——弗洛伊德眼中的科学英雄。另一个名字是艾萨克·牛顿。弗洛伊德事后感叹："何等荣幸！"根据皇家学会的《注记与记录》(*Notes and Records*)记载："仪式虽然简单朴素，但这位流亡心理学家获得本协会荣誉资格的真挚感激之情赋予了它庄重性与感染力。"

各界贵宾接踵而至。一些是他之前见过的熟人，比如曾去维也纳拜访过弗洛伊德的英国作家H.G.威尔斯，以及奥地利作家斯

第十二章　此地英国

蒂芬·茨威格。茨威格在四年前就移民英国，他迫不及待想要和弗洛伊德再续情谊。他说："这么多年来，和弗洛伊德聊天一直是我最大的学术乐趣。"与此同时，他也知道弗洛伊德年老体弱，所以不知道如今的他是什么情况。"我一直暗自担心，弗洛伊德在维也纳经历了那么多磨难，再次见到他时，他会不会心怀怨恨，或是心神不宁，但是我发现他比以往任何时候都更轻松快乐。"他回忆说，"一走进他的房间，外面世界的疯狂仿佛全都消失不见。"

7月19日，茨威格带上了萨尔瓦多·达利一起拜访弗洛伊德。这位超现实主义画家对弗洛伊德充满了敬佩。当他给弗洛伊德画素描像时，弗洛伊德说："在经典绘画作品中，我寻找的是潜意识；而在超现实主义作品中，我寻找的是意识。"画像完成后，茨威格才意识到自己并没有第一时间发觉这幅画所揭露的可怕现实："我从来不敢给弗洛伊德看这幅画，因为达利如预言般在他的脸上画出了死亡。"

但是弗洛伊德对这次会面赞赏有加。"我真的很感谢你昨天带来的客人，"他在事后给茨威格写信说，"因为在此之前，我一直认为把我视作守护神的那帮超现实主义者都是一群百分之百的蠢货（至少95%吧，就像酒一样）。但是那个年轻的西班牙人，用他坦率而狂热的目光和不容置疑的技术水平，改变了我的估计。"

有时候，弗洛伊德依旧是一个思维活跃、说话毫不留情的主

拯救弗洛伊德

人。1938年10月,哲学家以赛亚·伯林(Isaiah Berlin)登门拜访时,弗洛伊德亲自为他开门,并把他领入书房。伯林于1909年出生于里加[①]的一个犹太家庭,革命爆发后,他们举家迁往英国。伯林是第一位进入牛津大学万灵学院的犹太人,并且迅速崛起为一名知识界的明星。对于这位来自维也纳的新来者,他自然充满了好奇。

不知是假装不知道还是真的出于好奇,弗洛伊德询问这位年轻的客人是做什么工作的。伯林说他想要当哲学老师。弗洛伊德宣称:"那你肯定认为我是个江湖郎中。"迫使伯林连连否认他有这样的想法。当弗洛伊德讲述如何在玛丽·波拿巴王妃的帮助下逃离维也纳时,伯林承认自己对希腊皇室家庭一无所知。弗洛伊德带着明显的认可说:"看得出你不是一个势利小人。"随后两人来到花园中继续喝茶聊天,玛莎和他们的孙子——彼时还是少年的卢西安[②]加入了他们。柏林这才放松下来。

在类似的会面中,弗洛伊德尽量避免话题转向自己的健康问题,但这个话题越来越难回避了。尽管如此,他依然给人感觉十

[①] 里加(Riga),拉脱维亚共和国首都,原属沙皇俄国。
[②] 卢西安·弗洛伊德(Lucian Freud,1922—2011),恩斯特·弗洛伊德的次子,英国著名表现派画家。

第十二章 此地英国

分威严。在征得弗洛伊德同意后，1939 年 1 月 28 日，知名文学夫妇弗吉尼娅·伍尔夫和伦纳德·伍尔夫上门拜访，这也是他们仅有的一次与弗洛伊德的会面。伍尔夫夫妇两人都是由各路作家和艺术家组成的布鲁斯伯里文化圈（Bloomsbury Group）的成员。弗吉尼娅以作家的身份更为出名，而伦纳德则是霍加斯出版社（Hogarth Press）的主要负责人，这家出版社出版了弗洛伊德的作品和其他精神分析相关书籍的英文版。当弗洛伊德邀请两人上门拜访时，伦纳德坦言他是带着某种诚惶诚恐的心情过去的。

"几乎所有的名人，要么令人失望，要么乏味无趣，要么两者兼具，"伦纳德后来写道，"但是弗洛伊德不是这样的，他身上有一种气息，不是出名，而是伟大。"他下颌的癌症让他饱受折磨，所以"那次访谈并不容易"，伦纳德说，但是弗洛伊德"格外礼貌，带着某种老派的礼节。比如，他近乎隆重地为弗吉尼娅献上了一枝花"。他让伦纳德想到了一座"濒死的火山，冷峻、克制、沉默"。

但是，不论弗洛伊德遭受着多大的肉体痛苦，他的思维依然十分敏锐。当讨论的话题不可避免地转向了希特勒和纳粹时，弗吉尼娅表示她和伦纳德都为英国一方在一战中获胜感到有些内疚。她大胆指出，也许一战的结果不同的话，就不会有希特勒的崛起。但是弗洛伊德坚决表示反对，他表示不论怎样希特勒和纳粹都会掌权，哪怕一战是以德国胜利收场，也只会让情况更加糟糕。

拯救弗洛伊德

这一切都给两位客人留下了深刻的印象。伦纳德写道："很少有人给我这种感觉，那是一种巨大的温柔，但温柔的背后却是巨大的力量。"当伦纳德把话题转向他的作品人气时，弗洛伊德说这些书使他声名狼藉，而不是享誉世界。伦纳德总结说："他是一个令人敬畏的人。"

之前就定居伦敦的恩斯特决心要帮父母找到一个固定的家。身为一名建筑师，他可以根据他们的需要对房子进行改造，甚至能还原出他们生活了大半个人生的伯格街19号的感觉和关键特点。1938年7月28日，弗洛伊德一家在汉普斯特德马尔斯菲尔德花园20号买下一座房子，这里也是伦敦市的精神分析师聚居区。他们向巴克莱银行贷款4000英镑，支付了6500英镑的总价。弗洛伊德在给荷兰同事珍妮·兰普尔-德·格鲁特（Jeanne Lampl-de Groot）的信中写道："你可以想象，这让我们本就缩水的存款更加捉襟见肘。"

但是两周后，弗洛伊德在第一次见到这座房子时便喜出望外（他们一直到9月下旬才搬进去），并称之为："我们自己的房子！"这是一座建于约1920年的安妮女王复兴风格建筑，采用红砖结构，比伯格街19号更加宽敞，房间也更大。弗洛伊德在给兰普尔-德·格鲁特的信中感叹："对我们来说再漂亮不过。"他还提到恩斯特"把这座房子拆成了废墟，以便按照我们的需求重新装修"。

第十二章 此地英国

恩斯特给新房加装了一个升降梯,方便他的父亲从楼上的卧室移动到楼下的办公室和书房。这个新设备对于他的姨妈米娜来说也非常重要,因为米娜的健康状况也在每况愈下。

弗洛伊德称赞他儿子对房子的修缮以及改造"简直是披着建筑术语外衣的魔法"。

在给艾丁根的信中,弗洛伊德也对恩斯特"无可挑剔的"安排赞不绝口。"这里已经远超伯格街乃至格林津,"他写道,"真是应了那句老话,'从一贫如洗到顿顿面包'。"恩斯特的作品之一是他专门设计的到顶书架,用来放置父亲的大部分藏书——这些书都是和他们家的其他生活用品一起从维也纳运过来的。这个书架还加入了两个毕德麦雅风格的柜子,用来展示弗洛伊德丰富的古董收藏。

他的大量雕像藏品,包括别人送给他的新礼物,都摆放在一张桌子上或是放在另外的展示柜中。宝拉·费希特精心摆放从维也纳带来的雕像,还原出伯格街 19 号的模样。在伦纳德·伍尔夫看来,弗洛伊德的书房"简直像是个博物馆",只不过一切"看上去都非常轻快、闪亮、干净,而且透过窗户可以看到一片花园,景色宜人"。

当新房全部布置好后,弗洛伊德看着这个新居所和办公室,感叹道:"一切都在这里了,除了我。"这番话展现出他一如既往的讽刺与自嘲，可见他认识到他衰老的身体已经无法像这座新房一样轻松翻新。虽然恩斯特、宝拉和其他人花费巨大的心血重现了他在维也纳的居住环境，弗洛伊德依然清醒地认识到自己是个外来人，不管他收获了多少赞誉。

虽然他对英国和英国人民高度赞扬，但是现在他是一个流亡者，不再生活在被他称之为家的国家。他在10月4日给玛丽·波拿巴的信中写道："这里的一切都非常陌生，困难，而且经常令人一头雾水。但是不管怎样，这是我们唯一能够生活的国度。"对于上了年纪的流亡者来说，这种矛盾的心情并不罕见，弗洛伊德自然也不例外。

同时，弗洛伊德对于德国的形势也更加担忧。9月，希特勒对捷克斯洛伐克发表挑衅言论，一场新的战争一触即发。彼时，多萝西·伯林翰已经为了陪安娜而迁居伦敦。她回忆说："你真该看看那些公园，突然间，公园里就布满了炮口朝天的大炮……你可以想象我们这些移民朋友的心情，原本还在庆幸选择了英国，现在却对未来充满了恐惧。"

9月30日，英国首相尼韦尔·张伯伦从慕尼黑会见希特勒回国。他得意地宣布，通过把苏台德地割让给德国，他争取到了"我们这代人的和平"。此举获得大部分英国国民的热烈支持。但是，弗洛伊德在给波拿巴的信中冷静地指出："和平的狂喜已经冷却，

第十二章　此地英国

人民与议会正在恢复理智，并面对这个痛苦的现实。我们当然感激这片刻的和平，但我们无法从中获得一丝快乐。"

与此同时，来自德国的消息越来越令人心寒。11月10日，弗洛伊德的日记中只有简单的一句话："德国大屠杀。"这指的是"水晶之夜"（Kristallnacht），也称"碎玻璃之夜"。当晚，德国全国爆发针对犹太人及其店铺、企业、犹太教堂和住宅的袭击事件，标志着希特勒反犹运动的一次重大升级。

和其他移民一样，弗洛伊德特别担心留在维也纳的家人，也就是他四个妹妹的安危。11月12日，他在给波拿巴的信中写道："刚刚在德国发生的惨剧，让我更加担心这四位75岁到80岁的老太太的安危。"他告诉波拿巴他已经给她们留下了大笔钱财，但是担心这些钱可能已经被收缴。他想知道是否有办法把她们转移到法国南部。"但是这可能吗？"他又反问，语气听上去并不乐观。

弗洛伊德去世得早，至死都未得知这几个妹妹的下场。1942年夏，四个妹妹全都从维也纳被驱逐至特莱西恩施塔特[①]。表面上看，这里是一处示范性犹太人定居点，但实际上它是一个中转站，关在里面的人最终都被转运至其他地方杀害。弗洛伊德的三个妹

[①] 特莱西恩施塔特（Theresienstadt），位于捷克斯洛伐克境内。

妹——罗莎、玛丽和宝琳都在9月23日被运至特雷布林卡二号灭绝营，并死于毒气室。阿道芬（也就是大家口中的多尔菲）在特莱西恩施塔特多留了几天，但最终于9月29日身亡。马丁·弗洛伊德写道，她是被活活饿死的。

弗洛伊德一如既往地醉心于工作，但他也备受困扰，因为他的身体每况愈下。在他看来，这极大地减少了他的产出量。尽管如此，他依然坚持接诊病人。他还把那张大名鼎鼎的沙发也从维也纳运来，让病人能躺在沙发上看病。住进新房后，弗洛伊德精力充沛时每天能接诊四个病人。上门拜访的客人也依旧络绎不绝，另外，舒尔还提到，弗洛伊德依然在如饥似渴地看书。

在继续负责照顾父亲的同时，安娜还抽身在1938年夏天出席了在巴黎召开的第十五届国际精神分析大会。这也是二战结束前的最后一次国际精神分析大会。琼斯负责主持了这次大会，并展示了弗洛伊德正在撰写的作品——《摩西与一神论》的节选内容，让这位创始人能在精神上莅临现场。

弗洛伊德深知自己时日无多，所以想要完成尚未完成的工作。弗洛伊德定居伦敦后不久，威廉·布利特便赶来看望他。这位美国人还带来了两人合著的伍德罗·威尔逊传记书稿，希望能够解决两人此前的分歧，具体说来，就是希望这位联合作者能够同意删掉他之前加入的内容。令他欣慰的是，弗洛伊德接受了他的

第十二章 此地英国

建议,同意删除相关内容。因为两人已经约定好在总统遗孀伊迪丝·威尔逊去世前不会出版此书,所以弗洛伊德很清楚自己等不到本书出版的那一天,但至少他可以放心这本书终有一天会出版。

但是对于自己那本摩西的书,弗洛伊德就不那么肯定了。这部作品的前两部分——也就是以"摩西是埃及人"这一争议性猜测为前提的文章——已于1937年刊登在了德国精神分析杂志《意象》上,这就意味着这部作品已经引起了批评者的注意。但是他还得把第三部分写完才能成书出版。然而,就在弗洛伊德抵达伦敦几天后,知名圣经学者亚伯拉罕·沙洛姆·亚胡达(Abraham Shalom Yahuda)便登门拜访,试图说服他放弃出版此书。

持反对意见的绝非亚胡达一人。在写给德国犹太作家阿诺德·茨威格的信中,弗洛伊德提到他收到了一个年轻美国犹太人的信,"在信中,他请求我不要剥夺深陷苦难的可怜犹太人仅有的慰藉"。弗洛伊德说这封"出于好心"的信高估了他的影响力,他问道:"我这干巴巴的论文,真的能够动摇哪怕……一个人的信仰吗?"但是,鉴于他身为精神分析创始人的地位,以及身为著名思想家的影响力,他的这番反驳,说得委婉些,并没有太大的说服力。

虽然弗洛伊德不愿向企图让他噤声的人低头,但是在为这篇一神教论文收尾时,这些劝阻的声音可能还是对他造成了困扰。

在离开维也纳前,弗洛伊德就在给琼斯的一封信中坦言,这本书"犹如一个放不下的幽灵(ghost not laid)折磨着我"。"放不下的幽灵"这几个字是用英文写的,但他想表达的意思很可能是"阴魂不散的幽灵"。在最终的文稿中,他也提到在撰写摩西这本书时,"内心的不安与外部的阻碍"一直困扰着他。

尽管如此,在抵达伦敦后,弗洛伊德依然决心要尽快完成手稿。7月15日,他在日记中写道:"摩西被卖给了美国。"此事令他备受鼓舞,原因有二:首先,美国的销量对于本书英文版的成功至关重要;其次,他希望卖书的钱能够帮助补贴一家的开销。两天后,他在日记中写道:"摩西完成了。"

弗洛伊德在维也纳时就开始写本书的最后一章,当时他甚至还不确定这本书能否出版。来到伦敦重新提笔时,他认为有必要解释一下为什么他的想法发生了改变。"之前我生活在天主教教会的庇护之下,所以担心发布这篇文章会让我失去庇护,奥地利的精神分析师和学生的工作也会因此被禁,"他写道,"然后,德国突然对我们发起入侵。面对这一切的天主教,用《圣经》的话来说,就如同'压伤的芦苇'。"因为他知道自己会遭到迫害,原因"不仅是因为我的工作,还因为我的'族裔'",所以他被迫逃亡英国。

在这个向他提供"最诚挚欢迎"的国家,弗洛伊德感到从压迫中被解放出来,可以自由地出版他的作品,尽管他知道这部作

第十二章　此地英国

品很难获得一致好评。他说:"现在我终于敢公开这篇论文的最后一部分。"他知道这将冒犯许多犹太同胞,但是他依然不厌其烦地解释说,他并非全盘否定犹太教。在回复意第绪科学研究所委员会的来信时,他写道:"你肯定知道我对自己的犹太人身份深感高兴与自豪。只不过我对任何宗教——包括我们的宗教在内——都持批判性否定态度。"在另一封信中,他又提道:"我们犹太人一向知晓如何尊重精神价值,我们通过这些思想保持团结,也正是因为它们,我们才能存活至今。"

虽然弗洛伊德在《摩西与一神教》中承认,信仰一个神是犹太人的价值观与生存的核心,但是他相信现实中上帝并不存在,并把这种信仰(不只是犹太人的信仰,还包括其他的信仰)与这一现实放在一起讨论。"这种宗教论是建立在乐观主义和理想主义之上。"他写道,"人类的智慧尚未在其他地方表现出对真理的敏锐嗅觉,人类的思想也没有为接受真理做好任何准备。"

斯蒂芬·茨威格在弗洛伊德的这本书出版后不久便登门拜访。据他描述,他发现弗洛伊德对于这部作品在"犹太历史上最黑暗的时刻"出版而深感自责。茨威格引用弗洛伊德的原话说:"如今犹太人已经被剥夺了一切,而我还走出来,夺走了他们最伟大的人。"——这里指的是他认为摩西是埃及人的观点。但是弗洛伊德的言行却表明,作为一个初获自由的人,他并不后悔在自己

323

拯救弗洛伊德

精力尚存的时候，用他眼中的真理去和他人对峙。

《摩西与一神教》最终成了他最后一部完整的作品，但是他也开始写一部新的短篇作品——《精神分析概要》(*An Outline of Psycho- Analysis*)，意在总结他在该领域的理念。本书于弗洛伊德去世后出版，但是这是一部未完成的遗作，因为没等他写完，病魔就向他发起了最后攻击。

弗洛伊德一行离开维也纳六天后，马克斯·舒尔带着妻子和两个孩子出现在了维也纳火车站。这位弗洛伊德的私人医生依然坐在轮椅上，身上还缠着紧急阑尾切除手术留下的绷带，必须在他人的帮助下才能登上开往巴黎的火车——舒尔时年五岁的儿子彼得至今对当天的这一幕记忆犹新。抵达法国首都后，迎接舒尔一家的依旧是玛丽·波拿巴。舒尔在波拿巴的家中休养了三天。"当然，所谓的休养，不仅只是腹部伤口的愈合。"舒尔回忆说，"逃离了一个满是疯子的世界，这种反差令人难以置信。"

到达伦敦与弗洛伊德重逢后，舒尔恢复原职，继续担任弗洛伊德的私人医生。内政部还为舒尔开了特权，没等他完成规定的英国医学考试就允许他行医。起初，舒尔见到弗洛伊德从维也纳一路舟车劳顿来到伦敦却依然"气色极佳"，这令他深受鼓舞。他也很高兴地看到弗洛伊德在入夏后全心投入工作。但是舒尔也知道，病人的口腔中出现了新的病变。在过去，大部分病变都是癌前病变，但是正如他指出，"过去两年里的病变趋势是转向恶性肿瘤"。

到了8月，舒尔认为病变的严重性已经不容小觑，于是他联系上了汉斯·皮克勒，也就是之前在维也纳为弗洛伊德做手术的口腔外科医生，请他来伦敦再次治疗这位明星病人。安娜·弗洛伊德全力支持这一决定，虽然她的父亲在一开始认为他们有点儿小题大做。

9月7日，皮克勒抵达伦敦。第二天，他就给弗洛伊德动手术，并报告称"切除了大块非常坚硬、顽固的组织"。手术虽然很成功，但弗洛伊德的恢复过程缓慢而痛苦。在10月4日给玛丽·波拿巴的信中，弗洛伊德写道："这是自1923年以来最糟糕的一次手术，几乎要了我半条命。我感到极其疲惫，一动起来就感到虚弱。"他还提到术后恢复需要六周时间，这就意味着他还有两周时间才能康复。但在写信之时，他就已经开始接诊病人了。

舒尔认为，这段时期标志着"弗洛伊德创作活动的结束"，这里所说的"创作活动"指的就是他的写作。在11月12日写给波拿巴的信中，弗洛伊德似乎也认同这个观点。"我还是写不出什么东西。我能够写信，但也就仅此而已。"就连他的声音也开始暴露出他的衰弱。12月7日，BBC在他的家中为他录制了一份声明。他们希望弗洛伊德能够亲口读出他某一部作品的序言，但是他只能用含糊不清的声音说一小会儿。他录下的最后一句话是："因为德国的入侵，我在 82 岁高龄离开维也纳来到英国。我希望能在这里自由地结束我的生命。"

1939 年 2 月，在发现一处无法通过手术切除的口腔病变后，弗洛伊德开始接受放射性治疗，但这进一步消耗了他的身体。4 月 28 日，他致信波拿巴称，安娜已经没法去巴黎参加会议了。"我已经很难照顾自己了，而且也愈加依赖于她。如果能有什么介入治疗方法能够缩减这痛苦的过程就好了。"不过在 5 月 6 日，他还是开开心心地过了一个 83 岁生日，并与家人宾客在花园中散步。贴心的管家费希特还把生日祝福系在狗儿们的脖子上，送到弗洛伊德的面前。

弗洛伊德也许接受了自己大限将至的现实，但他还有一个未了的心愿：他想成为一名英国公民。正如他的儿子马丁所说："父亲深爱着英国。"在 1939 年 7 月 16 日写给 H.G. 威尔斯的信中，弗洛伊德解释说："自从 18 岁那年来到英国，我就一直幻想着有朝一日能够定居英国，并成为一名英国人。"

威尔斯试图游说议会通过一项法案，以便满足弗洛伊德的愿望。但是要想成为英国公民就必须在英国居住满五年，议员们不愿意更改这个老规矩。在他们看来，这种问题不能随便开先例。但是威尔斯和弗洛伊德都很清楚，他活不到成为公民的那一天。

第十二章　此地英国

虽然舒尔全心全意照顾着这位明星病人,但他也有着自己的计划。早在 1937 年,舒尔一家就获得了美国签证,但是他并没有立刻移居美国,而是一再推迟,这让他定居美国的希望日益渺茫。不同于弗洛伊德,舒尔并不满足于在英国度过余生,他也不像弗洛伊德那样瞧不起美国。慕尼黑危机后,舒尔重新申请美国签证,却发现之前的签证依然有效。但是有一个问题:他必须在 4 月底前使用签证,否则就会过期。

眼看放射性治疗已经在弗洛伊德身上初显成效,舒尔便决定和一家人前往美国,并买好了 1939 年 4 月 21 日的船票。他计划先拿到定居美国所需的"入籍意向声明",然后参加纽约州的行医执照考试,再尽快返回伦敦,继续照看弗洛伊德直至他生命的最后时刻。

在他离开的这段时间,舒尔安排了另外一名医生接替他的工作。但他知道弗洛伊德对他此行"不太赞同"。舒尔事后写道:"他已经习惯了我,也在某种程度上非常依赖我。他可能觉得我抛弃了他,甚至是放弃了他。"尽管如此,弗洛伊德还是在办理手续上为他提供了帮助,并祝他一切顺利。到了纽约后,舒尔定期联系代班医生和安娜。从他们的报告中得知放射性治疗依然效果显著,令舒尔倍感欣慰。

但在 4 月 28 日写给波拿巴的信中,弗洛伊德否认了这一说法。

"他们说肿瘤正在缩小,对治疗的反应症状也只是暂时的,企图制造一种乐观气氛。"他写道,"我不相信这些话,也不喜欢被骗。"

为了兑现诺言尽快返回伦敦,舒尔动用了一切可利用的关系,希望能加快在美国办理手续的进程。最后多亏联邦法官朱利安·马克(Julian Mack)——他的儿子路斯·马克·布伦斯维克(Ruth Mack Brunswick)是一名美国精神病学家,在维也纳期间曾是弗洛伊德的学生,并与他共事——的介入,舒尔在6月15日拿到了他的入籍意向声明。同月末,他又通过了行医执照考试,然后和家人搭乘法兰西岛号一起返回英国,并于7月8日抵达。

舒尔第一时间赶到马尔斯菲尔德花园,却被病人的模样吓了一跳:"弗洛伊德的情况看上去差多了。"他回忆说,"他瘦了,而且有点儿冷漠,至少不像他平时那样有活力。"他的右颧骨的皮肤有点儿变色,而且因为放射性治疗而掉了些胡子。在检查他的口腔时,舒尔震惊地发现他病变区的骨头已经软化,并散发出了恶臭。以他们对彼此的了解,无须多言,也知道情况已经极其严重。"他知我所想,我知他所知。"舒尔说。

事已至此,除了为他减轻痛苦之外,已经别无他法了。舒尔写道,因为弗洛伊德"讨厌巴比妥类和鸦片类药物",并且把吗啡"视作最后的手段",所以他和安娜选择使用俄妥仿,这是一种用于局部麻醉的粉末,但是并不能修复他口腔中坏死的骨头。安娜

第十二章 此地英国

在白天依旧忙于自己的工作，并为拯救仍然在欧洲大陆上的分析师而继续努力。但在晚上，她必须照顾弗洛伊德，她要不停地给他敷上更多的俄妥仿，因为他会不停地被痛醒。

到了8月，弗洛伊德已经无法继续接诊了。迫于无奈，他结束了这份毕生的事业。他的休息时间越来越长，到了晚上，他也不再上楼睡觉，而是直接睡在书房。在那里，他能看见窗外的花园和花朵，这也是他小小的慰藉。但是，就连他深爱的松狮犬也不再愿意陪在他身边。据舒尔回忆，弗洛伊德口腔的伤口会散发出恶臭，那条狗"受不了那股味道"，每当它被带进房间时，它都会远远地蹲在角落里。弗洛伊德知道其中的原因，"只能带着悲伤和会意的眼神看着他的宠物"，琼斯写道。

玛丽·波拿巴在8月上旬见了他最后一面。8月下旬，15岁的孙女爱娃——他的儿子奥利弗的独生女——也从法国来看他。舒尔写到，"他对这个迷人的女孩表现出一种特别的温柔"，因为他知道他将再也见不到她。琼斯和其他人也来见了他最后一面。

9月1日，德国进攻波兰，引爆第二次世界大战。这一天，舒尔住进了弗洛伊德家中，并把自己的家人送到了伦敦郊外的安全地带。9月3日，英国与法国向德国宣战。同日，玛莎、米娜和安娜和舒尔一起住进弗洛伊德的书房，此时这个书房已经被改造成一个医院病房。费希特指出，在战争爆发初期，当第一波空袭警报响起时，弗洛伊德家中的老人们都表现得泰然自若，而年轻人则往往处在一种近乎恐慌的状态。

在这种情况下，身为一家之长的弗洛伊德会在一旁看着所有人采取预防措施，尤其是看他们如何保护他的手稿和艺术藏品。但是正如舒尔所说，他已经"离得很远了"，他身边发生的事情日益与他无关。当舒尔问他，如何看待一战期间收音机里反复强调这将是"最后一场战争"时，弗洛伊德回答："不管怎样，这都是我的最后一场战争。"

而据琼斯回忆，在弗洛伊德与病魔的战争中，他从来没有表现出任何不耐烦的迹象。"听天由命，接受不可改变的事实——这样的人生哲学贯穿他生命的始终。"9月19日，琼斯最后一次来见他时，弗洛伊德正在打瞌睡，但随后他睁开眼睛，招了招手。在这位威尔士人看来，这既是问候，也是道别。

两天后，弗洛伊德抓起他的私人医生的手，用德语对他说："亲爱的舒尔，你肯定还记得我们的第一次谈话。当时你答应过我，如果时候到了，你绝不会弃我不顾。现在我的生命中只剩下折磨，已经没有任何意义了。"

舒尔向他保证自己并没有忘记这份承诺，弗洛伊德谢过他，然后对他说："去告诉安娜。"舒尔照做了，然后在安娜的同意下，于次日早上给弗洛伊德注射了2厘克的吗啡。据舒尔回忆，这让

第十二章 此地英国

弗洛伊德"平静地睡下"。12 小时后,舒尔给他打了第二针,让弗洛伊德进入昏迷状态。1939 年 9 月 23 日凌晨 3 点,弗洛伊德去世。

弗洛伊德的家人坦然接受了这个结果。正如安娜在事后对一个朋友所说:"我相信世界上最痛苦的事情,莫过于看见最亲近的人失去你所爱的品质。我很幸运,我的父亲直到最后一刻依然是他自己。"

弗洛伊德去世后,玛莎致信保罗·费德恩(Paul Federn)。费德恩是弗洛伊德的老同事,曾担任维也纳精神分析协会的副主席,后来也在 1938 年逃亡海外。在这封信中,玛莎表达出了同样的达观:"我无怨无悔,因为我这一生都有幸能照顾他,让他免除日常烦恼,"她写道,"现在我的生活会失去意义与满足,都在情理之中。"

9 月 26 日上午,能赶来伦敦的亲朋好友齐聚戈德斯格林(Golders Green),弗洛伊德的遗体就是在这里火化。他的骨灰被保存在一个希腊坛子里——这是玛丽·波拿巴送给他的又一件礼物。波拿巴也从巴黎赶来参加了葬礼。

欧内斯特·琼斯在葬礼上致辞。他谈到了弗洛伊德的成就,以及在他去世后他的影响将如何延续。"他的创造精神之强烈,已经将他注入了其他人的体内。"他这样说道,"倘若这世上有人能征服死亡，面对这恐怖之王依然无所畏惧，并且永世长存，这人便是弗洛伊德。"

弗洛伊德面对死亡能够泰然处之，不仅是因为他的深邃思考与实事求是。另一大决定因素便是所有营救者的付出，是他们让弗洛伊德得以在自由中死去。

后记：各奔前程

弗洛伊德去世后，W.H.奥登[①]写了一首诗赞颂他人生的意义，以及他如何虽死犹存。这首《悼弗洛伊德》（"In Memory of Sigmund Freud"）中关键的一节写道：

于我们而言，他已不再是一个人，
而是一种思想风气。

对于弗洛伊德营救队的成员来说，这句话十分精准。在弗洛伊德去世后，他们依旧在这种"思想风气"的影响下继续生活。

---

① W.H.奥登（W. H. Auden, 1907—1973），英国著名诗人，曾于1968年获诺贝尔文学奖提名。

他的文章、讲座、通信以及不计其数的心理治疗与对话中彰显的理念，依旧跟随着他们，不断深入他们的思想。他的去世成了他们新的动力，激励他们继承他的遗产。

让我们来看看这个故事中诸位主角的后续：

安娜·弗洛伊德在马尔斯菲尔德花园 20 号——也就是她父亲去世的地方——度过了她的一生。起初，安娜是和母亲玛莎以及风烛残年的姨妈米娜住在那里。多萝西·伯林翰原本和她住在一起，但在 1939 年，为了去纽约迎接她的第一个孙子降生，多萝西离开了伦敦。因为二战爆发，她直到 1940 年 4 月才得以重返伦敦，与安娜重聚。

米娜在世期间，多萝西一直住在和安娜同一条街上的另一幢房子里。1941 年米娜去世后，多萝西便搬进来和安娜同居。玛莎·弗洛伊德于 1951 年去世，享年 90 岁。玛莎一走，就剩下这两个女人——正如多萝西的传记作者，即她的孙子迈克尔·伯林翰（Michael Burlingham）写道，她们俩看上去"俨然是一对夫妻"。她们在一起共同度过了 28 年的人生，直至 1979 年多萝西去世。

1941 年，安娜和多萝西开办了汉普斯特德战争托儿所，收留和观察那些在战争中无家可归的孩子。基于这些经验，安娜写出了《战争中的儿童》（*Young Children in Wartime*）等研究作品，进一步提升了她在这一领域的领导地位。战争结束后，她和多萝西

后记：各奔前程

又开设了汉普斯特德儿童治疗课程和诊所，安娜去世后，诊所被改名为安娜·弗洛伊德国家儿童与家庭中心。安娜还频繁前往耶鲁大学等其他美国高校开设讲座。

安娜的诊所吸引了来自世界各地的学生。这些人慕名而来，不仅因为她是这一领域的重要人物，还因为她是精神分析创始人的女儿。来自美国的学生乔纳森·托比斯（Jonathan Tobis）至今还记得20世纪70年代初在诊所的时光，尤其是安娜在全体大会上讨论自己作品的情形。"那种感觉就好像坐在佛祖脚下，"他说，"大概有60个人坐在房间里，如痴如醉地听她讲述'羞耻'与'罪疚'之间的微妙关系。"

1982年安娜去世，享年86岁。她的骨灰被保存在戈德斯格林火葬场的"弗洛伊德角"（Freud Corner），旁边就是存放她父母骨灰的希腊坛子。今天，弗洛伊德一家在马尔斯菲尔德花园20号的住宅已经变成了伦敦弗洛伊德博物馆。同样，弗洛伊德在维也纳生活过的伯格街19号，如今也成了西格蒙德·弗洛伊德博物馆的所在地。

欧内斯特·琼斯一直担任国际精神分析协会的主席至1949年。他从1932年就开始担任这一职位（他之前也在1920年至1924年担任过一轮主席）。战争结束后，琼斯继续接诊病人，但是他最大的计划，是写一本弗洛伊德的完整传记，不仅研究他的事业，也剖析他的私人生活。

琼斯在 20 世纪 50 年代共出版了三卷弗洛伊德的传记。在第一卷的序言中，他写道："这不是一本能获得弗洛伊德本人认可的书。"他在书中提到，弗洛伊德认为"他已经透露了足够多的私人生活"，所以想要"保留仅剩的隐私"。因此，为了写出一本真正具有权威性的传记，琼斯需要说服弗洛伊德的家人，获得他们的全力支持，尽管这有违弗洛伊德的本意。

琼斯能够赢得弗洛伊德一家的支持，主要有两个原因：首先，他在弗洛伊德葬礼上的悼词感人至深，给他们一家——尤其是安娜和玛莎——留下了强烈的印象。其次，弗洛伊德去世后的十年里出现的各种传记与文章令弗洛伊德的家人非常不满，他们认为这些内容扭曲了弗洛伊德的形象，曲解了他的理念，传播了不实的信息。安娜、恩斯特、马蒂尔德和马丁这些依然生活在英国的弗洛伊德的子女，都认为琼斯与父亲相识且共事多年，他才是能够如实还原弗洛伊德本来面貌的最佳人选。

虽然 1949 年时琼斯已有 70 岁高龄，但他依旧带着非凡的精力与热情开始投入创作。他把工作的重心放在频繁采访玛莎上，而玛莎也向他透露了夫妇俩早年的大量信息，直至她 1951 年 11 月去世。他还挖出了一切可以挖掘的弗洛伊德的信件，并恳求安

后记：各奔前程

娜提供她父母漫长的异地恋期间极为私密的信件的副本。

为了获得安娜的同意，琼斯在玛莎去世后不久便把第一章的手稿给她看。事后，安娜在写给父亲好友的一封信中说："他对整个主题客观、求实和科学的态度，令我惊叹不已。"在此之后，安娜便提供了力所能及的一切帮助。琼斯的这部著作出版后，书中的献词写道："致安娜·弗洛伊德，真正的不朽伟人之女。"

完成三卷传记的全部写作后，琼斯被诊断患有肝癌。住院治疗期间，饱受病痛折磨的琼斯很清楚等待他的是什么。1958年2月11日，琼斯请求医生结束他的生命。和弗洛伊德一样，他坚持由自己做出这个最后决定。琼斯的要求得到了满足，他的妻子凯蒂陪在他身边，直至最后一刻。

玛丽·波拿巴虽然没能救出弗洛伊德的四个妹妹，但是她不遗余力地帮助了其他犹太人逃离德国的统治。她为安排科学家和医生逃亡的犹太组织输送资金，并游说法国政治家给这些逃亡者发放签证和居住证。根据传记作者西莉亚·伯丁（Celia Bertin）的估计，波拿巴协助救出了近200名犹太人，但是她从来没有宣传过这些功绩。她也提出过一些不切实际的建议，比如她曾经向美国驻巴黎大使威廉·布利特建议，称美国应该在墨西哥买下一片地，并在那里建立一个犹太国。

在战后，波拿巴继续她的双重人生，一边以精神分析师的身份行医，一边过着上流人士的生活。因为她是希腊与丹麦王妃，所以她会出席1953年英国女王伊丽莎白二世的加冕仪式也在情理之中。同年，她的代表作的英文版出版。这本书的主题是她一直以来关注的焦点，书名叫《**女性性欲**》(*Female Sexuality*)。

波拿巴有时也会重返伦敦，比如出席安娜·弗洛伊德和多萝西·伯林翰创办的诊所的落成仪式，或者是欧内斯特·琼斯在马尔斯菲尔德花园20号为纪念弗洛伊德而设立牌匾的揭牌仪式。她还会出席同事们的大型聚会活动。1957年，她出席在巴黎举办的第二十届国际精神分析大会，会上她做了一番类似告别致辞的演说，并对弗洛伊德所推动的一切做出了总结。她说，精神分析"解放了无法抑制的性本能；让我们对子女更加坦诚，也让女性获得了更大的性自由"。因此，"人类变得不那么虚伪，或许也因此变得更加快乐"。

在她向大会宣读的这篇讲话中，她认为精神分析鼓励每个人去面对现实，包括我们的存在这一终极现实。与其在否认死亡这一现实的宗教中寻求逃避，不如向弗洛伊德学习，因为他在"面对死亡时展示出了更坦然的心态，也因此获得了更大的勇气。死亡是一个无法逃避的敌人，与其否认死亡，不如直面死亡"。

但是在死刑的问题上，她却远没有这么豁达。她代表强奸犯、

后记：各奔前程

绑架犯、抢劫犯卡罗尔·切斯曼进行疯狂游说，反对死刑。切斯曼最终在圣昆汀监狱的死囚牢房待了整整12年，然后在1960年被执行死刑。

80岁那年，波拿巴获知自己得了白血病，并把这个结果告诉了女儿。玛丽表达过想要多活几年的意愿，但也似乎做好了迎接死亡的准备，最终于1962年9月21日去世。

威廉·布利特一直雄心勃勃。1940年法国沦陷后，他卸下巴黎大使的职位重返美国，希望能在罗斯福政府中扮演一个领头角色。布利特不乏支持者，比如总统助理哈罗德·艾克斯（Harold Ickes）就是其中之一，他曾强烈建议总统任命布利特为国务卿，但是并没有成功。罗斯福的回答是："他口无遮拦，而且行事鲁莽。"布利特在一战尾声时戏剧性地辞去巴黎和谈美国代表团的职务，以及之后他对伍德罗·威尔逊和《凡尔赛和约》的尖锐批评，都让他落得这样的名声。

虽然罗斯福拒绝给布利特任何高级职务，但他在许多国际问题上依然会征求布利特的建议。眼看布利特在华府的仕途一片光明。然而，在副国务卿萨姆纳·威利斯（Sumner Welles）在返回首都的列车上性骚扰两名男性乘务员后，布利特犯了一个致命的错误：1941年4月23日，他警告总统这一事件虽然被掩盖，

拯救弗洛伊德

但可能会引发一次"可怕的公众丑闻",并催促总统解除威利斯的职务。但是,布利特的这番建议只是被视作他觊觎威利斯的高级职位。罗斯福认为布利特是存心报复,这比威利斯的行为不端更令他恼火。最终,威利斯保住了他的职位,并且在这个位置继续干了两年。

相比之下,布利特则很快遭到彻底排挤。1943年,他成了费城市长的民主党候选人,但是在选举中败北。后来,他又因为年龄问题未能获任美军军官。之后,布利特便加入了夏尔·戴高乐将军领导的自由法国部队,担任法国第一集团军总司令的高级助理,但在阿尔萨斯战役中被车撞伤。在巴黎,他重回他曾担任过大使的美国大使馆,并推开了已经关闭四年的使馆大门。

但是再多的英雄事迹都无法挽救他在国内的职业生涯。因为他反对罗斯福在雅尔塔会议上的妥协态度,所以他又成了罗斯福总统的尖锐批评者,即便在罗斯福1945年4月12日去世后,他依然没有停止对他的抨击,就如同他之前和弗洛伊德批评威尔逊一样。布利特认为这两任美国总统都屈服于外国压力,为新的不稳定局势,甚至是新的冲突搭建了舞台。在1946年的著作《寰宇全球》(*The Great Globe Itself*)中,他还提到了最新式武器原子弹的威胁。他写道:"在下一次世界大战之后……也许就没有之后了。"

后记：各奔前程

布利特与弗洛伊德所写的《威尔逊传记》最终于 1966 年 12 月出版，并在出版后遭遇压倒性的差评。布利特并没有看到这些差评，因为当时他已经回到巴黎，与慢性淋巴白血病展开一场徒劳的斗争。1967 年 2 月 15 日，布利特去世，享年 76 岁，可谓抱憾而终。不同于弗洛伊德和营救小队的其他成员，布利特始终未能与自己的命运达成和解。

安东·绍尔沃德，这位在德奥合并后担任弗洛伊德托管人的纳粹分子，依旧在这台戏中扮演着一个神秘角色。弗洛伊德逃往伦敦后，绍尔沃德去拜访了留下来的弗洛伊德的妹妹。他这么做极有可能是想保护她们不受自己主子的伤害。但是战争爆发后，绍尔沃德被任命为纳粹德国空军的一名技术专员。在那之后，他也爱莫能助了。

1945 年 3 月，绍尔沃德被美军抓获，并被关入战俘营。6 月，也就是欧洲战场战事结束一个月后，绍尔沃德获释。但在他回到维也纳后，他发现麻烦远未结束。美军陆军军官哈利·弗洛伊德（Harry Freud）认为是绍尔沃德迫害了他的叔叔，在他的要求下，新成立的人民法庭受理了这一案件。检方指控绍尔沃德在德奥合并之前、纳粹党被取缔的时候，就已经是纳粹党成员。他们还指控他在征收犹太人财产期间实施金融诈骗。

拯救弗洛伊德

1945年10月，安娜·弗洛伊德致信哈利·弗洛伊德反驳他的看法，她坚称"我们的性命与自由都是绍尔沃德给的"。1947年7月22日，她写信给一直在四处奔走为夫求助的玛丽安娜·绍尔沃德（Marianne Sauerwald），向她保证她和母亲"绝没有忘记"绍尔沃德"在水深火热中"保护她父亲的恩情。

安娜的信帮助绍尔沃德免除了牢狱之灾，但这起案件一直拖至1949年，法院才最终宣判他无罪。绍尔沃德最终于1970年在因斯布鲁克去世。

马克斯·舒尔在弗洛伊德去世后立刻举家迁往美国，实现了他定居美国的长久心愿。但是在1939年10月横渡大西洋极度危险①。"我还记得我们用救生艇救起了沉没的U型潜艇里的幸存者，还看见英国战舰围着一艘着火的轮船绕圈。"1994年，彼得·舒尔在维也纳精神分析协会做关于他父亲的演讲时说道。那年他只有五岁。后来他们的轮船又遭遇了一次飓风袭击，他的医生母亲还为一名船员做了紧急阑尾切除手术，他的父亲则负责麻醉。

---

① 二战时期的大西洋海战就是在1939年9月爆发，德国派出了大量船舰骚扰美国海上航运。

后记：各奔前程

在纽约，舒尔继续当着私人医生，并进入贝尔维尤医院的梅毒学和皮肤病科工作。他还成了纽约精神分析协会的成员，并在纽约州立大学州南部医学中心教授和从事精神分析工作。

舒尔一直与弗洛伊德营救小队的其他成员——安娜·弗洛伊德、玛丽·波拿巴和欧内斯特·琼斯保持联系，这些人在拯救弗洛伊德的同时也拯救了他。1964 年，舒尔在纽约精神分析协会上举办讲座，主题是："弗洛伊德的作品及其人生中的死亡问题。"在安娜·弗洛伊德的鼓励下，舒尔把他与弗洛伊德的故事写成了书，并在去世前完成了全部手稿。舒尔于 1969 年去世，享年 72 岁。

舒尔的这本《弗洛伊德：生与死》（*Freud: Living and Dying*）出版于 1972 年。除了提供了海量关于弗洛伊德的全新细节外，该书还反映出了舒尔对这位病人近乎崇拜的感情。"他一直都是一位充满人性且高贵之人，他把高贵这个词展现得淋漓尽致。"他写道，"而我也亲眼见到他高贵地面对死亡，一如他高贵地面对生活。"

致谢

曾有位作家朋友告诉我,写书最困难的部分就是创作的空窗期。除非你是那种未雨绸缪之人,否则你会突然陷入迷茫,漫无目的地寻找下一本书的灵感,永远不知道什么时候才能想出和上一本作品同样精彩的内容。但是,如果有什么人或事情触发了你的灵感,而且这个灵感不仅切实可行,还引人入胜,你便会立刻感觉到浑身是劲,并重新获得使命感。对于让你重回正轨的人或事,你更是不胜感激。

我清楚地记得是什么触发了创作《拯救弗洛伊德》的灵感。当时刚与我相识不久的霍华德·埃斯特林(Howard Estrin)送给我一本斯蒂芬·茨威格的《昨日的世界》(*The World of Yesterday*),这是一本文笔优美的回忆录,讲述的是20世纪伊始茨威格在维也纳成长的故事。他所身处的犹太人圈子的知识分子氛围令我十分着迷,他与弗洛伊德在维也纳见面、后来又在伦敦重逢的部分更

致谢

是深深打动了我。我被彻底迷住了。如果说这本书有一个灵光乍现的时刻，那就非它莫属了。

弗洛伊德也许是一个家喻户晓的人物，但是包括我在内的许多人对于将他从维也纳解救出来的那群朋友知之甚少，也不知道他本人是一个集革命性理论与保守性观点于一身的矛盾体。为了讲述这个故事，我广泛查阅了各种文章以及弗洛伊德与同时代人的通信，这些信件提供了许多关于他们的故事，就像他们的传记作者一样。

我尤其感谢兰道夫·博纳斯·兰道夫（Randolph Bernays Randolph），也就是弗洛伊德的妹妹安娜（请不要和弗洛伊德的女儿安娜混淆）的曾外孙，他为我提供了未出版的安娜回忆录的英文版。兰道夫和我都住在圣奥古斯丁，这也要感谢另一位圣奥古斯丁的朋友特蕾莎·拉津斯基（Teresa Radzinski）从中牵线。我也很高兴地发现弗洛伊德的私人医生马克斯·舒尔之子彼得·舒尔依然健在，并且仍在波士顿行医。他和我分享了他父亲的回忆录，以及1994年他在维也纳精神分析协会所做的演讲《弗洛伊德与舒尔的关系》的演讲稿。

在维也纳，我获得了来自西格蒙德·弗洛伊德博物馆的丹妮埃拉·芬奇（Daniela Finzi）与娜塔莎·哈尔鲍尔（Natascha Halbauer），以及维也纳市和省档案馆的卡罗琳·加特林格

（Karoline Gattringer）与尼基·休比斯伯格（Niki Schobesberger）的慷慨协助。我还想感谢爱德华·赛罗塔（Edward Serotta）、莱恩哈德·恩格尔（Reinhard Engel）以及玛尔塔·哈尔巴特（Marta Halpert），他们都是我曾经的记者同事，也是常年生活在维也纳的居民。

在伦敦，我要感谢弗洛伊德博物馆（是的，有两个弗洛伊德博物馆，一个在维也纳，一个在伦敦）的布莱欧尼·戴维斯（Bryony Davies），也感谢皇家医学会档案室应我的请求帮助调查这个故事的多方细节。同样，我要感谢以色列国家图书馆。在新冠疫情限制出行期间，我对他们的帮助不胜感激。

在美国，我想感谢美国国会图书馆的玛格丽特·麦卡勒（Margaret McAleer），是她帮助我查阅了馆内的海量弗洛伊德藏品，我还要感谢耶鲁大学斯特林纪念图书馆的迈克尔·弗罗斯特（Michael Frost），是他帮助我查阅了图书馆内的威廉·布利特的文章。

我会和玛格丽特·奎恩（Margrit Kuehn）定期校对我对德语文献和书籍的翻译，因为她远比我更加精通这门语言。精神分析师约翰·J. 哈特曼（John J. Hartman）与我分享了他对安娜·弗洛伊德的研究。我在阿莫斯特学院的同学乔纳森·托比斯（Jonathan Tobis）曾在安娜在伦敦开设的诊所中学习，他向我生动地描述了

致谢

对她的印象。

在过去将近20年的时间里，我的编辑一直是西蒙＆舒斯特公司的爱丽丝·梅休（Alice Mayhew），直至她在2020年年初去世。我永远感谢她的帮助。作者会对更换编辑充满担忧是很正常的事情，我也不例外。但是刚开始和鲍勃·本德（Bob Bender）合作这本书时，我就意识到所有的担心都是多余的。他是众所周知的老派编辑——知书达理、富有见地，给出的建议更是一针见血。因为我也自以为是一名老派的作者，所以这样一位编辑简直是顶级推荐。他的同事乔安娜·李（Johanna Li）同样才华横溢，和她合作非常愉快。我还想感谢西蒙＆舒斯特公司的其他的优秀成员：艾莉森·弗纳（Alison Forner）、蕾贝卡·罗森博格（Rebecca Rozenberg）、茱莉亚·普罗瑟（Julia Prosser）、史蒂芬·贝福德（Stephen Bedford）、菲尔·梅卡夫（Phil Metcalf）、卡莉·罗曼（Carly Loman），以及文字编辑凯特·拉平（Kate Lapin）。

感谢我的长期经纪人罗伯特·格里布（Robert Gottlieb），在我开始考虑创作新书时，他一如既往地为我出谋划策。他对本书第一时间表现出的热情让我有了自信并立刻投入创作。他在三叉戟媒体集团（Trident Media Group）的同事艾丽卡·希弗曼（Erica Silverman）和诺拉·罗恩（Nora Rawn）也给予了我同样的支持。

在所有为我提供帮助的朋友之中，我想特别感谢大卫·萨特（David Satter），他是本书的第一批读者之一。我还要感谢格雷格·丹特（Greg Dent）、迈克尔·特莱森（Michael Traison）和弗兰克·丹顿（Frank Denton）提供的建议。我还要感谢诸多好友的支持：阿蒂丝·霍德思（Ardith Hodes）和史蒂夫·霍德思（Steve Hodes）夫妇，爱娃·卡明斯基（Eva Kaminski）和巴特·卡明斯基（Bart Kaminski）夫妇，弗兰辛·夏恩（Francine Shane）和罗伯特·莫里亚（Robert More）、阿妮亚·博格斯（Ania Bogus）和莱萨德·霍洛威兹（Ryszard Horowitz）、亚历桑德拉·胡里亚诺（Alexandra Juliano）和安东尼·胡里亚诺（Anthony Juliano）夫妇，桑德拉·戈德曼（Sandra Goldman）和鲍勃·戈德曼（Bob Goldman）夫妇，杰西·科兹明斯基（Jerzy Kozminski）、格里兹格兹·杰得利斯（Grzegorz Jedrys）、格雷兹纳·普罗科普奇克（Grazyna Prokopczyk）和博格丹·普罗科普奇克（Bogdan Prokopczyk）夫妇、哈丽娜·维萨尔科斯基（Halina Wyczalkowski）和沃特科·维萨尔科斯基（Wojtek Wyczalkowski）夫妇，芭芭拉·莫斯科瓦（Barbara Moskwa）和安东尼·莫斯科瓦（Antoni Moskwa）夫妇。莫妮卡·沃德（Monika Ward）和弗兰克·沃德（Frank Ward）夫妇、迈克尔·科尔（Michael Keh）、玛莎·波伊文特（Martha Poitevent）、比尔·法纳尔（Bill Faehnle）、迈克尔·萨里（Michael Salley）、莎拉·斯特恩（Sarah Stern）、艾琳·盖茨

致谢

（Arlene Getz）、弗雷德·古特尔（Fred Guterl）、杰夫·巴索莱特（Jeff Bartholet）和卡尔·斯巴多拉（Carl Spadaro）。

需要感谢的家人同样不胜枚举。包括我的妹妹玛利亚和妹夫罗伯特。我的另一个妹妹特莉，我的表亲芭芭拉·维尔兹比安斯基（Barbara Wierzbianski）和克里斯汀·纳戈尔斯基（Christine Nagorski），汤姆·纳戈尔斯基（Tom Nagorski）和安妮·海勒（Anne Heller）以及他们的孩子娜塔莉和比利。我妻子家的亲戚，包括伊娃·科瓦尔斯基（Eva Kowalski）、西尔维娅·沙夏（Sylwia Socha）和马雷克·沙夏（Marek Socha）以及他们的女儿金加（Kinga）。和朋友部分一样，这只是我要致谢的冰山一角。

我的妻子克里斯蒂娜（大家都叫她克莱西亚）和我有四个孩子，伊娃、索尼娅、亚当和亚历克斯，他们都是我的读者兼评论家，并且从不吝啬对我的鼓励。我们的生活也因为八个孙子孙女而丰富多彩，他们分别是：史黛拉、凯伊、西德尼、查尔斯、麦亚、凯亚、克里斯蒂娜和伊莎贝尔。而这第八个孩子——亚当的妻子奥古斯蒂娜所生的伊莎贝尔的降生，恰逢我的第八本书收尾，这是多么美丽的巧合。有奥古斯蒂娜这样的儿媳，还有埃兰和肖恩这样的女婿，是我们最大的幸福。

这个家庭的中心人物——也是我生命的支柱——是克蕾西亚。我是在克拉科夫做交换生时与她结缘的。我根本无法想象没有她的陪伴，这几十年的生活会是什么样。我也无法想象没有她做我的初审编辑，我的这本书——或者之前的任何一本书——会是怎样。不管做什么事情，她都能不断为我提供建议、支持和独到见解。在我一头扎进弗洛伊德的世界中后，她甚至忍受我分析她的梦境。但她也在第一时间提醒我，我的皮毛功夫根本无法比得过这位精神分析大师。

参考文献

档案资料来源

Library of Congress, Washington D.C.

The National Library of Israel, Jerusalem

Manuscripts and Archives, Sterling Memorial Library, Yale University, New Haven, CT

Royal Society of Medicine Library & Archives, London

Wiener Stadt und Landesarchiv (Municipal and Provincial Archives of Vienna)

未发表的手稿

Anna Freud-Bernays, *Mother's Memoirs*, translation by Hella Freud Bernays (courtesy of Randolph Bernays Randolph)

出版物

Ash, Mitchell G., ed. *Materialen zur Geschichte der Psychoanalyse in Wien 1938- 1945*. Frankfurt a. M.: Brandes & Apsel, 2012.

Auden, W. H. Edward Mendelson, ed. *Collected Poems*, New York:

Vintage In- ternational, 1991.

Bair, Deirdre. *Jung: A Biography*. Boston: Little, Brown and Company, 2003.

Berthelsen, Detlef. *Alltag bei Familie Freud: Die Erinnerungen der Paula Fichtl.* Haburg: Hoffman und Campe, 1987.

Bertin, Celia. *Marie Bonaparte: A Life*. San Diego: Harcourt Brace Jovanovich, 1982.

Bonaparte, Marie. *Topsy: The Story of a Golden-Haired Chow*. New Brunswick: Transaction Publishers, 1994.

Brook-Shepherd, Gordon. *The Austrians: A Thousand-Year Odyssey*. New York: Carroll & Graf Publishers, 1998.

Brownell, Will and Richard N. Billings. *So Close to Greatness: A Biography of William C. Bullitt.* New York: Macmillan Publishing Company, 1987.

Bullitt, Ernesta Drinker. *An Uncensored Diary from the Central Empires (1917)*. New York, Doubleday, Page & Company, 1917 (Kessinger's Legacy Re- prints).

Bullitt, Orville H., ed. *For the President Personal and Secret: Correspondence Between Franklin D. Roosevelt and William C. Bullitt.* Boston: Houghton Mifflin Company, 1972.

Bullitt, William C. *The Bullitt Mission to Russia*. Washington, D.C.: U.S. Senate Committee on Foreign Relations transcript, Sept. 12, 1919.

———. *The Great Globe Itself: A Preface to World Affairs*. New York: Charles Scribner's Sons, 1946.

———. *It's Not Done*. New York: Harcourt, Brace and Company, 1926.

Burlingham, Michael John. *The Last Tiffany: A Biography of Dorothy Tiffany Bur- lingham*. New York: Atheneum, 1989.

Clare, George. *Last Waltz in Vienna*. London: Pan Books, 2002.

Cocks, Geoffrey. *Psychotherapy in the Third Reich: The Göring Institute*. New York: Oxford University Press, 1985.

Cohen, David. *The Escape of Sigmund Freud*. New York: The Overlook Press, 2012.

Coles, Robert. *Anna Freud: The Dream of Psychoanalysis*. Reading, MA: Addison- Wesley, 1991.

Dearborn, Mary V. *Queen of Bohemia: The Life of Louise Bryant*. Boston: Hough- ton Mifflin Company, 1996.

Diller, Jerry Victor. *Freud's Jewish Identity: A Case Study in the Impact of Ethnicity*. Rutherford, NJ: Farleigh Dickinson University Press, 1991.

Doolittle, Hilda (H.D.). *Tribute to Freud*. New York: New Directions Books, 2012.

Dunn, Dennis J. *Caught Between Roosevelt & Stalin: America's Ambassadors to Moscow*. Lexington: The University Press of Kentucky, 1998.

Eastman, Max. *Great Companions: Critical Memoirs of Some Famous Friends*. New York: Farrar, Straus and Cudahy, 1959.

———. *Heroes I Have Known: Twelve Who Lived Great Lives*. New York: Simon & Schuster, 1942.

Edmundson, Mark. *The Death of Sigmund Freud: The Legacy of His Last Days*. New York: Bloomsbury USA, 2007.

Elon, Amos. *Herzl*. New York: Holt, Rinehart and Winston, 1975.

Etkind, Alexander. *Roads Not Taken: An Intellectual Biography of William C. Bullitt*. Pittsburgh: University of Pittsburgh Press, 2017.

Fest, Joachim. *Hitler*. San Diego: Harcourt Brace Jovanovich, 1992.

Freud, Ernst, ed. *Letters of Sigmund Freud*. New York: Basic Books, 1960.

Freud, Martin. *Any Survivors? A Lost Novel of World War* II. Stroud, Gloucester- shire: The History Press, 2010.

———. *Sigmund Freud: Man and Father*. New York: The Vanguard Press, 1958.

Freud, Sigmund. *Civilization and Its Discontents*. Mineola, NY: Dover Publica- tions, 1994.

———. *The Interpretation of Dreams*. New York: Basic Books, 2010.

———. *Moses and Monotheism*. London: The Hogarth Press, 1939.

———. *An Outline of Psycho-Analysis*. New York: W.W. Norton, 1989.

Freud, Sigmund and William C. Bullitt. *Thomas Woodrow Wilson: A Psychological Study*. London: Weidenfeld and Nicolson, 1967.

Friedlander, Saul. *The Years of Extermination: Nazi Germany and the Jews, 1939- 1945*. New York: Harper Perennial, 2008.

Friedman, Lawrence J. *Identity's Architect: A Biography of Erik H. Erikson*. New York: Scribner, 1999.

Friedman, Susan Stanford. *Analyzing Freud: Letters of H.D., Bryher, and Their Circle*. New York: A New Directions Book, 2002.

Fry, Helen. *Freuds' War*. Stroud, Gloucestershire: The History Press, 2009.

Gardner, Virginia. *"Friend and Lover:" The Life of Louise Bryant*. New

York: Hori- zon Press, 1982.

Gay, Peter. *Freud: A Life for Our Time*. New York: W.W. Norton, 1988.

Gay, Peter, ed. *The Freud Reader*. New York: W.W. Norton, 1989.

Gunther, John. *Inside Europe*. New York: Harper & Brothers, 1938.

———. *The Lost City*. New York: Harper & Row, 1964.

Hamann, Brigitte. *Hitler's Vienna: A Portrait of the Tyrant as a Young Man*. New York: Tauris Park Paperbacks, 2010.

Heller, Peter. *A Child Analysis with Anna Freud*. Madison, WI: International Uni- versities Press, 1990.

Hitler, Adolf. *Mein Kampf*. Boston: Houghton Mifflin Company, 1971.

Hodgson, Godfrey. *Woodrow Wilson's Right Hand: The Life of Colonel Edward M. House*. New Haven: Yale University Press, 2006.

Hoffman, Paul. *The Viennese: Splendor, Twilight and Exile*. New York: Anchor Books, 1988.

Ignatieff, Michael. *Isaiah Berlin: A Life*. New York: Metropolitan Books, 1998.

Isaacson, Walter. *Einstein: His Life and Universe*. New York: Simon & Schuster Paperbacks, 2008.

Johnson, Paul. *A History of the Jews*. New York: Harper & Row, 1987.

Jones, Ernest. *Free Associations: Memoirs of a Psychoanalyst*. New York: Basic Books, 1959.

———. *The Life and Work of Sigmund Freud, Volume 1, The Formative Years and the Great Discoveries 1856-1900*. New York: Basic Books, 1953.

———. *The Life and Work of Sigmund Freud, Volume 2, Years of Maturity*

1901- 1919. New York: Basic Books, 1955.

———. *The Life and Work of Sigmund Freud, Volume 3, The Last Phase 1919-1939*. New York: Basic Books, 1957.

Kaltenborn, H.V. *Fifty Fabulous Years 1900-1950: A Personal Review*. New York: G.P. Putnam's Sons, 1950.

Kandel, Eric R. *The Age of Insight: The Quest to Understand the Unconscious in Art, Mind, and Brain,from Vienna 1900 to the Present*. New York: Random House, 2012.

Kennan, George F. *Memoirs: 1925-1950*. Boston: Little, Brown and Company, 1967.

Kershaw, Ian. *Hitler, the Germans, and the Final Solution*. New Haven: Yale Uni- versity Press, 2008.

———. *Hitler 1889-1936: Hubris*. London: The Penguin Press, 1998.

———. *Hitler 1936-45: Nemesis*. New York: W.W. Norton & Company, 2000.

Keynes, John Maynard. *The Economic Consequences of the Peace*. Heritage Illus- trated Publishing, 2014.

Kubizek, August. *The Young Hitler I Knew*. London: Greenhill Books, 2006.

Kurth, Peter. *American Cassandra: The Life of Dorothy Thompson*. Boston: Little, Brown & Co., 1990.

Loewenstein, Rudolph M., ed. *Drives, Affects, Behavior*. New York: International Universities Press, 1953.

Maddox, Brenda. *Freud's Wizard: Ernest Jones and the Transformation of*

Psycho- analysis. Boston: De Capo Press, 2007.

Markel, Howard. *An Anatomy of Addiction: Sigmund Freud, William Halsted, and the Miracle Drug Cocaine*. New York: Vintage Books, 2012.

Martin, Ralph G. Cissy: *The Extraordinary Life of Eleanor Medill Patterson*. New York: Simon & Schuster, 1979.

McGuire, William, ed. *The Freud/Jung Letters: The Correspondence between Sig- mund Freud and C.G. Jung*. Princeton: Princeton University Press, 1994.

McLynn, Frank. *Carl Gustav Jung*. New York: St. Martin's Press, 1997.

Molnar, Michael, ed. and The Freud Museum, London. *The Diary of Sigmund Freud 1929-1939: A Record of the Final Decade*. New York: Charles Scrib- ner's Sons, 1992.

Mowrer, Edgar Ansel. *Triumph and Turmoil: A Personal History of our Times*. New York: Weybright & Talley, 1968.

Nagorski, Andrew. *Hitlerland: American Eyewitnesses to the Nazi Rise to Power*. New York: Simon & Schuster, 2012.

———. *The Nazi Hunters*. New York: Simon & Schuster, 2016.

O'Toole, Patricia. *The Moralist: Woodrow Wilson and the World He Made*. New York: Simon & Schuster, 2018.

Paskauskas, R. Andrew, ed. *The Complete Correspondence of Sigmund Freud and Ernest Jones: 1908-1939*. Cambridge: The Belknap Press of Harvard Uni- versity Press, 1993.

Peters, Uwe Henrik. *Anna Freud: A life dedicated to children*. New York: Schocken Books, 1985.

Pfeiffer, Ernst, ed. *Sigmund Freud and Lou Andreas-Salomé Letters.* New York: W.W. Norton, 1985.

Rice, Emmanuel. *Freud and Moses: The Long Journey Home.* Albany: State Uni- versity of New York Press, 1990.

Sanders, Marion K. *Dorothy Thompson: A Legend in her Time.* Boston: Houghton Mifflin, 1973.

Schnitzler, Arthur. *My Youth in Vienna.* New York: Holt, Rinehart and Winston, 1970.

Schur, Max. *Freud: Living and Dying.* New York: International Universities Press, 1972.

Sherborne, Michael. *H.G. Wells: Another Kind of Life.* London: Peter Owen, 2012.

Shirer, William L. *Berlin Diary: The Journal of a Foreign Correspondent, 1934- 1941.* New York: Galahad Books, 1995.

———. *20th Century Journey: The Start 1904-1930.* New York: Simon & Schuster, 1976.

———. *20th Century Journey: The Nightmare Years 1930-1940.* Boston: Little, Brown and Company, 1984.

———. *The Rise and Fall of the Third Reich: A History of Nazi Germany.* New York: Simon & Schuster, 1960.

Steffens, Lincoln. *The Autobiography of Lincoln Steffens, Volume Two.* New York: Harcourt, Brace & World, 1931.

Szasz, Thomas. *Anti-Freud: Karl Kraus's Criticism of Psychoanalysis and Psychi- atry.* Syracuse: Syracuse University Press, 1990.

Toland, John. *Adolf Hitler*, 2 vols. New York: Doubleday & Co., 1976.

Wells, H. G. *The Secret Places of the Heart.* Independently Published, 2020 (orig- inally published 1922).

Welter, Volker M. *Ernst L. Freud, Architect: The Case of the Modern Bourgeois Home.* New York: Berghahn Books, 2012.

Woolf, Leonard. *Downhill All The Way: An Autobiography of the Years 1919 to 1939.* San Diego: Harcourt Brace Jovanovich, 1967.

Wortis, Joseph. *Fragments of an Analysis with Freud.* New York: Simon & Schus- ter, 1954.

Young-Bruehl, Elisabeth. *Anna Freud: A Biography.* New York: Summit Books, 1988.

Zweig, Stefan. *The World of Yesterday.* Lincoln: University of Nebraska Press, 2013.

作者简介

安德鲁·纳戈尔斯基（Andrew Nagorski），出生于苏格兰，父母是波兰人。他在襁褓之中时就随父母移居美国，自此以后，他就不曾停下脚步。曾经接连担任《新闻周刊》驻香港、莫斯科、罗马、波恩、华沙和柏林的总编辑，著有《纳粹猎人》《1941：德国走向失败的那一年》等七本著作，均好评如潮。现居于弗罗里达州的圣奥古斯丁，并且仍在从事写作工作。更多信息可访问其个人网站：AndrewNagorski.com。

译者简介

陈功，毕业于华东师范大学英语系，时光网、科幻世界等媒体合作译者，曾译有《沼泽》《意外之外：太阳火》《时间旅行者年鉴》《世界动画史》等作品。